L150

Libro 2

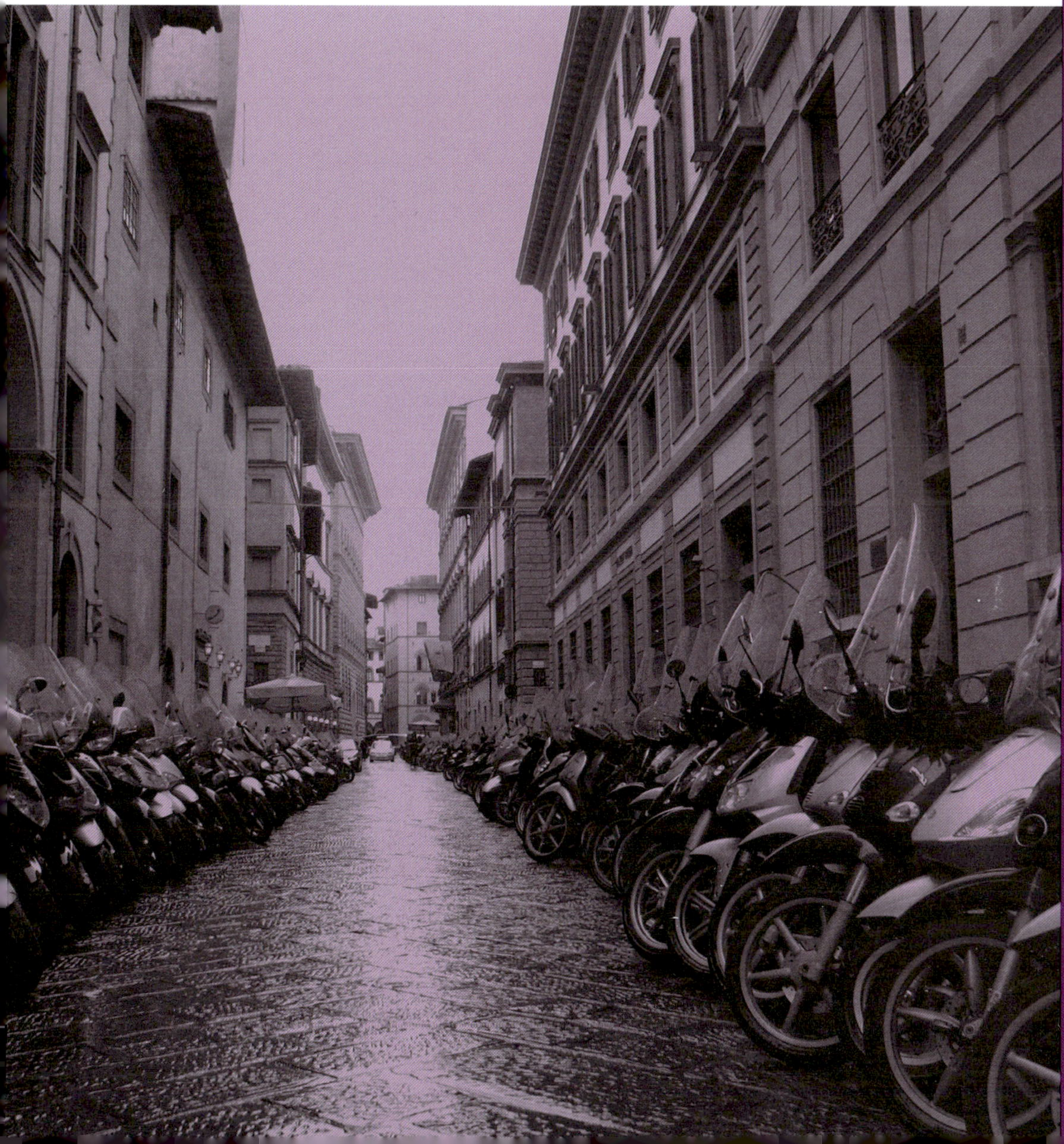

Vivace
Intermediate Italian

This publication forms part of the Open University module L150 *Vivace: Intermediate Italian*. Details of this and other Open University modules can be obtained from the Student Registration and Enquiry Service, The Open University, PO Box 197, Milton Keynes MK7 6BJ, United Kingdom: tel. +44 (0)845 300 60 90, email general-enquiries@open.ac.uk

Alternatively, you may visit the Open University website at http://www.open.ac.uk where you can learn more about the wide range of modules and packs offered at all levels by The Open University.

To purchase a selection of Open University study materials visit http://www.ouw.co.uk, or contact Open University Worldwide, Michael Young Building, Walton Hall, Milton Keynes MK7 6AA, United Kingdom for a brochure. tel. +44 (0)1908 858793; fax +44 (0)1908 858787; email ouw-customer-services@open.ac.uk

The Open University
Walton Hall, Milton Keynes
MK7 6AA

First published 2011.

Copyright © 2011 The Open University

L150 *Vivace: Intermediate Italian* is an adaptation of the Italian language course *Espresso 2* by Maria Balì and Giovanna Rizzo, published by Alma Edizioni. Firenze.

All rights reserved. No part of this publication may be reproduced, stored in a retrieval system, transmitted or utilised in any form or by any means, electronic, mechanical, photocopying, recording or otherwise, without written permission from the publisher or a licence from the Copyright Licensing Agency Ltd. Details of such licences (for reprographic reproduction) may be obtained from the Copyright Licensing Agency Ltd, Saffron House, 6–10 Kirby Street, London EC1N 8TS; website http://www.cla.co.uk/.

Open University study materials may also be made available in electronic formats for use by students of the University. All rights, including copyright and related rights and database rights, in electronic course materials and their contents are owned by or licensed to The Open University, or otherwise used by The Open University as permitted by applicable law.

In using electronic study materials and their contents you agree that your use will be solely for the purposes of following an Open University course of study or otherwise as licensed by The Open University or its assigns.

Except as permitted above you undertake not to copy, store in any medium (including electronic storage or use in a website), distribute, transmit or retransmit, broadcast, modify or show in public such electronic materials in whole or in part without the prior written consent of The Open University or in accordance with the Copyright, Designs and Patents Act 1988.

Edited and designed by The Open University.

Typeset by The Open University

Printed and bound in the United Kingdom by Halstan Printing Group, Amersham.

ISBN 9781848733701

1.1

Contents

Instructions used in the course	5
Unità 7: *Mens sana in corpore sano*	**7**
Unità 8: Il mondo del lavoro	**35**
Unità 9: Casa dolce casa	**63**
Unità 10: Italia di ieri e di oggi…	**95**
Unità 11: Ripasso	**129**
Chiave	**164**
Unità 7	164
Unità 8	173
Unità 9	180
Unità 10	189
Unità 11	197
Acknowledgements	215

Production team

Academic team

Uwe Baumann (academic)

Lucia Debertol (curriculum manager)

Felicity Harper (academic)

Nicky Johnson (secretary)

Marie-Noëlle Lamy (academic)

Marén Oredein (secretary)

Anna Proudfoot (module chair, academic, co-author and coordinator *Unità* 11)

Ana Sánchez-Forner (secretary)

Elisabetta Tondello (academic, author and coordinator *Unità* 7, 8, 9 and 10)

Elodie Vialleton (module chair, academic, coordinator *Unità* 7, 8, 9, 10 and 11)

Consultant author

Sandra Silipo (co-author *Unità 11*)

External assessor

Loredana Polezzi (University of Warwick)

Critical readers

Anna Comas-Quinn

Media team

Michael Britton (editorial media developer)

Lene Connolly (print buying controller)

Kim Dulson (assistant print buyer)

Sarah Hofton (graphic designer)

Sue Lowe (media project manager)

Margaret McManus (rights assistant)

Alex Phillips (media assistant)

Esther Snelson (media project manager)

Helen Sturgess (media project manager)

Special thanks

The academic team would like to thank everyone who contributed to the module by being filmed or recorded, or by providing photographs. Thanks also to Jessica Podd for her help in the production of this course book.

Instructions used in the course

Abbinate i termini ai relativi sinonimi	*Match the terms to their respective synonyms*
Adatto	*Appropriate*
Aiutatevi con il dizionario	*Use a dictionary (use the help of a dictionary)*
Cercate	*Find / look for*
Cercate di	*Try to*
Per ciascuna domanda	*For each answer*
Collegate	*Match / Link / Join*
Completate la tabella / le frasi / il testo	*Complete the table / the sentences / the text*
Confrontate	*Compare*
Consultate il dizionario solo se necessario	*Only use a dictionary if necessary*
Correggete quelle false	*Correct the false ones [sentences]*
Create una tabella simile	*Make a similar table*
Date delle informazioni / dei consigli	*Give some information / some advice*
Decidete se...	*Decide whether...*
Descrivete	*Describe*
di nuovo	*again*
Fate una breve ricerca	*Do some brief research*
Guardate	*Look at*
Immaginate	*Imagine*
Includete	*Include*
Individuate	*Identify*
Indovinate	*Guess*
Inserite le parole mancanti	*Put in the missing words*
La prima risposta è già inserita come esempio	*The first answer has been given as an example*
Leggete il testo	*Read the text*
Mettete ogni verbo all'imperativo di cortesia	*Put each verb into the formal imperative*
Osservate le vignette	*Look at the cartoons*
Potete iniziare così...	*You can start [your answer] like this...*
Potete scegliere fra l'elenco qui sotto	*You can choose from the list below*

Provate a	Try to
Riassumete	Summarise
Riflettete	Reflect
Rileggete	Read... again
Rispondete alle domande basandovi sulla vostra esperienza personale	Answer the questions from your personal experience or knowledge
Scegliendo la risposta corretta	Choosing the correct answer
Scegliete poi...	Then choose...
Scegliete fra le opzioni proposte	Choose from the options offered
Scrivete un testo in cui spiegate	Write a text in which you explain
Scrivetene un breve riassunto.	Write a short summary of it.
Seguite l'esempio	Follow the example
... come nell'esempio	... as in the example
Segnate	Indicate / mark / tick
Segnate se le seguenti affermazioni sono vere o false	Mark / tick whether the following statements are true or false
sia ... che...	both... and...
Sottolineate i sostantivi / gli aggettivi	Underline the nouns / the adjectives
Trasformate le frasi	Change the sentences
Trovate	Find
Unite insieme	Join together
Usate la fantasia	Use your imagination

la tabella	table
lo schema	table
l'elenco	list
la lista	list
la risposta	answer
la domanda	question
in grassetto	in bold typeface

Unità 7

Mens sana in corpore sano

This unit focuses on the topics of health and sport. You will learn how to talk about minor complaints and how to suggest cures and remedies using the appropriate structures for giving advice and instructions. You will also find out about the Italian national health system, alternative medicine and spa treatments in Italy, before turning to the subject of sport in Italy.

Key learning points

- Talking about common minor illnesses, complaints and cures
- Talking about alternative medicine and spa treatments
- Giving advice and polite orders using the formal imperative and the plural imperative
- Talking about sport and fitness

Study tips

- Using mind maps
- Finding arguments for and against

Culture and society

- The Italian health system
- Sport in Italy

Overview of *Unità 7*

Attività	Themes and language practised
7.1–7.2	Talking about common minor illnesses, complaints and cures: key vocabulary and structures.
7.3–7.4	Giving advice and polite orders using the formal imperative.
7.5–7.6	Talking about alternative medicine and spa treatments; giving advice and polite orders using the plural imperative.
7.7–7.11	Talking about various aspects of sport and fitness.
7.12	Expanding your vocabulary and knowledge about sports and disability in Italy.
7.13	Writing practice: writing an argumentative text.
Bilancio	Check your progress; further study tips.

The first two activities focus on key vocabulary and structures for talking about common minor illnesses and complaints, and for going to the doctor.

Attività 7.1

A

Alcuni modi di dire in latino vengono ancora usati nell'italiano moderno. Il titolo dell'unità, *mens sana in corpore sano*, ne è un esempio. Fate una breve ricerca per scoprirne il significato o cercate un'espressione equivalente nella vostra lingua.

B

Che problema hanno queste persone? Osservate le vignette e collegate ciascun disegno al problema corrispondente.

1   Ho un terribile mal di denti.

2   Sono stato troppo tempo al sole e mi sono scottato.

3   Sono stanca e stressata, dormo male e ho spesso mal di stomaco.

4   Ho problemi alla schiena.

5   Ho spesso mal di testa e mi bruciano gli occhi. Forse ho bisogno degli occhiali.

6   Ho un'allergia al polline. Ho già preso diverse medicine, ma non è servito a niente!

> In this exercise you have been using a mixture of common sense and guesswork to try and make connections between words. This kind of mental agility is often needed to understand vocabulary when you do not have time to turn to a dictionary, and is a skill worth cultivating.
>
> However, when you do have time to use a dictionary, you can use it to determine meanings, such as what difference there might be between the words *farmaco* and *pastiglia*. This skill of researching and thinking about meanings will complement that of being resourceful when no tools are available; language learning involves developing a sense of using the right skill at the right time.

Complaints and illnesses: useful phrases

Ho mal di denti / di stomaco / di pancia / di testa.

Ho male a un piede / alla schiena / alla pancia / alla testa.

Ho dolori / un'allergia / un problema di salute.

Sono stanca / ammalata / raffreddata / stressata / influenzata.

Soffro di dolori reumatici / allergie / depressione.

Mi sono fatto / fatta male a un polso / alla schiena.

Mi sono scottato (con il ferro da stiro / al sole).

In Italy the sign for a chemist's is a green cross.

C

Abbinate i termini e le espressioni ai relativi sinonimi.

1. medico di base
2. soffrire di allergie
3. ho male a un piede
4. avere dolori reumatici
5. una medicina
6. una pastiglia
7. un disturbo
8. un dottore
9. la febbre
10. avere il raffreddore

(a) andare / essere soggetto ad allergie
(b) la temperatura alta
(c) un farmaco
(d) medico di famiglia
(e) una compressa
(f) un problema di salute
(g) mi fa male un piede
(h) un medico
(i) avvertire dolori reumatici
(j) essere raffreddato

Disturbo	Specialista
Hai problemi agli occhi.	oculista
Hai una forte allergia.	
Hai mal di denti.	
Hai un forte mal d'orecchie.	
Ti fa male un ginocchio.	
Hai delle macchie sulla pelle.	
Sei raffreddato.	
Tuo figlio di tre anni sta male.	

B

Guardate i disegni della sezione B dell'Attività 7.1 e consigliate a ciascun personaggio (a) – (f) da quale specialista andare per curarsi. Usate i nomi degli specialisti adatti. La risposta (d) è già stata inserita come esempio.

Personaggio	Dovresti andare…
(a)	
(b)	
(c)	
(d)	dal dentista.
(e)	
(f)	

Attività 7.2

A

Scegliete da quale dei seguenti specialisti andreste per curare un determinato disturbo e completate la tabella. Cercate di non usare il dizionario. La prima risposta è già stata inserita come esempio.

> dermatologo • otorinolaringoiatra •
> pediatra • allergologo • oculista •
> ortopedico • dentista • medico di famiglia

In this activity you have been giving advice using the present conditional tense. If you need to remind yourself of this verb form and its uses, refer to *Lingua 3.6* in *Libro 1*.

C

Scrivete una lettera di circa 100 parole alla rivista *Salute e Forma*.

- Parlate di un piccolo disturbo di cui soffrite ultimamente.
- Dite che cosa avete fatto per curarvi.
- Chiedete se altri lettori soffrono dello stesso disturbo.

Usate la fantasia e i vocaboli che avete imparato nelle attività precedenti.

Potete iniziare così:

> Cari amici di 'Salute e Forma',
> mi chiamo Fulvio e ho 64 anni…

D

Rispondete alle seguenti domande basandovi sulla vostra esperienza personale.

1. Nel vostro paese, esiste un sistema sanitario pubblico?
2. Potete descrivere brevemente la struttura del sistema sanitario pubblico nel vostro paese?
3. Com'è, a vostro giudizio, il sistema sanitario del vostro paese?
4. Nel vostro paese, se una persona si sente poco bene a chi si deve rivolgere?

The *Pronto Soccorso* (A&E Unit) at Padova hospital.

Cultura e società

The Italian health system

The Italian national health system is called the Servizio Sanitario Nazionale (SSN), which guarantees the right to health care – prevention, cure and rehabilitation – to all citizens. The SSN is formed by a series of institutions at national, regional and local level. Regional, provincial and local health services include the Aziende Sanitarie Locali (ASL), and the Aziende Ospedaliere (AO).

The SSN is financed by central public funds drawn from taxes, by small contributions that individual patients make to the *ASL* (*ticket sanitario*) for each service and by the money derived from the private consultations of specialists allowed to practise in public hospitals. The *ticket sanitario* is a contribution that patients make towards the costs of prescriptions and medical services. The cost of medication for chronic or serious illnesses and the cost of services for patients with a disability is partially or entirely covered by the SSN.

When patients are suffering from a minor complaint which is not an emergency, they have to go to their GP (*medico di base / medico di famiglia*), who assesses the problem and gives the patient a prescription (*la ricetta*) to take to the chemist's or refers the patient to a specialist. When buying medicines with the prescription, patients have to show their national health card (*la tessera sanitaria*), which is now electronic. If required to see a specialist, patients can choose to see one on the SSN (for free) or to go privately, though private health insurance is not very popular in Italy.

(Adattato e tradotto da www.salute.gov.it/ministero/sezMinistero.jsp?label=principi) [consultato il 29 novembre 2010]

In the previous activity you gave advice by using the present conditional (*dovresti riposare*). Now you can learn another verb form for giving polite orders and advice.

Attività 7.3

A

Quale tipo di imperativo viene usato nelle vignette? Formale o informale?

(a)

(b)

Imperativo:	formale	informale
Vignetta (a)	☐	☐
Vignetta (b)	☐	☐

Lingua 7.1 The formal imperative

In *Unità 6* you got to know the **informal imperative**, which is used to give instructions or advice to people you address with the *tu* form:

Giovanni, **guarda** fuori dalla finestra!
Giovanni, look out of the window!

To give instructions or advice to someone whom you address with the polite form *Lei*, you need to use the **formal imperative** (*imperativo di cortesia*):

Signor Pavan, **guardi** fuori dalla finestra!
Signor Pavan, look out of the window!

For **regular verbs** the formal imperative is constructed by attaching the following endings to the stem of the verb:

parl**are** → parl**i**
prend**ere** → prend**a**
dorm**ire** → dorm**a**
sped**ire** → spedisc**a**

Here is the formal imperative of some common **irregular verbs**:

ESSERE	sia
ANDARE	vada
DARE	dia
DIRE	dica
AVERE	abbia
FARE	faccia
TENERE	tenga
VENIRE	venga

The **negative form** of the formal imperative is formed by placing *non* in front of it:

Se ha mal di stomaco, **non mangi** cibi pesanti!
If you have a stomach upset, don't eat heavy food!

Signor Paoli, **non faccia** così!
Signor Paoli, don't do that!

12   Vivace Libro 2

B

Mettete ogni verbo all'imperativo di cortesia (*formal imperative*) accanto all'infinito corrispondente.

> abbia • dia • dica • faccia • salga • sia • stia • vada • tenga • venga

Infinito	Imperativo di cortesia
ANDARE	
AVERE	
DARE	
DIRE	
ESSERE	
FARE	
SALIRE	
TENERE	
STARE	
VENIRE	

C

Date almeno due consigli a ognuno di questi tre pazienti usando l'imperativo di cortesia e immaginando di essere un medico. Potete scegliere fra l'elenco di consigli sotto ciascun paziente. Seguite l'esempio.

Esempio

Paziente 0: Prenda un'aspirina.

Paziente 1

> mettersi a letto • restare a casa • prendere un'aspirina

Paziente 2

> mangiare in bianco • non bere alcolici • fare un bagno caldo

Paziente 3

> non lavorare • rivolgersi a un medico • dormire molto

Vocabolario

mangiare in bianco *to eat bland food, go on a diet of bland food*

1 — sono raffreddato
2 — ho mal di pancia
3 — ho mal di testa

D

> **Position of pronouns used with imperatives**
>
> When the formal imperative is used with reflexive, direct or indirect pronouns, these always go before the verb:
>
> Signora Levi, **si** rivolga a un medico! (reflexive pronoun *si*)
>
> Signorina Carli, metta <u>la crema</u>! → **La** metta! (direct pronoun *la*)
>
> Signor Sandi, telefoni <u>a suo figlio</u> → **Gli** telefoni! (indirect pronoun *gli*)
>
> whereas with the informal imperative (as you may remember from *Unità 6*), pronouns are attached to the end of the verb:
>
> Rivolg**iti** a un medico!
>
> Mett**ila**!
>
> Telefona**gli**!

Completate gli spazi usando 'lo', 'la', 'li', 'le' e l'imperativo di cortesia come nell'esempio.

Esempio

Io in vacanza <u>metto sempre scarpe comode</u>.

____ anche Lei!

Le metta **anche Lei!**

1 Quando vado in spiaggia io <u>metto sempre una crema per il sole</u>, per proteggere la pelle.

 ____ anche Lei!

2 D'estate <u>mangio spesso frutta</u>, perché mi disseta.

 ____ anche Lei!

3 Se vado in spiaggia, <u>metto un cappello</u>.

 ____ anche Lei!

4 Quando vado in vacanza, <u>porto sempre dei medicinali</u>... non si sa mai!

 ____ anche Lei!

5 Durante le vacanze invernali in montagna <u>faccio spesso sport</u> sulla neve.

 ____ anche Lei!

6 Quando faccio turismo, <u>indosso sempre scarpe comode</u>.

 ____ anche Lei!

7 All'estero, provo sempre piatti tipici del luogo.

 ____ anche Lei!

E

Quali sono le tre "regole d'oro" che seguite per star bene in vacanza? Scrivete tre frasi e trasformatele come nell'esercizio precedente.

Esempio

Io in vacanza faccio delle lunghe passeggiate.

Le faccia anche Lei!

Attività 7.4

A

Nelle due colonne qui sotto troverete la stessa frase espressa con due registri diversi, uno formale e uno informale. Completate la tabella con le forme mancanti dell'imperativo informale e di cortesia.

	Imperativo (tu)	Imperativo (Lei)
1	Leggi questo articolo!	Legga questo articolo!
2	Entra pure, Anna!	_____, Signora Paoli!
3	Senti, scusa!	_____, _____!
4	Prendi ancora un po' di vino, Costanza!	_____, Signora Terni!
5	_____!	Ascolti questa canzone!
6	_____!	Metta più cipolla nel sugo!

B

Qui sotto, le frasi di sinistra sono rivolte ad amici e conoscenti. Come diciamo se invece diamo del Lei?

	Frase con imperativo informale	Frase con imperativo di cortesia
1	Non fare la spesa in quel negozio!	Signora Gruber, _____!
2	Di' a Teresa di portare le cassette!	Signora Morandi, _____!
3	Fammi un favore!	Signor Bruno, _____!
4	Metti le chiavi sul tavolo!	Signor Ruggeri, _____!
5	Non comprare l'acqua gassata!	Signora Biondi, _____!
6	Vieni, accomodati!	Venga, Signora Carlini, _____!
7	Porta i libri in biblioteca, per favore!	Signor Mastroianni, _____!
8	Non comprare le scarpe troppo strette!	Signora Bianca, _____!

'Provi la medicina alternativa!'

Unità 7

The next group of activities explores other aspects of health such as herbal remedies and spa treatments. You will also be shown the structure for giving orders and advice to a group of people.

Attività 7.5

A

Leggete il testo seguente e completatelo con le cifre mancanti.

> 30.000 • 70% • 5,5 milioni • 13% • nove milioni • tre • 1999

NOVE MILIONI DI ITALIANI, IN PREVALENZA DEL NORD E DONNE, SI RIVOLGONO A OMEOPATIA, MASSAGGI, FITOTERAPIA E AGOPUNTURA PER CURARE I PROPRI ACCIACCHI. E IN 10 ANNI SONO TRIPLICATI.

_____ di italiani si sono ormai lasciati conquistare dalle cure alternative. È quanto emerge da un'indagine condotta dall'Istat nel _____ intervistando un campione formato da _____ famiglie e di cui solo ora sono stati elaborati i dati. Pari al 15,6% della popolazione totale, il numero di coloro che si rivolgono alla medicina alternativa è triplicato in meno di dieci anni anche se con notevoli differenze all'interno del Paese: un italiano su quattro al Nord, uno su sei al Centro e uno su 15 al Sud.

A preferirle sono soprattutto le donne (_____ _____ contro 3,5 milioni di uomini) e di buon livello culturale. Anche il 10,4% dei bambini fra i _____ e i cinque anni viene curato con la medicina alternativa. Tra le diverse forme di cure che vanno sotto l'unica etichetta di «alternative» è l'omeopatia la più popolare, seguita da massaggi, fitoterapia e agopuntura. Le ragioni per cui gli italiani vi si rivolgono sono estremamente diverse: il _____ degli intervistati le considera meno tossiche di quelle convenzionali, per il 22,6% rappresentano l'unico rimedio contro certe malattie, per il 20% sono più efficaci, mentre per il _____ instaurano un miglior rapporto tra medico e paziente. […]

(*TV Sorrisi e Canzoni*)

Vocabolario

l'agopuntura (f.)   acupuncture
gli acciacchi (m. pl.)   aches and pains, complaints
ormai   now, by now
coloro   those who
vi (avverbio)   there
il rimedio   cure, remedy
il rapporto   relationship

B

Scegliete fra questi titoli quello che secondo voi è il più adatto al testo.

1 Medicine alternative, no grazie
2 Gli italiani scoprono l'agopuntura
3 Malattie italiane
4 Scelgo le «alternative»

C

Decidete se le seguenti frasi sono vere o false. Correggete quelle false.

		Vero	Falso
1	Più di otto milioni di italiani si curano con le medicine alternative.	☐	☐
2	Il numero di persone che si rivolgono a questo tipo di medicina è aumentato di tre volte in dieci anni.	☐	☐
3	Uomini e donne si rivolgono nella stessa misura alla medicina alternativa.	☐	☐
4	La medicina alternativa viene usata per i bambini di ogni età.	☐	☐
5	La maggior parte degli intervistati si rivolge alle medicine alternative perché le considera più efficaci di quelle tradizionali.	☐	☐
6	Per alcune persone le medicine alternative permettono un rapporto migliore con il medico.	☐	☐

D

Scrivete un testo di massimo 150 parole in cui spiegate:

- che cosa pensate della medicina alternativa;
- se ricorrete alla medicina alternativa o se vi fidate solo di quella convenzionale;
- quali trattamenti alternativi avete provato o vorreste provare;
- in quali casi secondo voi la medicina alternativa può essere utile.

Potete iniziare così:

La medicina alternativa è, secondo me,...

Here is a reminder of some useful phrases you have already come across for expressing opinions:

Secondo me...

A mio avviso...

Io credo in qualcosa

Sono d'accordo con...

Non sono d'accordo con...

Tuttavia...

Attività 7.6

A

Leggete il seguente volantino che pubblicizza le cure termali offerte dalla città di Abano Terme. (Non preoccupatevi se non capite tutte le parole, cercate di capire il contesto!). Rispondete alle domande usando parole vostre.

ABANO, L'ACQUA TERMALE E IL FANGO

Desiderate una vacanza all'insegna del benessere e della salute? <u>Venite</u> e <u>scoprite</u> voi stessi le straordinarie offerte benessere, salute e fitness che la città di Abano Terme offre ormai da 2000 anni.

Abano Terme è considerata la stazione termale più importante d'Europa e tra le prime al mondo. Abano conta oggi 78 alberghi termali i quali offrono una capacità totale di 10.500 posti letto, 120 piscine, 50 campi da tennis, parchi e giardini, servizi di alta qualità nel campo delle cure termali alle quali si abbinano oggi la cura estetica del corpo, il fitness, tutto ciò che è in grado di rigenerare l'organismo in ogni suo aspetto.

<u>Unitevi</u> ai 250.000 ospiti che ogni anno decidono di trascorrere le proprie vacanze ad Abano attirati dalla caratteristica praticamente unica dei componenti terapeutici per i quali la città è famosa: l'acqua termale ed il fango.

Se amate il vostro corpo e volete recuperare il vostro equilibrio psicofisico, <u>scegliete</u> le cure termali offerte da Abano Terme. <u>Fatevi coccolare</u> da strutture accoglienti e d'avanguardia, <u>fatevi stuzzicare</u> dalla cucina tipica veneta e <u>affiancate</u> le cure alla scoperta di paesaggi e cultura.

LE TERAPIE DEL BENESSERE

<u>Iniziate</u> a scoprire le cure che Abano vi offre:

BALNEOTERAPIA: consiste nell'immersione del corpo in una vasca individuale contenente acqua termale calda e arricchita di ozono. Facilita tutte le attività delle articolazioni, rilassa i muscoli, diminuisce il dolore.

IDROKINESITERAPIA: sfrutta le proprietà fisiche e chimiche dell'acqua ed è il trattamento ideale per deficit muscolari, per riacquistare la forza fisica dopo un intervento, per chi soffre di artrosi.

FANGOTERAPIA: sfrutta le proprietà del fango. È un trattamento naturale ineguagliabile per aiutare le persone che soffrono di osteoporosi e osteoartrosi.

TERAPIA INALATORIA: l'acqua termale nebulizzata è un toccasana per le patologie delle vie respiratorie superiori ed inferiori.

(Testo tratto e abbreviato da www.abanoterme.net/benessere-alle-terme.html) [consultato il 16 dicembre 2010]

Vocabolario

all'insegna di   *devoted to*
il fango   *mud*
coccolare   *to pamper*
stuzzicare   *to whet one's appetite*
l'articolazione (f.)   *joint*
l'argilla (f.)   *clay*
il toccasana   *cure-all, panacea; remedy*
la patologia   *illness*

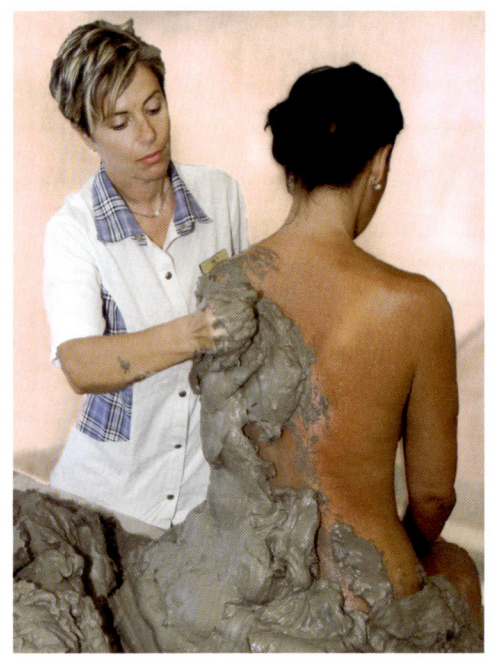

1. Perché Abano Terme è una meta turistica importante?
2. Quali sono i due componenti terapeutici per cui è famosa Abano?
3. Avete mai provato dei trattamenti termali? O li vorreste provare? Giustificate la vostra risposta.
4. A quale delle quattro terapie nel volantino vi sottoporreste?
5. Quale trattamento consigliereste ad un amico che soffre di mal di schiena?
6. Quale trattamento consigliereste ad un'amica che soffre di problemi respiratori?

B

Che cosa esprimono, secondo voi, i verbi sottolineati nel testo?

(a) Un'azione che si svolge nel presente.
(b) Un'azione futura.
(c) Un invito, un'esortazione.

Lingua 7.2

The plural imperative

The plural imperative (*imperativo plurale*) is used to give instructions, advice or orders to more than one person. Although a formal plural imperative (*loro* form) does exist, nowadays the informal plural imperative (*voi* form) is generally used both with people you would address informally and people you would address formally. Its form is almost always the same as the second person plural of the present tense:

Venite a scoprire Abano Terme. *(plural imperative)*
Come and discover Abano Terme.

Venite a cena stasera? *(present tense)*
Are you coming to dinner tonight?

Here are some verbs with plural imperative forms that are different from their present tense equivalent:

	Present indicative	Plural imperative
AVERE	avete	abbiate
ESSERE	siete	siate
SAPERE	sapete	sappiate

In the plural imperative, just as in the informal singular imperative, **pronouns** are attached to the end:

Fate**lo**!

Vestite**vi**!

The NEGATIVE FORM is constructed by simply placing *non* before the imperative:

Non mangiate troppo!

In the negative form, **pronouns** can precede the verb:

Non **la** bevete!

or be attached to the end:

Non bevete**la**!

G For further information, refer to your grammar book.

C

Completate il seguente testo su un'altra località termale, mettendo i verbi fra parentesi all'imperativo plurale.

Ischia le Terme, i centri benessere ed i parchi termali

L'Isola d'Ischia, ricchissima di sorgenti di acque termali dalle innumerevoli virtù terapeutiche, ha anche una fortunata collocazione geografica che assicura all'intero territorio isolano condizioni climatiche ed ambientali ideali per ritemprare il corpo e lo spirito. (Venire) _____ a scoprire voi stessi le cure termali e i panorami idilliaci offerti dall'isola, (abbandonarsi) _____ a terapie e cure millenarie che vi aiuteranno a migliorare la vostra salute e a recuperare il vostro equilibrio psicofisico. (Passeggiare) _____ nelle riposanti pinete, (rilassarsi) _____ distesi sulle spiagge e (godersi) _____ i paesaggi idilliaci. (Provare) _____ la cucina tipica a base di pesce e il calore degli abitanti dell'isola. (Lasciarsi) _____ rimettere in forma e (farsi) _____ coccolare da Ischia.

(Testo adattato da www.terme.ischia.it/index.php) [consultato il 16 dicembre 2010]

Vocabolario

assicurare   *to assure, ensure*

aiuteranno   *future tense of* aiutare, *third person plural*

riposante   *relaxing*

disteso   *past participle of* distendere: *'to lie down, stretch out'*

D

Completate questo articolo dalla rivista *Salute e Forma* con i verbi all'imperativo plurale.

> fare • indossare • bere • mangiare •
> muoversi • alzare • alzarsi • togliersi

Volete partire per le vacanze con il piede giusto? Ecco alcuni consigli per rendere il viaggio più comodo per voi e per le vostre gambe.

In macchina: se il viaggio è lungo, _____ una pausa ogni due ore.

In treno: _____ ogni tanto a passeggiare. Oppure _____ alternativamente i piedi per almeno 20 volte.

In aereo: per evitare problemi durante i lunghi viaggi in posizione scomoda _____ , _____ tanta acqua e _____ cibi leggeri. Per favorire la circolazione _____ le scarpe soprattutto se strette e _____ vestiti comodi e larghi, una tuta da ginnastica, per esempio.

Suggerimento

Using mind maps

Some people find it more helpful to note things down in graphic form than to make a list. You could try drawing a mind map or 'spidergram' with examples of language points you have been learning recently. You might remember them better if you adapt them to your own circumstances. As an example, here is one way of starting to memorise ways of giving advice in Italian:

You can also use mind maps to learn topic-related vocabulary. You could, for example, draw a mind map, like the one above, with the words *salute*, *benessere* in the centre and the vocabulary you have come across in the activities all around it.

In the following group of activities you will learn to talk about several aspects of sport and fitness, acquiring useful vocabulary and expressions related to the subject and finding out more about sport in Italy.

Attività 7.7

A

Leggete una mail che Anna manda a sua madre e scegliete quali affermazioni sono vere e quali false. Correggete quelle false.

Ciao mamma,

come stai? E papà? Qui stiamo tutti bene.

Ti scrivo per raccontarti che oggi pomeriggio i bambini hanno iniziato a fare le loro prime attività fisiche e si sono divertiti moltissimo! Ho iscritto Gaetano a una scuola di calcio comunale qui vicino. Fanno un'ora di allenamento due volte alla settimana, il martedì e il giovedì. L'allenatore sembra molto preparato e ci sa fare con i bambini, Gaetano dopo la prima lezione crede di essere un nuovo Cannavaro! Elisa, invece, è andata alla sua prima lezione di ginnastica artistica, le è piaciuta tanto! L'ho iscritta a un corso per bambine dai sei ai dieci anni in una palestra in centro. Ha conosciuto nuove amichette e non vede l'ora di tornare. Ha solo un'ora alla settimana il lunedì. Il giovedì continua con la danza classica, sai, è importante per la postura. Poi, come al solito, si diverte a giocare a calcio con Gaetano e Sandro... passa dalle scarpette da ballo al pallone con grande facilità!

Papà continua a camminare e andare in bicicletta? Digli che è importantissimo, soprattutto nel suo caso di lieve obesità.

Un bacione grande,

Anna

Vero Falso

1 Gaetano va all'allenamento di calcio regolarmente. ☐ ☐
2 Gaetano crede di essere un grande calciatore. ☐ ☐
3 L'allenatore di Gaetano è bravo con i bambini. ☐ ☐
4 La scuola di calcio di Gaetano è privata. ☐ ☐
5 Elisa fa ginnastica artistica in una palestra. ☐ ☐
6 Elisa fa ginnastica artistica tre volte alla settimana. ☐ ☐
7 Elisa segue un corso di danza classica. ☐ ☐
8 Elisa non ama il calcio, ama solo la danza. ☐ ☐
9 Il papà di Anna deve fare esercizio perché è un po' sovrappeso. ☐ ☐

B

Indovinate a quali dei seguenti sport si riferiscono le frasi qui sotto.

> calcio • aerobica • scherma • tennis • equitazione • golf • nuoto • pallacanestro • sci • pallavolo

1 In questo sport ci sono due reti, chiamate porte. I giocatori devono riuscire a tirare il pallone nella porta avversaria.
2 Generalmente i giocatori di questo sport sono molto alti. Il pallone è arancione.
3 Questo sport può essere giocato in palestra, ma anche all'aperto. Il campo da gioco è diviso a metà da una rete abbastanza alta.
4 Questo sport in alcuni paesi è considerato elitario. Si gioca sull'erba.
5 Questo sport coinvolge gli animali.
6 Questo sport è praticato nelle piscine, ma anche al mare.
7 Wimbledon è un torneo importante per questo sport.
8 Questo sport si pratica in montagna, sulla neve.
9 In questo sport i due avversari sono vestiti di bianco e usano un'arma.
10 Questo sport è praticato nelle palestre di tutto il mondo a ritmo di musica.

C

Abbinate lo strumento allo sport in cui viene usato. Usate il dizionario solo se necessario.

1	il pallone	(a)	il tennis
2	la racchetta	(b)	il ciclismo
3	il nastro, il cerchio, la palla	(c)	il calcio
		(d)	la ginnastica ritmica
4	la bicicletta	(e)	il nuoto
5	la motocicletta	(f)	il pattinaggio
6	il costume da bagno, la cuffia e gli occhialetti	(g)	il tiro con l'arco
		(h)	il canottaggio
7	gli sci e le racchette	(i)	il motociclismo
8	i pattini	(j)	lo sci
9	l'arco e le frecce		
10	la canoa		

> Here are some useful expressions related to doing sports:
>
> Che sport fai / fa?
> Faccio Tai Chi.
> Gioco a calcio.
> Pratico lo sci.

Attività 7.8

Siete un membro dell'associazione sportiva non profit 'A tutto sport'. L'associazione vi ha chiesto di scrivere un volantino pubblicitario e un breve testo di promozione dell'associazione – per un totale di 200 parole.

Per il volantino usate i seguenti dati:
- associazione sportiva 'A tutto sport';
- sport offerti: calcio, pallacanestro, pallavolo, tennis, nuoto, pallanuoto, aerobica;
- corsi per tutte le età;
- corsi serali e diurni;
- prezzi contenuti.

Scrivete il testo in cui parlate di:
- sport offerti dall'associazione;
- sport che voi praticate all'interno dell'associazione;
- vostra esperienza personale all'interno dell'associazione;
- etica / principi dell'associazione.

Potete iniziare così:

> Sono membro dell'associazione sportiva non profit 'A tutto sport' da ormai cinque anni...

Attività 7.9

A

Rispondete alle seguenti domande.

1. Sono molte le persone che praticano uno sport nel vostro paese?
2. Quali sport sono, secondo voi, accessibili a tutti, indipendentemente da età, costituzione, denaro?
3. Quali iniziative si possono prendere per incoraggiare la gente a fare più movimento?

B

Leggete il seguente articolo e segnate le frasi che si riferiscono al testo.

Consigli per fare sport

Arriva l'estate e gli italiani si scoprono sportivi (sono 34 milioni gli italiani che praticano attività sportive nei mesi estivi contro i 24 milioni che le praticano tutto l'anno). I parchi si riempiono di gente che corre (anzi fa jogging), le palestre di persone che fanno ginnastica e le strade di campagna di ciclisti che pedalano.

Certo, l'ideale sarebbe fare sport regolarmente, non solo in estate; in ogni modo, se volete cominciare anche voi, non importa con quale sport, ecco alcune regole da seguire:

- Scegliete lo sport in base all'età, alla costituzione fisica e ai vostri gusti.
- Prima di cominciare fate un controllo medico.
- Cominciate lentamente e se vi sentite stanchi fermatevi, lo sport dovrebbe essere un piacere e non una tortura.
- Non andate a fare sport a stomaco vuoto, potrebbe essere pericoloso.
- Bevete molta acqua e non aspettate di aver sete, bevete sia durante l'attività fisica che dopo.
- Durante l'esercizio fisico evitate abiti troppo pesanti e abiti di fibra sintetica.
- Non sottovalutate l'importanza delle scarpe da ginnastica. Compratele adatte al tipo di sport che avete scelto.

1. Quando pratichiamo uno sport dobbiamo scegliere le scarpe giuste. ☐
2. Fare uno sport aiuta a mantenere la linea. ☐
3. Gli italiani fanno più sport in estate che in inverno. ☐
4. Gli italiani praticano regolarmente uno sport. ☐
5. Si deve scegliere uno sport in base a quello che piace e ad altri fattori. ☐
6. Lo sport più amato in inverno è lo sci. ☐
7. Nello sport bisogna avere obiettivi ambiziosi e non fermarsi mai se si è stanchi. ☐

C

Sottolineate nel testo della sezione B le frasi che corrispondono ai disegni qui sotto.

Cultura e società

Sport in Italy

As in many countries, sport plays a very important role in Italian society, and sports competitions and football matches are an opportunity for the whole nation to come together. The national teams, in particular the football team, are known as *'Gli Azzurri'*, after the light blue colour of their kit. The media pay close attention to sporting events, and there are three daily newspapers entirely devoted to sport, the most famous of which is the *Gazzetta dello Sport*, easily recognisable as it is printed on pink paper. Many television and radio programmes also cover sport, especially on Sundays, the day when main football matches are played.

Besides football, which is undoubtedly the national sport, cycling is also popular; the world-famous long-distance road bicycle race, the *Giro d'Italia*, is held in May or early June. Mention should also be made of the Italian tradition of Formula 1 car racing, embodied by the most famous Italian sports car manufacturer Ferrari, based in the small town of *Maranello* near *Modena*. Sports such as swimming, athletics, skiing, basketball, volleyball and tennis are very popular with young people, although they are given less media coverage.

In terms of non-competitive sporting activities, Italians seem to prefer to keep fit in the gym rather than in team sports: the majority of Italians who exercise go to the gym. Football is, however, the second favourite physical activity, followed by swimming, tennis and winter sports.

(www.corriere.it/primo_piano/cronache/2007) [consultato il 10 gennaio 2010]

The next activity is about football but will provide you with useful vocabulary and structures whether you are a fan or not!

Attività 7.10

A

Leggete il seguente testo e completate le frasi.

IL CALCIO ITALIANO

Lo sport più praticato e seguito in Italia è il calcio. Il calcio italiano è diviso in quattro categorie: le serie A e B (dove i giocatori sono professionisti) e le serie C e D (dove i giocatori sono dilettanti). La stagione calcistica delle serie A e B dura nove mesi, da settembre a giugno, e termina con la conquista dello 'scudetto', un distintivo tricolore a forma di scudo, che i giocatori della squadra campione d'Italia porteranno sulla maglia nella stagione successiva. Durante questo periodo, molti italiani passano il pomeriggio della domenica allo stadio per vedere la partita e fare il tifo per la squadra del cuore.

Le più famose squadre di calcio di serie A sono: a Milano, l'Inter e il Milan; a Torino, la Juventus e il Torino; a Roma, la Lazio e la Roma; a Genova, la Sampdoria e il Genoa. Accanto a queste squadre, che due volte all'anno si incontrano per lo scontro diretto e danno vita all'evento più sentito del campionato, 'il derby cittadino', ci sono altre squadre importanti, come il Napoli e la Fiorentina.

Le squadre di serie A, oltre ad avere i nomi ufficiali, sono spesso chiamate con soprannomi che derivano dai colori delle maglie. Ad esempio, i giocatori della Fiorentina vengono chiamati anche 'i viola', quelli del Milan 'i rossoneri', quelli dell'Inter 'i nerazzurri' e quelli della Roma 'i giallorossi'.

Accanto alle squadre di calcio di ogni città, l'Italia ha una squadra nazionale ('Gli Azzurri') che è tra le più titolate del mondo. Gli Azzurri hanno vinto quattro campionati del mondo. La squadra nazionale è formata dai migliori giocatori delle squadre cittadine, con un'unica restrizione: nella squadra nazionale devono necessariamente essere di nazionalità italiana, mentre le squadre cittadine spesso acquistano anche calciatori stranieri.

(www.italica.rai.it)

The official crests of Inter, Sampdoria, Lazio and Juventus

1 Il premio assegnato alla squadra campione d'Italia si chiama _____
2 'Fare il tifo' significa _____
3 Un derby cittadino è _____
4 Il soprannome dei giocatori dell'Inter è _____
5 La squadra nazionale italiana ha la maglia di colore _____
6 I giocatori di serie C e D sono _____
7 I giocatori della nazionale sono _____ e _____

B

Scrivete una breve definizione dei seguenti termini, usando parole vostre.

Esempio

Gli Azzurri: *la nazionale italiana di calcio.*

1 Lo stadio:...
2 La serie A:...
3 Il campionato:...
4 Il soprannome:...
5 Una delle squadre più titolate del mondo:...

Attività 7.11

A

Quali sono, secondo voi, i problemi dello sport agonistico e amatoriale al giorno di oggi? Completate gli spazi (le tre nuvolette vuote) con le vostre idee.

Costo di corsi e attrezzatura.

Problemi dello sport.

B

Leggete i seguenti titoli che si riferiscono a tre problematiche del mondo sportivo italiano. Per ogni titolo, spiegate brevemente in una o due frasi qual è l'argomento dell'articolo.

Potete esprimere la vostra opinione iniziando così:

Secondo me il primo articolo parla di…
oppure *Forse il secondo articolo parla di…*

Calciatori strapagati, ora tetto agli ingaggi

Doping nel ciclismo
Altri ciclisti positivi ai test

Troppa televisione e poco sport
La sedentarietà della gioventù di oggi

Vocabolario

il tetto (salariale)   *cap on salaries*

C

Scegliete il termine adatto fra i tre proposti e completate lo spazio.

1 Il grande problema dei giovani italiani è la _____ : diminuisce costantemente il numero di giovani fra gli otto e i 14 anni che fanno sport nel tempo libero.

   solitudine • sedentarietà • noia

2 Gli atleti di sport come il tiro con l'arco, la scherma e l'atletica leggera non sono _____ come i calciatori.

   strapagati • sottopagati • sfruttati

3 Un altro ciclista famoso è risultato _____ ai test antidoping.

   positivo • vero • falso

4 Lo sci è uno sport _____ : bisogna, infatti, comprare l'attrezzatura e lo skipass.

   economico • conveniente • costoso

5 La boxe è uno sport piuttosto _____

   costoso • violento • elitario

6 Gli italiani amano _____ : ci tengono alla salute del proprio corpo.

   tenersi in forma • la sedentarietà • stare a casa e fare poco sport

D

Quali delle seguenti espressioni si possono riferire a uno sport e quali a uno sportivo? Attenzione, ci sono espressioni che si possono riferire sia a uno sport che a uno sportivo.

agile • costoso • violento • divertente • di squadra • veloce • forte • in forma • onesto • strapagato • elitario • dopato • flessibile • faticoso • dinamico

Sport	Sportivo

In the next activity you will read and work on a text about a sports association for disabled people, expanding your vocabulary and knowledge about sports and disability in Italy.

Attività 7.12

A

Rispondete alle domande.

1 Nel vostro paese, secondo voi, vengono garantite pari opportunità ai cittadini diversamente abili?

2 Conoscete associazioni sportive o ricreative per persone diversamente abili?

3 Secondo voi, lo sport può essere uno strumento educativo per promuovere le pari opportunità?

B

Leggete il seguente testo che presenta un'associazione sportiva per persone diversamente abili. Completate poi la tabella. Alcuni sport appartengono a due categorie.

Unità 7   27

'Se posso fare questo... posso fare tutto!'

SportABILI è un'organizzazione senza fini di lucro che organizza attività sportive e ricreative per persone diversamente abili.

SportABILI vuole offrire un approccio ricreativo allo sport senza 'costruire' campioni olimpici, né avviare direttamente all'agonismo. Il nostro modo di fare sport vuole soprattutto fornire stimoli importanti, utili a trovare quelle sicurezze fondamentali anche per l'inserimento nel tessuto sociale, oltre che offrire un'occasione di vivere una vacanza all'insegna del divertimento in tutta sicurezza, per godere di nuove emozioni, dimostrando soprattutto a sé stessi che 'si può fare'.

Grazie ai nostri volontari, ai nostri istruttori, alle nostre strutture e alle meravigliose risorse naturali che ci circondano, offriamo alle persone con qualsiasi disabilità la possibilità di mettersi alla prova.

Nel lontano 1988, Andrea Brunello vola negli Stati Uniti per iscriversi alla Facoltà di Fisica della Cornell University nello Stato di New York. Si laurea con lode ed ottiene un dottorato di ricerca alla State University of New York at Stony Brook. Durante il suo soggiorno americano, Andrea si stabilisce nello Utah e scopre che esiste a Park City uno dei più grossi centri che organizza attività sportive per disabili. Decide quindi di svolgere attività di volontariato al National Ability Center.

È talmente bella ed appassionante questa esperienza, ricca di emozioni e soddisfazioni, che una mattina si sveglia e si chiede: "ma perché non fare una cosa così anche in Italia?".

E così, aiutato dai suoi genitori, sostenuto ed incoraggiato da alcuni veri amici, compie una ricerca per individuare la zona dove far crescere questa idea. E scopre che a Bellamonte, a Predazzo e in tutto il territorio della Val di Fiemme, i luoghi dove l'hanno visto crescere durante le vacanze, esistono le strutture idonee e accessibili per poter iniziare questa avventura.

Non sono poche le difficoltà e gli ostacoli da superare, soprattutto quelli dell'indifferenza e dello scetticismo della gente comune, compresa la paura di affrontare questa realtà del mondo delle persone diversamente abili, ma animati dalla convinzione che sia una cosa giusta e bella da proporre, lavorano incessantemente per crearla.

E così, nel febbraio del 1997 nasce, sul modello americano, SportABILI, un'associazione di volontariato che organizza attività sportive e ricreative per tutti i tipi di disabilità.

È quindi una realtà giovane, ma durante questi pochi anni di attività, l'abbiamo vista crescere e consolidarsi con i suoi corsi di sci in inverno, discesa e fondo, e in estate equitazione, nuoto, tiro con l'arco, le escursioni naturalistiche, le passeggiate in bicicletta, le gite nei boschi, il tennis in carrozzina e le nuove proposte: rafting e hydrospeed.

Tutto questo è possibile anche grazie al supporto di maestri di sci ed istruttori professionalmente preparati per questi tipi di insegnamento, accompagnati da esperti ed addestrati volontari; e dall'utilizzo degli ausili per lo sport che l'associazione ha in dotazione: mono-sci, bi-sci e dual ski e slitte per il fondo per disabili agli arti inferiori, stabilizzatori per amputati, handbike, la bicicletta per disabili agli arti inferiori, tandem per non vedenti, selle particolarmente preparate per l'equitazione. Per il rafting e hydrospeed, in collaborazione con la società di rafting

'Avventura e Natura', sono state sviluppate le attrezzature tecniche e le metodologie di insegnamento per consentire anche alle persone con disabilità di poter accedere in modo attivo agli sport fluviali. Il tutto con la massima professionalità annullando ogni pericolo.

(Adattato da http://predazzo.sportabili.org/?q=node/2) [consultato il 12 dicembre 2010]

Vocabolario

l'agonismo (m.)   *competitive spirit*
il tessuto sociale   *the fabric of society*
mettersi alla prova   *to put oneself to the test*
disabile   *disabled*
il/la disabile (m. / f.)   *disabled person*
diversamente abile   *differently abled*
idoneo,-a   *suitable*

Sport invernali	Sport estivi	Sport d'acqua
	equitazione	

C

Rispondete alle seguenti domande con le vostre parole.

1. Di che cosa si occupa l'associazione SportABILI?
2. Chi è il fondatore di SportABILI e come gli è nata l'idea di creare questa associazione?
3. Dove si trova l'associazione?
4. Quali sono stati gli ostacoli da superare per crearla?
5. Chi lavora con gli sportivi di SportABILI oltre ai volontari?

D

Abbinate le seguenti espressioni alle espressioni equivalenti nella seconda colonna.

1. disabili
2. approccio ricreativo
3. tessuto sociale
4. all'insegna del divertimento
5. mettersi alla prova
6. ausili per lo sport
7. strutture idonee
8. organizzazione di volontariato
9. realtà giovane

(a) taglio non agonistico
(b) di recente creazione
(c) associazione senza fini di lucro
(d) diversamente abili
(e) luoghi e strumenti adeguati
(f) attrezzature sportive
(g) società
(h) sfidare se stessi
(i) con l'obiettivo di trascorrere dei bei momenti

E

Spiegate brevemente e con parole vostre il significato del nome dell'associazione e del suo motto:

SportABILI:

'Se posso fare questo... posso fare tutto!'

Potete iniziare così:

Il nome dell'associazione suggerisce che…

Unità 7   29

The final activity involves writing a 'for and against' argumentative text based on the theme of sport.

> ### Suggerimento
>
> **Finding arguments for and against**
>
> When writing a text or making an oral presentation, you are often asked to look at both sides of an argument before drawing your own conclusions. You could try approaching this as follows:
>
> - First jot down some concepts and ideas as they occur to you, on the topic you are asked to discuss.
> - Then separate them into two groups of 'for' and 'against'. As you proceed, add further ideas to the two groups. This is where a mind map can be very handy!
>
> As you look over the advantages and disadvantages evenly displayed, you may still feel neutral or you may find you begin to favour one side over the other.

Attività 7.13

A

Leggete il seguente tema (vantaggi / svantaggi) e completate la tabella.

TEMA

Vantaggi e svantaggi di uno sport a tua scelta

Ogni sport ha dei vantaggi, ma ha anche degli svantaggi. In questo mio breve testo vorrei analizzare gli aspetti positivi e quelli negativi di uno sport in particolare, la pallacanestro.

La pallacanestro è un'attività sportiva che non richiede un'attrezzatura sofisticata o costosa, basta una palla da pallacanestro e un canestro appeso a una parete. È uno sport dinamico ed emozionante che entusiasma tanto i giocatori quanto il pubblico. Un altro vantaggio è che si può praticare sia all'aperto che all'interno, quindi si può giocare facilmente anche nei paesi più freddi o quando piove. Inoltre, la pallacanestro dà l'opportunità di fare esercizio fisico e di divertirsi allo stesso tempo, con il grande vantaggio che, giocando a basket, è difficile farsi male. Infine, si tratta di uno sport di squadra che permette di legare con gli altri giocatori e di imparare a lavorare in gruppo per ottenere obiettivi comuni.

Tuttavia, la pallacanestro presenta anche aspetti negativi. Innanzitutto ci vogliono almeno due pareti o due assi su cui fissare i canestri, quindi non si può giocare in un prato. Inoltre, non si può usare un pallone normale, bisogna necessariamente comprare una palla da pallacanestro. Un altro punto a sfavore è che, se si gioca in squadra a livello agonistico, è fondamentale allenarsi insieme regolarmente ed essere sempre in forma. Ciò richiede tempo e dedizione. Un grande svantaggio della pallacanestro è che, se si è di bassa statura, è difficile raggiungere buoni livelli… in questo senso è uno sport solo per le persone alte.

In conclusione, è evidente che la pallacanestro ha dei pro e dei contro. Tuttavia, se vi piace questo sport, non rinunciate a praticarlo, anch'io sono di bassa statura e mi diverto molto con il basket.

Vocabolario

l'attrezzatura (f.) *equipment*
appeso (*past participle of* appendere) *fixed, attached*
il basket *basketball*
innanzitutto *first of all, in the first place*
l'asse (f.) *plank, board*
allenarsi *to train*
la dedizione *dedication*

La pallacanestro

Vantaggi	Svantaggi
Non c'è bisogno di un'attrezzatura sofisticata e costosa, basta una palla e un canestro. ...	...

Lingua 7.3

The 'for and against' argumentative text

The text above is an argumentative essay, presenting the advantages and disadvantages of a sport. This type of text can be called 'for and against', 'pros and cons' or 'advantages and disadvantages'.

Here is a model structure and some linking expressions which will help you to write a 'for and against' text.

Introduction	**General statement about the topic**
	In questo testo voglio analizzare i vantaggi e gli svantaggi di...
Main body	**First paragraph** – advantages, pros, arguments in favour of the issue
	da un lato... *on the one hand...*
	un vantaggio *an advantage*
	un argomento a favore *an argument in favour*
	innanzitutto *first of all, firstly*
	in secondo luogo... *secondly*
	inoltre... *in addition, furthermore*
	Second paragraph – disadvantages, cons, arguments against the issue
	dall'altro,... *on the other hand,...*
	uno svantaggio *a disadvantage*
	un argomento contro *an argument against*
	al contrario *on the contrary*
Conclusion	**Balanced consideration, well-balanced opinion**
	per concludere / in conclusione... *in conclusion...*
	è evidente che... *it is evident that...*
	per riassumere... *to summarise...*

B

Qui sotto troverete due liste con i vantaggi e gli svantaggi di due sport. Sceglietene uno e scrivete un tema vantaggi / svantaggi usando fra le 200 e le 300 parole. Seguite la struttura e usate le espressioni che avete imparato.

Il judo

Vantaggi

Fa bene al corpo e alla mente.

Trasmette il senso della disciplina e il rispetto per l'avversario.

Non è caro.

Si conoscono nuove persone.

È utile come tecnica di legittima difesa.

Svantaggi

È necessario avere un maestro (*sensei*).

È facile farsi male.

Per diventare bravi ci vogliono molti anni.

È importante avere riflessi veloci.

Lo sci

Vantaggi

Si sta a contatto con la natura, all'aria aperta.

Si scoprono paesaggi meravigliosi.

Può essere rilassante e lento o molto dinamico e veloce.

Gli sciatori si mettono alla prova.

Si può stare soli o socializzare con altri sciatori.

Svantaggi

È facile farsi male cadendo.

L'attrezzatura è molto costosa.

Le lezioni e l'accesso agli impianti sono costosi.

Si può fare solo quando c'è neve.

Vocabolario

trasmette il senso della disciplina
conveys / instills a sense of discipline

Bilancio

Key phrases

Ho mal di denti / di stomaco / di pancia / di testa.

Ho male a un piede / alla schiena / alla pancia / alla testa.

Ho dolori / un'allergia / un problema di salute.

Sono stanca / ammalata / raffreddata / stressata / influenzata.

Soffro di dolori reumatici / allergie / depressione.

Mi sono fatto/a male a un polso / alla schiena.

Mi sono scottato (con il ferro da stiro / al sole).

Fa bene. / Fa male.

L'esercizio fisico fa bene alla salute.

Faccia più sport!

Provi la medicina alternativa!

Non fumi!

Non beva alcolici!

Non li beva!

Che sport fai / fa?

Faccio Tai Chi.

Gioco a calcio.

Pratico lo sci.

Here are some ideas and suggestions on how to organise what you have studied in this unit. You may wish to do all the activities or to select those that are particularly relevant to you to reinforce your learning.

Memorising keywords and structures

To note down and memorise the keywords from this unit, try the following activities.

1. The same vocabulary can often be classified in different ways. Choose one of (a), (b) or (c) below and gather as many words for it as possible (or find a different classification of your own if you prefer).

    (a) sports I practise;
    sports I watch on TV;
    sports I'm not interested in.

    (b) sports from the (summer) Olympics;
    sports from the Winter Olympics.

    (c) sports played with a ball;
    sports played with a weapon;
    sports played with a special outfit;
    sports played in water;
    sports played in a team.

2. Think of a minor illness you've suffered from recently and list all the words and phrases you would need to use to talk about it in a story. Here is a possible start: *il raffreddore, avere mal di pancia, avere la febbre, la farmacia...*

3. You would like to help someone you know become healthier. Give them the same piece of advice in Italian using all the structures below; for example, 'Do more sport'.

Informal imperative	
Formal imperative	
Plural imperative	

Present conditional tense	

Unità 7   33

4 Complete the mind map below, or produce a different one, to note down as much of the vocabulary from this unit as possible.

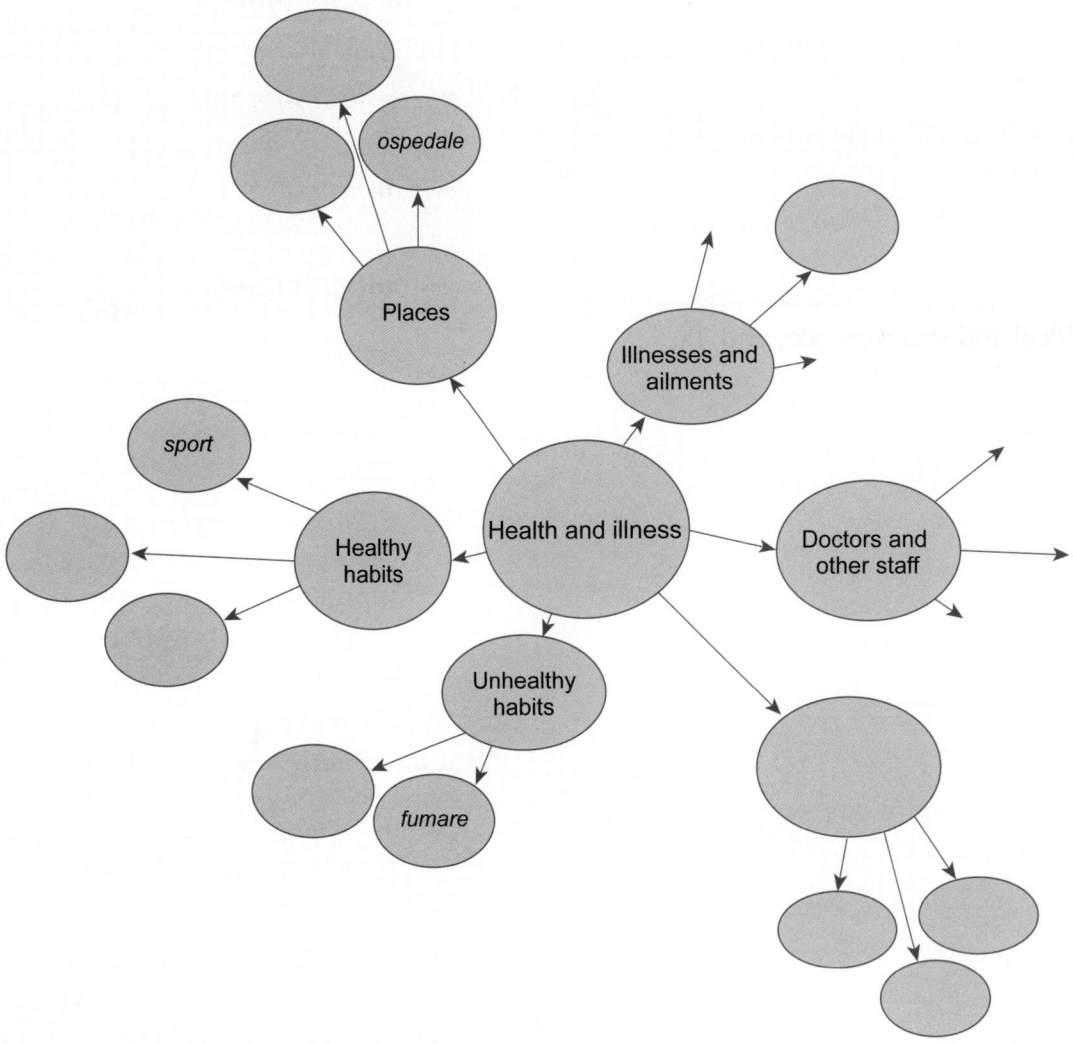

5 Find arguments for and against the ban on smoking in public places which came into force in Italy in 2005.

Cultura e società

What is the most popular sport in your own country? Is sport an important part of society where you come from?

Where you live, is being healthy a common concern for people? What is the current trend in that respect?

What information from the unit did you find unexpected? Why?

Unità 8

Il mondo del lavoro

Jobs and employment are at the heart of Italy's political and social debate, and this unit gives you the chance to explore different aspects of working life in Italy. You will acquire and use the appropriate structures for talking about future professional plans and for making suppositions. The cultural elements in the unit will give you an insight into the current Italian economy and the problems of the Italian labour market.

Key learning points

- Talking about employment, unemployment and the labour market
- Expressing necessity using *bisogna*
- Talking about future plans and making suppositions using the future tense
- The style and vocabulary used in Italian letters of application; writing your own letter of application
- Talking about conditions using the present or future tense

Study tips

- Using visual and aural aids to learn vocabulary. What kind of learner are you?

Culture and society

- The Italian economy
- The *Esame di Stato*
- The problems of the Italian labour market

Overview of *Unità 8*

Attività	Themes and language practised
8.1–8.3	Talking about employment and unemployment; expressing necessity using *bisogna*.
8.4–8.5	Talking about future plans and making suppositions using the future tense.
8.6–8.7	Using appropriate expressions to write a letter of application.
8.8–8.11	Talking about conditions using the present or future tense; looking at the problems of the Italian labour market.
8.12	Writing practice: writing about your job situation and plans.
Bilancio	Assessing and furthering your progress.

The first few activities are designed to expand and consolidate your vocabulary related to the world of employment (*l'occupazione*).

Attività 8.1

A

Leggete gli annunci e completate la tabella nella pagina seguente.

(a) **Progetto Lavoro**
Azienda leader nei servizi per l'impiego cerca
DOCENTE
sede di Milano; laurea, conoscenza ambiente DOS, WINDOWS, Internet, disponibilità part time.
Curriculum a: Jobline@tiscalinet.it

(b) **Aziende di Milano centro cercano**
2 receptionist
con esperienza di lavoro di segreteria.
Requisiti: diploma o laurea, max 35 anni, conoscenza dell'inglese.
Curriculum a: Dott. Morici, Argot, corso XXIII Marzo, 140 – 20100 Milano

(c) **Azienda di Roma cerca**
2 SEGRETARIE COMMERCIALI
massimo 35 anni, conoscenza tedesco, Office.
Curriculum a: Dottor Brandini, IBC, Via Emilio De Marchi, 52 – 00169 Roma

(d) Azienda di Bologna cerca **4 PROGRAMMATORI**
Requisiti: età 20–30 anni, buona esperienza, militare assolto.
Curriculum a: Ecco, att.ne Paola Brandi, Via Garibaldi, 77/a – 20159 Milano

(e) Clinica privata di Firenze cerca **due infermieri professionali** per 6 mesi (possibilità di assunzione a tempo indeterminato), 30–35 anni, esperienza, disponibili a turni.
Curriculum a: Dott.ssa Marini, Vedior, Viale Piave, 33 – 20129 Milano

(f) Impresa edile di Torino cerca
8 muratori esperti
per progetto di restauro della durata di 8 mesi.
Per ulteriori informazioni e candidature chiamate il numero: 011–4488321

Unità 8   37

The following points relate to the advertisements above:

- Italian law allows an employer to specify a minimum or maximum age in a job advertisement.
- Until 2005 Military service in Italy was compulsory for all male citizens over the age of 18. The last group of people to do it were those born in 1985. *Militare assolto* means 'military service completed'.
- The title *dottore / dottoressa*, with shortened forms *dott. / dott.ssa*, is used for all graduates, not only for people who have a doctorate or a medical degree.

Annuncio	(a)	(b)	(c)	(d)	(e)	(f)
Professione						
Luogo di lavoro			Roma			
Titolo di studio						
Requisiti						

B

Rispondete alle seguenti domande con (a), (b), (c), (d), (e), (f) della sezione A. Ci può essere più di una risposta corretta per ciascuna domanda.

1. In quale offerta di lavoro si cerca personale per un impiego a tempo determinato?
2. In quale offerta si richiede disponibilità a lavorare in orari diversi?
3. Quale offerta esclude personale maschile che non abbia ancora assolto il servizio militare?
4. Quale dei posti di lavoro offerti non è a tempo pieno?
5. In quale annuncio si cercano lavoratori di età compresa fra i 20 e i 30 anni?
6. Quali offerte non richiedono esperienza nel settore?

> ### Suggerimento
>
> **Using visual and aural aids to learn vocabulary. What kind of learner are you?**
>
> Some people remember things they see better than things they hear. If this is the case with you, then using visual clues such as photos or drawings and graphic organisers such as tables may be a useful way to remember vocabulary.
>
> You can try and **use drawings** to illustrate the meaning of new words, rather than a translation; you don't have to be an artist to do this – stickmen and symbols work too! You can also search the internet for images and clip art.
>
> MURATORE
>
> If, on the other hand, you find it easier to memorise what you hear rather than what you see, you could **record words** or sentences related to a particular theme and listen to the recordings when you do your revision work, or find free Italian podcasts on the internet related to the theme you are studying to reinforce the vocabulary.
>
> You could try and see what you can come up with for some of the words from *Attività 8.1*, such as *docente*, and even for more abstract concepts like *laurea*, *impiego*, *titolo* and *assunzione*.
>
> RICERCATRICE

C

Abbinate le seguenti parole alla loro definizione.

1. impiego
2. laurea
3. esperienza in un settore
4. conoscenza di una lingua
5. turno
6. assunzione
7. lavoro a tempo indeterminato

(a) saper parlare una lingua
(b) ottenere un lavoro
(c) lavoro fisso
(d) lavoro
(e) titolo di studio universitario
(f) aver già lavorato in un settore
(g) orario in cui si lavora, può essere di giorno, di notte

Festa di laurea - graduation.

Attività 8.2

A

Edoardo ha 15 anni e da grande vuole fare il giornalista. Per fare esperienza, scrive spesso articoli nel giornalino della sua scuola. Vuole scrivere un articolo sull'occupazione e ha fatto delle interviste.

Leggete gli appunti che Edoardo ha preso durante alcune interviste. Scegliete poi, fra le affermazioni proposte nella pagina seguente, quella corretta.

Edoardo

Susanna

29 anni, di Treviso, ma ha studiato a Padova

si è laureata 4 anni fa in Scienze Politiche

non ha un lavoro fisso

lavora in un call centre con un contratto a tempo determinato

lavora in nero come cameriera in un ristorante il venerdì e sabato sera

fa la volontaria per un'organizzazione contro la violenza domestica

Fabrizio

44 anni, di Catanzaro

ha lavorato fino alla settimana scorsa con un contratto a tempo indeterminato come tecnico specializzato presso una ditta di telecomunicazioni

la ditta è fallita a causa della crisi e ora Fabrizio cerca lavoro, ma senza farsi illusioni

ha due figli piccoli e la moglie lavora part time come operaia

vorrebbe non avere problemi finanziari e arrivare a fine mese senza preoccupazioni

Rossella

51 anni, di Roma

infermiera, lavora nel reparto di pediatria

lavoro fisso e ben pagato

nel suo settore non c'è crisi, anzi, assumono spesso dall'estero perché sono pochi i giovani in Italia che studiano Scienze Infermieristiche

Norbert

66 anni, di Bolzano

in pensione da un anno

si dedica al suo giardino, alla lettura e a fare il nonno, che è un lavoro a tempo pieno

la pensione mensile è piuttosto bassa, per fortuna ha anche un fondo pensione privato

il mese prossimo va a fare un viaggio con la moglie a Parigi e sogna di vivere lì

Vocabolario

l'occupazione (f.)   *employment*
lavorare in nero   *to work illegally*
assumere   *to employ, take on*
essere in pensione   *to be retired*
arrivare a fine mese   *to get to the end of the month (i.e. have enough money to live on till your next salary comes in), to make ends meet*

1   Norbert è in pensione...
   (a)   e si annoia.
   (b)   ma è sempre occupato perché è nonno.
   (c)   e ha tempo libero, ma non viaggia mai all'estero.

2   Il settore infermieristico è un settore...
   (a)   che offre opportunità di lavoro.
   (b)   in cui ormai è difficile trovare un posto di lavoro.
   (c)   è un settore in crisi.

3   Fabrizio...
   (a)   ora non ha un lavoro.
   (b)   si è licenziato volontariamente.
   (c)   ha grandi aspettative per il futuro.

4   Susanna lavora...
   (a)   con un contratto a tempo determinato in un ristorante.
   (b)   senza un contratto regolare in un ristorante.
   (c)   con un contratto a tempo indeterminato in un ristorante.

5   Susanna...
   (a)   ha frequentato l'università.
   (b)   ha lasciato la scuola presto.
   (c)   non trova un lavoro perché non ha un titolo universitario.

6   La moglie di Fabrizio...
   (a)   lavora a tempo pieno come operaia.
   (b)   è casalinga.
   (c)   lavora a tempo parziale come operaia.

7   Molti...
   (a)   giovani italiani vogliono fare gli infermieri.
   (b)   infermieri stranieri vengono assunti in Italia.
   (c)   giovani italiani vogliono fare gli infermieri, ma ci sono pochi posti di lavoro.

8   Norbert...
   (a)   ha perso il lavoro da un anno.
   (b)   è stato assunto da un anno.
   (c)   ha terminato la sua carriera lavorativa da un anno.

B

Abbinate i seguenti termini al loro contrario. Usate il dizionario solo se necessario.

1   la disoccupazione   (a)   in servizio
2   assumere   (b)   l'occupazione
3   lavorare in nero   (c)   lavoro a tempo indeterminato
4   il lavoro fisso   (d)   licenziare
5   la crisi economica   (e)   lavoro precario
6   in pensione   (f)   lavoro retribuito
7   lavoro a tempo determinato   (g)   a tempo parziale
8   a tempo pieno   (h)   avere un contratto regolare
9   volontariato   (i)   il boom economico

Vocabolario

il contratto regolare   *legal work contract*

C

Scegliete fra gli aggettivi proposti quello che, secondo voi, meglio descrive la professione. Usate la vostra intuizione e consultate il dizionario solo se necessario.

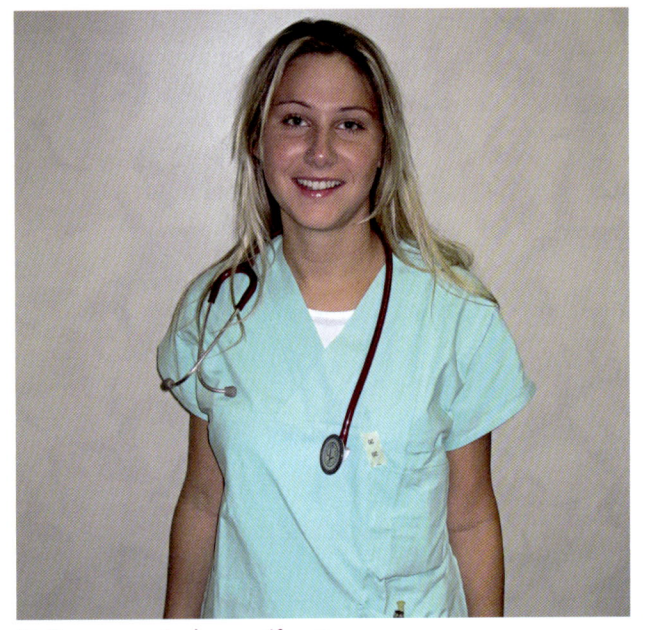

Italian nurse in her uniform

1. **Infermiera**: creativa, egoista, paurosa, amichevole.
2. **Segretaria**: maleducata, organizzata, lenta, generosa.
3. **Disegnatore**: allegro, deciso, creativo, pigro.
4. **Cameriere**: disorganizzato, riservato, veloce, timido.
5. **Tecnico**: preciso, allegro, irresponsabile, distratto.

D

Leggete l'inizio dell'articolo di Edoardo e completate il testo inserendo negli spazi una delle seguenti parole / espressioni.

> recessione • fuga dei cervelli • nero • laureati • a tempo determinato • boom economico • fisso • luoghi di lavoro

Negli anni '60, l'Italia ha vissuto un periodo di _____. Ora però, la situazione è molto diversa, stiamo vivendo un'epoca di forte _____ e trovare un lavoro _____ è diventato il sogno di un'intera generazione di italiani. Sempre più giovani lavorano con contratti _____ , che durano pochi mesi, o, nei migliori dei casi, un anno. Il lavoro _____ , senza un contratto regolare è purtroppo in aumento, con gravi conseguenze sulla sicurezza sui _____ e sull'economia. Inoltre, stiamo assistendo all'emigrazione di molti _____ , ricercatori e studiosi italiani che vanno a lavorare all'estero, fenomeno che potremmo definire una vera e propria _____.

Cultura e società

The Italian economy

Since the end of the Second World War, Italy has been one of Europe's most dynamic economies, transforming its essentially agricultural economy into a primarily industrial one. As shown by the following Istat figures, Italy's economic structure is now similar to that of the most developed European nations. In 2009, approximately 69% of Italy's gross domestic product (*prodotto interno lordo*, *PIL*) was represented by the service sector, and particularly by tourism, with approximately 29% coming from industry (including construction) and 2% from agriculture. The strongest industrial sectors are machinery, clothing and textiles. A unique feature of the Italian economy lies in the 'industrial cluster' model, clusters of small and medium enterprises located within a well-defined geographical area. Thanks to the success of this model, Italy has a high level of entrepreneurial activity and creativity, with emphasis on good design and high-quality finished products, which has been branded as 'Made in Italy'.

Attività 8.3

A

I compagni di classe di Edoardo vogliono fare lavori diversi. Per ogni professione scrivete tre aggettivi, come nell'esempio.

Esempio

Edoardo vuole fare il giornalista. Per fare il giornalista si deve essere: curiosi, attenti, sintetici.

1. Amedeo vuole fare l'insegnante. Per fare l'insegnante si deve essere: _____
2. Werner vuole fare il chirurgo. Per fare il chirurgo si deve essere: _____
3. Olga vuole fare la psicologa. Per fare lo psicologo si deve essere: _____
4. Nino vuole fare il muratore. Per fare il muratore si deve essere: _____
5. Nicoletta vuole fare la poliziotta. Per fare l'agente di polizia si deve essere: _____

Si deve essere…

'Si deve essere + adjective in the plural' is an impersonal form equivalent to 'one has to be + adjective'.

Per fare l'insegnante, si deve essere molto pazienti.
To be a teacher, you have to be very patient.

Lingua 8.1

Expressing necessity using *bisogna*

The impersonal structure *si deve* + infinitive can be replaced with the impersonal structure *bisogna* + infinitive. *Bisogna* is always used in the third person singular (*bisogna, bisognava, bisognerà*) and never in compound tenses (such as the *passato prossimo*).

Per superare l'esame **bisogna** / **si deve** studiare.
To pass the exam, you need to / have to study (or 'one must study').

Per non trovare traffico la mattina, **bisogna** / **si deve** uscire di casa molto presto.
To avoid the traffic in the morning, you need to / you have to / should leave home very early.

C'è molto traffico stasera, **bisognava** / **si doveva** partire prima.
There's a lot of traffic tonight, we should have left earlier.

Here are some examples of *bisogna* in the negative:

Per fare il segretario, **non bisogna** essere disorganizzati.
To be a secretary, one should not be disorganised.

Non bisognava partire all'ultimo momento! Adesso non riusciamo a trovare un posto libero per parcheggiare!
We shouldn't have left at the last minute! Now we can't find a parking space!

Unità 8

B

Formate delle frasi con *bisogna* o *non bisogna* collegando gli elementi della prima colonna con quelli della seconda.

1	Per fare il pompiere,		(a) mandare il curriculum.
2	Per trovare un lavoro,		(b) conoscere le lingue straniere.
3	Per diventare medico,	**bisogna**	(c) essere coraggiosi.
4	Se si vuole fare lo psicologo,		(d) saper ascoltare.
5	Se si vuole lavorare nel turismo,		(e) studiare medicina.

1	Per non trovare traffico la mattina,		(a) comprare i biglietti.
2	Per fare il muratore,		(b) cambiare.
3	L'entrata è gratis, quindi	**non bisogna**	(c) uscire di casa all'ultimo momento.
4	Il treno è diretto, quindi		(d) soffrire di vertigini.

C

La seconda parte delle seguenti frasi è in disordine! Mettete le parole in ordine. Tutte le frasi contengono la struttura 'non bisogna + infinito'.

1. Sta soffrendo molto:

   dirgli • non • la • bisognava • verità

2. Se volevi trovare un parcheggio,

   all'ultimo • non • momento • bisognava • partire

3. Per fare questo dolce,

   lo • non • bisogna • zucchero • aggiungere

4. È un incompetente,

   consiglio • suo • non • bisognava • il • seguire

5. Te l'avevo detto che

   bisognava • non • così • fare

D

Qual è il vostro lavoro ideale? Come bisogna essere o quali requisiti bisogna avere per farlo nel migliore dei modi? Scrivete un testo di massimo 100 parole cercando di usare 'bisogna + infinito' almeno tre volte e 'si deve + infinito' almeno una volta.

Io vorrei fare il poliziotto.

While still focusing on the theme of employment, you are now going to learn ways to express future actions, future plans. You will also learn how to make suppositions using the future tense.

Attività 8.4

A

Il fratello maggiore di Edoardo, Enrico, vive a Roma dove studia ingegneria elettronica. Leggete la mail che manda a suo fratello. Poi leggetela nuovamente facendo attenzione ai verbi in grassetto e scegliete la risposta corretta.

Enrico

Ciao Edo,

ho preso delle decisioni per quanto riguarda le vacanze estive: in luglio e agosto non **tornerò** a casa, ma **starò** qui a Roma e **lavorerò** come cameriere in un ristorante. Durante l'estate cercano sempre giovani camerieri con una buona conoscenza delle lingue, quindi, grazie al mio inglese e al mio spagnolo, ho buone possibilità di trovare un lavoretto. Quando **avrò** abbastanza soldi, in settembre, **comprerò** un biglietto per Buenos Aires e **andrò** a trovare zia Concetta. **Mi fermerò** da lei per una settimana e poi **girerò** per il paese per altre due settimane. Non vedo l'ora. Ti **comprerò** anche un regalino… tu in cambio però, **dovrai** dire a mamma che non **verrò** a casa… ti auguro buona fortuna!

Un abbraccio,

Enrico

Usando un po' di intuizione e prendendo in considerazione il contesto generale, indovinate che cosa vuole esprimere Enrico con i verbi in grassetto:

(a) Azioni improbabili?

(b) Azioni recenti?

(c) Azioni future?

B

Abbinate ad ogni verbo nella tabella qui a destra il suo infinito, usando un po' di intuizione. Il primo infinito è già stato inserito come esempio.

	Infinito
tornerò	tornare
starò	
lavorerò	
avrò	
comprerò	
andrò	
mi fermerò	
girerò	
dovrai	
verrò	

Unità 8   45

Lingua 8.2

The future tense

To form the future tense of regular verbs, use the verb stem + **e** (for verbs end in -*are* and -*ere*) and **i** (for verbs ending in -*ire*), and add the endings shown in bold:

	-are	-ere	-ire
io	parl-e-**rò**	legg-e-**rò**	fin-i-**rò**
tu	parl-e-**rai**	legg-e-**rai**	fin-i-**rai**
lui, lei, Lei	parl-e-**rà**	legg-e-**rà**	fin-i-**rà**
noi	parl-e-**remo**	legg-e-**remo**	fin-i-**remo**
voi	parl-e-**rete**	legg-e-**rete**	fin-i-**rete**
loro	parl-e-**ranno**	legg-e-**ranno**	fin-i-**ranno**

La prossima settimana **inizierò** a studiare cinese.
Next week I will start learning Chinese.

The future tense of some verbs is **irregular**. Here is the first person singular of the most common ones:

AVERE	avrò
ESSERE	sarò
ANDARE	andrò
VENIRE	verrò
DOVERE	dovrò
VIVERE	vivrò
VOLERE	vorrò

L'anno prossimo **andrò** in India.
Next year I'll go to India.

C

Leggete i progetti di Miriam, una compagna di classe di Edoardo, e completate il testo con i verbi al futuro.

Dopo l'Esame di Stato non (andare) *andrò* all'università. Ho intenzione di lavorare e di aprire un negozio di fiori. (Restare) _____ nella mia città e non (trasferirsi) _____ come hanno fatto i miei fratelli. Però non (vivere) _____ con i miei genitori. Infatti ho deciso che (andare) _____ ad abitare da sola. Prima o poi di sicuro (sposarsi) _____ e (avere) _____ dei figli, ma adesso preferisco non avere un ragazzo fisso. Ma quanti progetti! Intanto domani (partire) _____ per la Sardegna e (ritornare) _____ a casa più o meno fra due settimane.

Cultura e società

The *Esame di Stato*

For many people, the key to entering the job market is to pass the all-important *Esame di Stato*. Italian students have to take and pass an exam at the end of middle school (*Esame di Terza Media*) and the *Esame di Stato* at the end of secondary school. The *Esame di Stato* is a particularly important event in many pupils' lives, since it is a requirement for university entrance and for employment in many sectors. Up to 1999 this exam was called the *Esame di Maturità* (many still refer to it as such by default, even youngsters) and was marked out of 60, but since 1999 it has been marked out of 100 (with 60 out of 100 as the pass mark.)

The *Esame di Stato* consists of three written tests: *prima prova* (Italian essay writing), *seconda prova* (the main subject for that student's particular type of school) and *terza prova* (questions on several subjects) followed by an oral exam, during which the board of examiners (three internal and three external teachers) listen to the candidate's presentation of an interdisciplinary research topic (*discussione della tesina*) and ask further questions on all the subjects taught in the final year. Some university faculties are open to all students who have passed the exam, regardless of the final result, but in recent years overcrowding has made it necessary to put a cap on the number of students, the so-called *numero chiuso*. In order to select students, therefore, each faculty runs an entry test before the beginning of the academic year and / or sets its own entry requirements.

D

Completate le frasi usando il futuro. Usate la fantasia.

Esempio

Quando avrò dei soldi, farò il giro del mondo.

1 Quando avrò dei soldi, _____
2 Fra un mese _____
3 Prima o poi _____
4 Fra sei anni _____
5 Quando sarò anziano/a, _____
6 Fra un anno _____
7 Quando avrò un po' di tempo, _____

Future tense after *quando*

Whereas in English you say 'When I go there', meaning 'When I will go there', in Italian the **future tense** is used after *quando* to refer to an action or event in the future:

Quando **andrò** in vacanza, mi rilasserò.
When I go on holiday, I'll relax.

Quando **avrò** i soldi, comprerò una casa.
When I've got some money, I'll buy a house.

> **Using the future tense to make suppositions**
>
> The future tense is also used in spoken Italian to make suppositions:
>
> – Che ore sono?
> – Non so, **saranno** le dieci.
> – *What's the time?*
> – *I don't know, it's probably ten (o'clock).*
>
> – Quanti anni ha Alessandro?
> – Non sono sicuro, **avrà** circa sessant'anni.
> – *How old is Alessandro?*
> – *I'm not sure, he's probably / he must be in his sixties.*

Attività 8.5

A

Completate le risposte per esercitarvi a usare il futuro nelle supposizioni. Seguite l'esempio.

Esempio

**Secondo te, che taglia porta Angela?
– Mah,** porterà **la 44.**

1 – Enrico, secondo te, quanti anni ha Fabrizio?
  – Mah, _____ più o meno 40 anni!

2 – Che ore sono?
  – Mah, _____ quasi le due.

3 – Sai a che ora arriva Gertrud?
  – Mah, _____ verso l'ora di cena.

4 – Ma dove sono i bambini?
  – Non lo so, _____ in giardino.

5 – A che ora finisci di lavorare oggi?
  – Mah, _____ verso le cinque.

6 – Quanto tempo ci vuole per arrivare?
  – Mah, _____ un paio d'ore!

(Avrà la mia età.) (Avrà più o meno 30 anni.)

B

Che cosa direste in queste situazioni? Fate delle supposizioni come nell'esempio.

Esempio

Devi parlare con Enrico, ma non c'è.

Sarà all'università.

1 Devi uscire, ma non trovi le chiavi della macchina.

2 Sono le undici di sera e suonano alla porta.

3 Hai dei dubbi sull'età del tuo capo e cerchi di indovinare quanti anni ha.

4 Ti arriva inaspettatamente un pacco con una strana forma.

5 Capisci dall'accento che la persona con cui sta parlando un tuo amico è francofona.

6 Trovi una cartolina senza firma nella tua cassetta delle lettere.

The following two activities focus on the style and register of letters of application, the features of which apply to formal correspondence in general.

Attività 8.6

A

Francesca, la cugina milanese di Edoardo ed Enrico, ha risposto ad uno degli annunci dell'Attività 8.1. Leggete la sua lettera e completatela con le seguenti espressioni.

correntemente • ho frequentato • a Sua disposizione • domanda • presso • La ringrazio • guida turistica • all'annuncio • cordiali saluti

---

Francesca Bignami
Via Appiani, 23
20121 Milano

Spett.le Dottor Morici
Argot
Corso XXIII Marzo, 140
20100 Milano

Milano, 01/02/2011

Oggetto: candidatura per il posto di receptionist.

Egregio dottor Morici,

In riferimento _____ pubblicato su 'Donna Moderna' del 30/01/2011 mi permetto di presentare _____ per l'impiego in questione.

Ho 31 anni e risiedo a Milano. _____ il liceo linguistico Giuseppe Mazzini e mi sono diplomata nel luglio 1997 con la votazione di 54/60.

Da gennaio a settembre 1998 ho lavorato come segretaria, receptionist e _____ presso l'agenzia L'Albero dei Viaggi, poi mi sono trasferita per otto mesi in Inghilterra dove ho lavorato come segretaria _____ la scuola di lingue EF di Southampton. Al mio ritorno in Italia ho lavorato per dieci anni all'aeroporto di Linate come assistente di terra presso il dipartimento di relazioni con il pubblico. Oltre all'inglese parlo _____ anche lo spagnolo e attualmente sto frequentando un corso di lingua e cultura araba.

Le invio il mio curriculum e rimango _____ per ulteriori informazioni che sarò lieta di fornirLe in occasione di un eventuale incontro.

_____ per la Sua gentile attenzione e Le porgo i miei più _____ .

Francesca Bignami

Allegato: curriculum vitae

If you know the name of the addressee, use *Lei* (*Le scrivo per presentarLe*, *Sua azienda*), as in the letter above. Otherwise, use *Gentili Signori* and address them as *Voi* (*Vostro annuncio*, *Vi comunico*).

B

Leggete questo modello di lettera e sottolineate le frasi ed espressioni che secondo voi fanno parte del linguaggio specifico della lettera di candidatura. Vi serviranno nella sezione D.

Helga Hofer
Meinhardgasse, 230
39012 Meran – Merano

Cooperativa Sociale Aladino
Florenzstraße, 144
39100 Bozen – Bolzano

Merano, 25 novembre 2010

Oggetto: Autocandidatura in qualità di addetta ai servizi per l'infanzia

Gentili Signori,

sono fortemente interessata a lavorare a contatto con bambini, in qualità di animatrice o assistente dell' infanzia. Vi contatto perché so che la vostra Cooperativa opera nel settore e si occupa di attività di gioco, animazione e intrattenimento sia in centri educativi che centri estivi.

Negli ultimi dieci anni, ho svolto diverse e prolungate esperienze di lavoro a contatto con bambini (doposcuola, baby sitter, animazione in parrocchia) che mi hanno permesso di sviluppare passione e competenze spendibili professionalmente. Sono in grado di prendermi cura dei bambini, anche neonati, di farli giocare e divertire, perché io per prima mi diverto con loro. Ho imparato ad ascoltare ed interpretare i loro bisogni, ad organizzare feste per i gruppi, raccontare favole, cantare e disegnare. Possiedo conoscenze mediche di base avendo seguito un corso di primo soccorso. Ho facilità di relazione, capacità di lavorare in gruppo e mi adatto facilmente alle esigenze della struttura in cui lavoro. Ritengo quindi di possedere capacità ed esperienza per poterVi offrire una valida collaborazione.

Vi comunico, infine, la mia più ampia disponibilità in rapporto alla definizione degli orari di lavoro, della tipologia di contratto e di periodi di formazione.

RingraziandoVi per l'attenzione dedicatami, rimango a disposizione per un colloquio.

Cordiali saluti,

Helga Hofer

Allegato: curriculum vitae

Esempio

Gentile Signori

In formal letters the pronouns referring to the addressee should be written with an upper-case letter wherever they occur in a sentence, e.g. 'ringraziandoVi'.

Remember that in the area of Alto-Adige where Bolzano and Merano are located, German is one of the official languages – hence the dual-language place names in the addresses in the letter above: Meran / Merano and Bolzen / Bolzano.

Vocabolario

l'autocandidatura (f.)   *unsolicited (letter of) application*

svolto   *past participle of* svolgere

spendibile   *useful, usable*

essere in grado di fare qualcosa   *to be able to do something*

le conoscenze   *knowledge*

in rapporto a   *in / with relation to*

C

Decidete se le seguenti affermazioni sono vere o false. Correggete quelle false.

		Vero	Falso
1	Francesca abita a Milano.	☐	☐
2	Ha letto l'annuncio di lavoro su Internet.	☐	☐
3	Ha lavorato in Spagna per otto mesi.	☐	☐
4	Ha lavorato in un aeroporto.	☐	☐
5	Ha una laurea in lingue.	☐	☐
6	Parla bene più di una lingua straniera.	☐	☐
7	Non ha allegato il curriculum.	☐	☐

Lingua 8.3

Letter of application

In Italian, as in most languages, letters of application follow specific patterns in terms of layout and language. Here is the layout of a letter of application in Italian.

Indirizzo candidato

                   Indirizzo destinatario
                   Luogo e data

Oggetto: candidatura per il posto di…

Gentile ….

Riferimento all'annuncio.

Motivazione ed interesse per il posto.

Capacità, conoscenze ed esperienze precedenti.

Proposta di collaborazione.

Disponibilità ad eventuali corsi di formazione integrativi, flessibilità.

Formule di chiusura, saluti.

    Firma.

Allegati.

In terms of language used, letters of application often contain standard set phrases, particularly in the opening and the close of the letter. Here are examples of sentences often found in this context:

Reference to the job advertisement
Riferimento all'annuncio

In riferimento / In risposta al Vostro annuncio / alla Vostra inserzione su *Il Mattino* del…, mi permetto di presentare la mia candidatura per il posto di…

Le scrivo per presentarLe la mia candidatura per la posizione di… pubblicata su *Il Mattino* del…

Reasons for applying for the position
Motivazione ed interesse per il posto

Ritengo che la Vostra ditta sia leader nel settore...

Sono fortemente interessata a lavorare in questo settore...

Skills, knowledge and previous experience
Capacità, conoscenze ed esperienze precedenti

Negli ultimi ... anni, ho svolto diverse e prolungate esperienze di lavoro che mi hanno permesso di sviluppare passione e competenze spendibili professionalmente.

L'indirizzo dei miei studi e le esperienze lavorative effettuate mi hanno dato l'opportunità di acquisire conoscenze e competenze essenziali per il posto di...

Willingness to collaborate
Proposta di collaborazione

Sarei quindi interessato/a a stabilire una collaborazione con Voi.

Ritengo di possedere capacità ed esperienza per un proficuo inserimento nella Sua azienda.

Willingness to travel and undertake training as required; flexibility
Disponibilità a viaggiare e ad eventuali corsi di formazione integrativi; flessibilità

Sono disposto a viaggiare e a trasferirmi...

Vi comunico, infine, la mia più ampia disponibilità a...

Closing sentences and greetings
Formule di chiusura, saluti

Sperando che la mia richiesta possa essere presa in considerazione, Le invio i miei più cordiali saluti.

In attesa di un Vostro riscontro...

Cordiali saluti,

Distinti saluti,

D

Completate la tabella con le frasi elencate qui sotto e quelle che avete sottolineato nella sezione B.

Egregio dottor Sforza • Grazie per l'informazione • A presto! • Gentile signora, • Caro Alessandro, come stai? • Le porgo i miei più cordiali saluti • Le invio il mio curriculum • La ringrazio per l'attenzione • Hai l'indirizzo di...? • Mi permetto di presentare domanda... • Avrei una domanda da farti:

	Informale	Formale
Apertura della lettera		
Parte centrale		
Chiusura della lettera		

52 Vivace Libro 2

You now have an opportunity to write your own letter of application.

Attività 8.7

Scegliete uno degli annunci riportati nell'Attività 8.1 e scrivete la vostra lettera di candidatura per il posto pubblicizzato nell'annuncio. (150–200 parole)

The following group of activities involves learning how to express a condition + consequence using the present or future tense, still within the context of work. You will also look at several issues related to employment in Italy.

Attività 8.8

A

Leggete questa seconda mail di Enrico ad Edoardo e rispondete alle domande.

Ciao Edoardo,

Oggi sono veramente triste. Ho già fatto tre colloqui per posti di cameriere in vari ristoranti di Roma e non ho avuto ancora nessuna risposta positiva… sto iniziando a perdere le speranze. Se non riuscirò ad avere un posto di lavoro presto, salteranno tutti i miei piani estivi… Se non lavorerò per almeno due mesi, non avrò soldi e se non avrò soldi non potrò andare in Argentina. Se non potrò partire, mi rovinerò le vacanze, perderò un'occasione unica e zia Concetta ci rimarrà male – sta già preparandosi al mio arrivo.

Tu come stai, fratello? La scuola? Il tuo giornale? Hai scritto qualche nuovo articolo?

Se non otterrò un lavoro nelle prossime tre settimane, tornerò a casa… dillo a mamma.

A presto,
Enrico

Vocabolario

rimanerci male   *to be disappointed*

1 Perché è triste Enrico?
2 Che cosa succederà se non troverà lavoro?
3 Che cosa dovrà dire Edoardo a sua mamma?

B

Enrico esprime condizioni e conseguenze usando *se*. Sottolineatele nel testo della sezione A.

Lingua 8.4

Expressing conditions using the present or the future tense

In his email above, Enrico uses a conditional sentence:

> Se non avrò soldi, non potrò andare in Argentina.
> *If I don't have any money, I won't be able to go to Argentina.*

Conditional sentences are formed by a condition (introduced by 'if' in English and *se* in Italian) and a consequence (the other part of the sentence). In English, the verb following 'if' is in the present tense. In Italian, however, the present or the future tense can be used after *se* and in the consequence, depending on the context. Here are four possible combinations:

1. Both **condition and consequence** are expressed in the **future tense** when both refer to the future:

Condition	Consequence
Se **troverò** un altro lavoro,	me ne **andrò**.
If I find a new job [in the future],	*I'll leave* [in the future].

This use of the future tense in the 'if' clause is noticeably different from English.

2. The **condition is expressed in the present tense** and the **consequence in the future tense** when the condition is felt as taking place in the present and the consequence in the future:

Condition	Consequence
Se non **fai** in fretta,	**perderai** l'autobus.
If you don't hurry up [now],	*you'll miss the bus* [later].

3. The **condition is expressed in the future tense** and the **consequence in the present tense** when the condition is felt as taking place in the future and the consequence in the present (or if the consequence is a general fact):

Condition	Consequence
Se non **farai** come ti dico,	**sei** proprio ingenuo.
If you don't do as I tell you [later],	*you're really naïve* [in general / as a person].

4. When both **condition and consequence are expressed in the present tense**, it may be that they are both felt as taking place in the present, but in Italian the present tense can also be used to refer to the future, as in this example:

Condition	Consequence
Se **corri** (present tense),	non **perdi** (present tense) il treno.
If you run [now]	*you won't miss the train* [later].

The main thing is to be aware of these uses of the future and present tenses in conditional sentences so that you start to listen out and get a feel for them.

C

Collegate le frasi e mettete i verbi al futuro.

1. Se Francesca arriva di nuovo tardi,...
2. Se qui non posso lavorare part time,...
3. Enrico, se non ti sbrighi,...
4. Se mi aiuti anche tu a mettere in ordine,...
5. Se non è in casa,...
6. Se il lavoro non ti piacerà,...

(a) (tu–potere) _____ sempre cercarne un altro!
(b) (io–finire) _____ prima.
(c) (tu–perdere) _____ il treno.
(d) non la (noi–aspettare) _____ mai più!
(e) io (chiamare) _____ sul cellulare.
(f) (io–cercarsi) _____ un altro lavoro.

Attività 8.9

A

Collegate le frasi della prima colonna con quelle della seconda.

1. Se non ti sbrighi,...
2. Se non ha la macchina,...
3. Se avrò bisogno di una mano,...
4. Se non studi di più,...
5. Se mia moglie non è troppo stanca,...
6. Se riesco a trovare ancora un biglietto,...
7. Se avremo di nuovo problemi con il computer,...

(a) stasera vi veniamo a trovare.
(b) chiameremo un tecnico.
(c) non passerai l'esame.
(d) vengo anch'io al concerto domenica.
(e) arrivi di nuovo tardi al lavoro.
(f) ti chiamerò.
(g) La vengo a prendere io.

B

Completate le frasi con i vostri progetti futuri. Usate la fantasia!

Esempio

Se vincerò il concorso, farò una grande festa.

1. Se imparerò bene l'italiano, _____
2. Se avrò un po' di tempo, _____
3. Se decido di andare a mangiare fuori, _____
4. Se adesso a casa non c'è nessuno, _____
5. Se deciderò di fare un corso, _____
6. Se avrò abbastanza soldi, _____

The texts in the next two activities provide an overview of several issues concerning the current Italian labour market.

Cultura e società

The problems of the Italian labour market

The biggest problem of the Italian labour market is unemployment. According to Istat, the overall unemployment rate in September 2010 reached 8.3%, with the lowest percentage in the North, nearly double that percentage in central Italy and triple the percentage in the South. Unemployment varies not only geographically, but also in terms of gender, as it affects more women than men.

The other side of the unemployment figures, however, is that of unregulated work. Illegal, cash-in-hand work (*lavoro nero*) is an issue of great concern for the Italian state, since it has detrimental consequences for the Italian economy, as well as an impact on safety at work. In recent years, illegal employment has exploited the cheap labour force offered by illegal immigrants, especially in the sectors of agriculture and construction.

(Dati presi da www.istat.it/dati/catalogo/20090511_00/italiaincifre2009.pdf) [consultato il 6 dicembre 2010]

Attività 8.10

A

Rispondete ad almeno tre delle seguenti domande basandovi sulla vostra esperienza personale.

1 La disoccupazione è un problema nel vostro paese?
2 Quali altri problemi colpiscono il mondo del lavoro nel vostro paese?
3 La sicurezza sul lavoro è un tema di attualità nel vostro paese? Perché?
4 Le pari opportunità sul posto di lavoro sono, secondo voi, garantite nel vostro paese?

B

Per scrivere il suo articolo sul lavoro, Edoardo ha letto altri articoli. Leggeteli anche voi e scegliete per ogni testo il titolo giusto fra quelli proposti qui sotto.

(a) Uomini e donne al lavoro. Stesso trattamento?

(b) Rapporto sul lavoro in Europa: mal di schiena e stress per uno su tre.

(c) Orario di lavoro e part time

(d) Vacanze? Prima chiediamo al capo

1

Schiavi del computer e stressati. Sono i lavoratori europei del 2000 nella fotografia scattata dall'Osservatorio UE.

Il rapporto sull'occupazione è redatto ogni cinque anni, ma la situazione delle condizioni del lavoro non è migliorata se paragonata a quella degli anni precedenti […]. Ecco quindi che il 33% delle persone occupate nel lavoro dipendente o autonomo soffre di mal di schiena, mentre lo stress è la seconda causa di malattia: ne soffre il 28% dei lavoratori.

2

A favorire lo stress è soprattutto l'eccessiva intensità del ritmo: la metà degli europei passa almeno un quarto d'ora del proprio orario di lavoro sotto pressione, e solo tre lavoratori su cinque possono decidere autonomamente se e quando prendersi periodi di vacanza e giorni di riposo.

Continua inoltre a salire il numero delle persone che svolge la propria attività tramite computer (dal 39% si è passati al 41%).

3

In media nella UE l'orario settimanale di lavoro è di 38 ore, con grandi differenze tra lavoratori dipendenti (36,5 ore alla settimana) e autonomi (46 ore).

Il 17% delle persone sono impegnate part time, con una grande differenza tra uomini e donne: in media lavora a tempo parziale il 32% delle donne contro il 6% degli uomini.

4

La differenza di trattamento tra uomini e donne è evidente non solo nella struttura dell'occupazione (gli uomini sono più numerosi nei lavori di maggiore prestigio e potere), ma anche all'interno dello stesso tipo di attività, con gli uomini che generalmente occupano posizioni più prestigiose.

Il carico di lavoro femminile è inoltre aggravato da attività familiari: per più di un'ora al giorno le lavoratrici si dedicano anche alla cura dei figli (41%) e a cucinare (64%). Tra i lavoratori solo il 24% dedica più di un'ora al giorno ai figli, appena il 13% alla cucina e solo il 12% alle faccende di casa.

C

Rileggete i testi e scegliete le affermazioni corrette. Ci sono due affermazioni corrette per ogni testo.

1° testo

Vero

(a) Ogni cinque anni L'Unione Europea pubblica uno studio sul lavoro. ☐

(b) L'Unione Europea organizza un concorso fotografico sul lavoro ogni cinque anni. ☐

(c) Le principali cause di malattia sono il computer e lo stress. ☐

(d) Molti lavoratori europei soffrono di stress. ☐

2° testo

(a) Prima di andare in ferie più della metà dei lavoratori deve chiedere l'autorizzazione del capo. ☐

(b) Più del 50% dei lavoratori può decidere quando prendere i giorni di riposo. ☐

(c) Lo stress è causato soprattutto dal ritmo di lavoro. ☐

(d) Molti lavoratori vivono sotto stress per ore. ☐

3° testo

(a) I lavoratori dipendenti lavorano più degli autonomi. ☐

(b) I lavoratori autonomi lavorano quasi 50 ore alla settimana. ☐

(c) Il numero di uomini e donne che lavorano part time è quasi uguale. ☐

(d) Le donne che lavorano part time sono cinque volte più degli uomini. ☐

4° testo

(a) Gli uomini hanno impieghi di maggior prestigio rispetto alle donne. ☐

(b) Le donne non sono numerose, ma hanno posti di potere. ☐

(c) Le faccende di casa sono ancora un lavoro tipico delle donne. ☐

(d) Metà degli uomini si dedica alla cucina. ☐

Unità 8

Attività 8.11

A

Rispondete alle seguenti domande aperte.

1. Spiegate che cosa vuol dire, secondo voi, "fuga dei cervelli" (= *brain drain*)?

   Potete iniziare così:

   "Fuga dei cervelli" significa che...

2. Nel vostro paese, esiste il fenomeno della fuga dei cervelli?

3. In Italia, la fuga dei cervelli colpisce particolarmente i ricercatori universitari. Completate il seguente schema con quelle che possono essere, secondo voi, le cause della fuga dei cervelli dal mondo universitario italiano. Usate un po' d'intuizione!

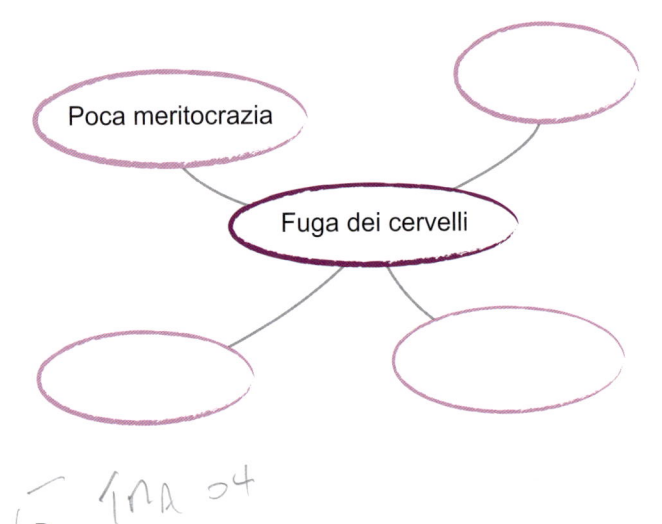

- Poca meritocrazia → Fuga dei cervelli

B

La 'fuga dei cervelli' è un problema molto discusso in Italia. Leggete l'articolo e rispondete alle domande con le vostre parole.

Cervello in fuga

1. Quali sono le ragioni per cui molti laureati, ricercatori, dottorandi lasciano l'Italia?
2. Perché Delia Boccia ha deciso di non tornare?
3. Che cosa ha offerto la Spagna a Sara Pinzi?
4. Perché Rico Barsacchi preferisce non tornare in Italia?
5. Quali sono secondo Laura Parducci i vantaggi del far ricerca in Svezia?
6. Che cosa potrebbero fare governo e università per evitare la fuga di ricercatori e accademici?

Voci e storie dei ricercatori in fuga: 'Non ho più fiducia nella mia Italia'

Una buona preparazione universitaria, poi il vuoto quasi assoluto
Si "scappa" per avere spazio, ma tornare è quasi impossibile

di ROBERTO CALABRÒ

Sono tanti i cervelli italiani in fuga. Ricercatori, dottorandi, laureati che frequentano master e specializzazioni post-laurea. Più che i numeri sono le storie a raccontare questo esodo che, di anno in anno, assume dimensioni sempre più consistenti. Nel suo articolo di due giorni fa per il nostro giornale, il premio Nobel per la Medicina, Renato Dulbecco, scriveva: 'Chi vuol fare ricerca se ne va, oggi come ieri, per gli stessi motivi. Perché non ci sono sbocchi, perché non ci sono stipendi adeguati, né ci sono fondi per le ricerche e le porte degli (ottimi) centri di ricerca sono sbarrate perché manca, oltre ai finanziamenti, l'organizzazione per accogliere nuovi gruppi e sviluppare nuove idee'.

Fuggono i ricercatori italiani a causa delle strutture inesistenti, soprattutto nel campo delle scienze e della tecnologia, per i fondi che mancano, per gli stipendi ridicoli, per un sistema di selezione che scoraggia i migliori e premia i raccomandati. Fuggono e se ne rammaricano, perché la preparazione di base della nostra università è ottima. […] Un esempio è quello di Delia Boccia, otto anni a Londra, uno a Ginevra: 'In Italia non torno e non tanto per quei 1000 euro al mese, […] ma perché l'Italia è un paese che non si merita più né la mia forza, né la mia passione, e tanto meno la ricchezza delle cose che faccio'.

Sono in tanti a raccontare la frustrazione di anni spesi nei dipartimenti delle università italiane a lavorare alacremente per poi vedere sforzi e studi vanificati da concorsi pilotati, con i nomi dei "predestinati" che si conoscono in partenza. E, allora, si lasciano amici e familiari e si parte in cerca di una chance. Come ricorda Sara Pinzi che scrive: 'Ho un contratto di ricerca in un'università in Spagna, che mi permette di pagare i contributi, l'affitto e crescere un bimbo piccolo. Qui in Spagna mi hanno dato qualcosa che in Italia non ho avuto: un'opportunità'.

Non tutti si definiscono "cervelli in fuga". Rico Barsacchi è tra questi: 'La mia non è stata una fuga: è stata la voglia di fare ricerca all'estero e di vivere fuori dall'Italia per un po' di tempo'. Però, una volta sperimentate le possibilità offerte dalle università straniere, è difficile tornare indietro. 'Se non torno è perché le condizioni di lavoro che ho qua (Max Planck Institute a Dresda) sono semplicemente introvabili in Italia: qui mi sono fatto una famiglia, ho due figli e guadagno relativamente bene', continua il ricercatore.

E poi c'è chi all'estero è andato per caso ed è rimasto per scelta. Prendi Laura Parducci che da 14 anni vive e lavora in Svezia, prima ad Umeå, oggi ad Uppsala vicino a Stoccolma:

'Qui si va avanti se si è competenti e volenterosi e i giudizi, gli avanzamenti di carriera, gli ottenimenti di fondi per la ricerca sono quasi sempre dati in maniera imparziale da terze parti non interessate ed esterne. Perché mai tornare in Italia? Cosa offrirebbe questo paese ad una donna ricercatrice della mia età, con tre figli?'

Annalisa DeLiddo, a researcher who has worked in the UK for several years.

(Adattato da *La Repubblica* online, www.repubblica.it/ [consultato il 22 dicembre 2010])

Vocabolario

lo sbocco   prospect

sbarrare   to block, bar

il / la raccomandato/a   applicant with connections

rammaricarsi di qualcosa   to regret something, be sorry for something

se ne rammaricano   they regret it

pilotato   fixed, manipulated

la chance [ʃɑns]   chance

In the final activity you can write about your current professional situation as well as your future plans and dream job, using the vocabulary and structures you have learned in this unit.

Attività 8.12

La rivista settimanale a cui siete abbonati ha pubblicato un concorso. Scrivete la vostra lettera di partecipazione al concorso. Se volete, potete utilizzare alcune idee che avete già espresso nell'Attività 8.3.

CONCORSO 'IL LAVORO DEI SOGNI'

Siete stanchi del solito trantran quotidiano?

Aspettate tutta la settimana il venerdì per staccare la spina?

Sognate un lavoro diverso, con più soddisfazioni?

Il Lavoro dei Sogni può cambiarvi la vita!

Scriveteci una lettera fra le 200 e le 300 parole in cui:

o descrivete la vostra situazione lavorativa (o non lavorativa) attuale;

o spiegate che cosa non vi piace della vostra attuale situazione;

o descrivete il lavoro dei vostri sogni;

o spiegate come sarà la vostra vita se vincerete questo concorso.

Il vincitore del concorso riceverà 1 milione di euro di finanziamenti e consulenza illimitata di professionisti ed esperti per realizzare il suo sogno lavorativo!!!

Vocabolario

il trantran quotidiano   *daily grind, routine*

Bilancio

> ### Key phrases
>
> Lavoro a tempo determinato.
>
> Lavoro in nero.
>
> Oggi bisogna essere flessibili.
>
> Egregio dottore / Gentile dottoressa
>
> Le scrivo per presentarLe la mia candidatura per la posizione di…
>
> Cordiali saluti
>
> Prima o poi troverò un lavoro.
>
> Fra due anni tornerò in Italia.
>
> Che ore saranno?
>
> Quanti anni avrà Lucia?
>
> L'anno prossimo andrò in pensione.
>
> Gli italiani preferiscono il posto fisso.

Here are some ideas and suggestions on how to organise what you have studied in this unit. You may wish to do all the activities or to select those that are particularly relevant to you to reinforce your learning.

Memorising keywords and structures

To keep a note of and memorise the keywords from this unit, try the following activities.

1. List as many friends, neighbours and relatives as you can, and for each of them note down the name of their job or say if they are unemployed, retired, a full-time parent, etc. Then write one adjective for each job that describes a quality needed for it. If you don't know the Italian word for some of them look them up in a dictionary.

2. Note down vocabulary about yourself that you could include on a CV or in a job interview if you were applying for a new job. Think about your education and skills, your experience, your qualities, your likes and dislikes, etc. You can make up the information if you prefer.

3. Complete this verb table to check that you can form the future tense of regular verbs.

	PARLARE	LEGGERE	FINIRE
io			
tu			
lui / lei / Lei			
noi			
voi			
loro			

4. Summarise the possible uses of the future tense that you know. Write an example sentence for each.

Assessing and furthering your progress

Throughout the course you have been developing strategies to improve your learning. Now it's time to reflect on and assess your progress. Assessing your progress will:

- make you more aware of where you are and what you can do;
- help you decide which areas you still need to work on;
- help you use new ways to achieve your goals;
- boost your motivation.

Unità 8

Here are a few suggestions of how you could assess your progress.

- Reflect on what you do well. What do you think are your strong points? What positive feedback have you received from your tutor? Remember to note these things down, so that you can capitalise on your efforts for future assignments.
- Make a list of recurrent difficulties; identify and note down activities or resources within the course material or elsewhere which can help you overcome them. You might not be able to act on these notes immediately but the information gathered will save you time when you do find the opportunity to do some revision.
- Assess your progress in the four skills (reading, writing, listening and speaking) by looking back at old activities. Compare your previous performances in the speaking activities with your most recent recordings, for instance, and try to summarise areas of progress such as range of vocabulary and structures, pronunciation and fluency. If an activity caused you problems first time round, try redoing it and see how much progress you have made.

A little time spent on self-evaluation of this kind may prove more useful than moving on immediately to the next unit.

Cultura e società

What have you learned about Italy's economy and labour market? What was different from what you expected?

Did you notice anything unexpected when you read job adverts and letters of application in Italian? In your country, would any information be omitted, or added? Would they be presented differently?

Unità 9

Casa dolce casa

This unit explores homes and dwellings in Italy, looking at different aspects of the housing sector, such as buying or renting, houses and flats, social housing and country or city living. The activities and texts will enable you to acquire specific vocabulary on different types of properties and their interiors and provide you with appropriate structures for expressing opinions and making comparisons. The cultural elements in the unit focus on Italian holiday homes and traditional regional architecture.

Key learning points

- Describing different types of dwellings and their interiors
- Issues relating to housing in Italy
- The adjective *bello*
- Expressing opinions, doubt and hope using the present subjunctive
- Other constructions that require the subjunctive
- Comparing two elements using *più / meno... che / di*
- Writing a *tema d'opinione*

Study tips

- Using photographs or sound to practise vocabulary

Culture and society

- *La seconda casa*
- Traditional regional architecture

Overview of Unità 9

Attività	Themes and language practised
9.1–9.3	Different types of dwellings, rooms, furniture and appliances; describing Italian homes.
9.4–9.6	Describing your house or flat and your ideal home; the adjective *bello*; talking about housework.
9.7–9.9	Talking about location and requirements when house-hunting; expressing opinions, doubt and hope, using sentences with the present subjunctive; talking about holiday homes.
9.10–9.12	Comparing two properties using *più / meno... che / di...*; talking about issues related to the housing sector; finding out about Italian architecture.
9.13	Writing practice: *il tema d'opinione*.
Bilancio	Check your progress; further study tips.

The first few activities provide vocabulary on types of dwellings, rooms, furniture and appliances. You will then read about Italian homes.

Attività 9.1

A

Collegate gli annunci alle foto corrispondenti.

1. **CASALE RISTRUTTURATO IN STILE**
200 mq, 2 saloni, 4 camere, 4 bagni, cucina, 3000 mq parco, vendesi. Monge immobiliare Tel. 06/6140555

2. **AFFITTASI ATTICO**
salone, studio, 2 camere, cameretta, cucina, doppi servizi, terrazze, €1900 compreso condominio. Casa Bank 06/3244800

3. **MANSARDA PANORAMICA**
Ingresso, soggiorno, camera, cucinotto, bagno, ampio terrazzo, vendesi €235.000. Gabetti AG. Trastevere 06/5819993

4. **CENTRO STORICO**
delizioso monolocale, camera con angolo cottura, bagno, arredato, affittasi €700 mensili www.gabetti.it

5. **VILLINO BIFAMILIARE**
Ingresso, soggiorno doppio con camino, cucina, 2 camere matrimoniali, doppi servizi, balconi, terrazzo, completamente ristrutturato vendesi €230.000 Tecnocasa St. Montespaccato 06/6140388

Vocabolario

mq = metri quadrati / metri quadri (Both metri quadrati and metri quadri are used; metri quadri is less formal but is widely used.) square metres

affittasi, vendesi (These are concise forms of si affitta and si vende, used for advertising purposes.) to rent, for sale

la cameretta (diminutive of camera) small bedroom

il cucinotto kitchenette

(a)

(b)

(c)

(d)

Remember that in Italian the word *casa* means 'house' but is also the general term meaning 'home': *vado a casa, resto a casa, cerco casa, la mia casa*. You refer to where you live as *casa* whether it is a flat, a house or even a room. In this unit, therefore, the term *casa* refers to a residential property in general, unless specifically talking about different types of dwellings.

(e)

B

Cercate negli annunci della sezione A le parole usate per dire:

1 una casa di campagna
2 in vendita
3 in affitto
4 due bagni
5 un appartamento all'ultimo piano con una grande terrazza
6 piccola cucina
7 un appartamento con una sola stanza
8 un appartamento completo di mobili
9 una casa per due famiglie
10 una camera con un letto da due

C

Queste persone stanno cercando casa in affitto o in vendita. Leggete i profili, decidete quale degli alloggi presentati negli annunci della sezione A è adatto a loro e spiegate il perché.

Esempio

Sara e Paolo cercano una casa completamente ristrutturata con almeno due camere e spazio per ricevere ospiti.

Il villino bifamiliare dell'annuncio numero 5 è ideale per Sara e Paolo. Infatti è stato completamente ristrutturato, ha due camere matrimoniali e ha un soggiorno doppio con camino dove si possono passare delle belle serate in compagnia di amici e familiari.

(a) Aldo e Anita, pensionati, vorrebbero comprare una casa fuori città, tranquilla ma non troppo isolata, dove poter ospitare figli e nipoti.

(b) Marco si è trasferito da poco in città per motivi di lavoro e ci resterà solo per un anno. Cerca un piccolo appartamento in affitto in centro.

(c) Sabrina e Massimo hanno tre bambini e due gatti. Cercano un appartamento in affitto con due bagni, una grande terrazza e lo spazio per lavorare in casa.

D

Rispondete brevemente alle seguenti domande basandovi sulla vostra esperienza personale.

1 Immaginate di voler affittare o comprare una casa in Italia. Quale degli alloggi proposti nella sezione A scegliereste e perché?

2 Immaginate di voler vendere o affittare la vostra casa. Scrivete un breve annuncio come quelli proposti nella sezione A. (Massimo 30 parole)

3 Qual è il cliente / l'inquilino ideale a cui vendere / affittare la vostra casa (famiglia con bambini, persona anziana, single, giovane coppia, studenti...)? Perché?

Attività 9.2

A

Collegate la tipologia di abitazione alla sua definizione.

1 appartamento
2 monolocale
3 bilocale / mini appartamento
4 condominio
5 bifamiliare
6 casa
7 villa
8 casale / rustico

(a) Casa di campagna, spesso antica, in pietra.
(b) Casa singola.
(c) Casa singola, grande e lussuosa.
(d) Casa divisa in due unità abitative per due famiglie.
(e) Appartamento con due stanze principali (camera da letto e sala / cucina).
(f) Appartamento con una sola stanza.
(g) Edificio con vari appartamenti.
(h) Casa che si sviluppa su un piano solo.

B

Collegate le stanze con le attività che vi si svolgono.

1 Il bagno
2 La camera da letto
3 Il salotto / il soggiorno
4 La sala da pranzo
5 La cucina
6 Lo studio
7 Il garage
8 Il ripostiglio / lo sgabuzzino
9 Il terrazzo / la terrazza

è il luogo dove...

(a) si mettono le cose che non servono ogni giorno, l'aspirapolvere, le scope.
(b) si studia, ci sono i libri e spesso il computer.
(c) si dorme.
(d) si preparano piatti e spesso, se c'è spazio, si mangia.
(e) si socializza e si guarda la televisione.
(f) si fa la doccia.
(g) si mangia, spesso fa tutt'uno con il salotto / il soggiorno.
(h) si prende il sole, ci sono le piante.
(i) si tengono la macchina, la biciclette, il motorino.

As you may remember from Lingua 6.1, the pronoun *si* is often used to make general statements in which the focus is on the action carried out rather than on who carries it out. For example:

Al fine settimana si **dorme di più**. (si impersonale)
One sleeps / People sleep longer at the weekend.

Oggi i giornali **si leggono** meno. (si passivante)
Newspapers are not read so much nowadays.

Attività 9.3

A

Leggete il seguente articolo e segnate se le affermazioni sono vere o false. Correggete le risposte false.

Così abita l'Italia

MILANO – Come sono le case vere degli italiani? Non quelle degli architetti, della pubblicità, dei telefilm. Non quelle dei cataloghi di arredamento, dei saloni del mobile, delle riviste specializzate. Parliamo del teatrino domestico di tutti i giorni, stanze spesso stracolme di oggetti disordinati, dentro alle quali viviamo, mangiamo, dormiamo, ci laviamo, lavoriamo. Per scoprirlo due ricercatrici milanesi, Lucia Bocchi e Patrizia Scarzella, hanno condotto una ricerca curiosa. […] Centoquarantasette intervistatori, con centinaia di macchine fotografiche usa e getta, sono stati mandati in giro, nelle case, a immortalare soggiorni, cucine, bagni, camere da letto. Così come sono davvero. […]

Le migliaia di scatti selezionati possono essere raggruppati, secondo i ricercatori, in cinque tipologie dominanti. La prima è quella dei trentenni sposati. Appartamenti meno ricchi, dove centrale è la cucina. 'Il primo spazio nel quale si concentra abitualmente la vita della nuova coppia'. Nelle abitazioni dei quarantenni–cinquantenni prevale, invece, l'importanza del soggiorno, come luogo di rappresentanza. Di tutti gli ambienti della casa quest'ultimo risulta essere quello maggiormente privo di identità e di calore. Divani disposti per ricevere, ma spesso non vissuti, coperti di cellofan perché non si sporchino. E una grande ossessione per il coordinato nelle stoffe, con molte concessioni al kitsch.

Più interessanti le case dei sessanta–settantenni. 'In queste abitazioni – racconta divertita Lucia Bocchi – abbiamo scoperto un sacco di pezzi d'arredamento notevoli, a totale insaputa dei proprietari.' […] Una tipologia a parte, comune a tutte le classi sociali, è la camera dei ragazzi. Ambienti carichi di oggetti spesso inutili, della società dei consumi. Poster alle pareti. Fotografie appese dappertutto, computer e immancabile televisore.

Nelle case dei single, invece, trionfa l'arredo libero. Di tutto un po'. Mentre diventa centrale la camera da letto come luogo in cui soggiornare, telefonare, ascoltare musica.

(Adattato da 'Mille clic sulla casa così abita l'Italia', *La Repubblica*, 7 ottobre 2000, http://ricerca.repubblica.it) [consultato il 29 dicembre 2010]

Vocabolario

i saloni del mobile   *furniture shows*
stracolmo,-a   *packed, crammed*
usa e getta   *disposable*
il luogo di rappresentanza   *official meeting place*
il cellofan   *Cellophane®*
la stoffa   *material, fabric*
all'insaputa di   *without the knowledge of, unknown to*

	Vero	Falso
1 Le case degli italiani sono come quelle che si vedono nei telefilm.	☐	☐
2 Gli intervistatori hanno fotografato gli appartamenti delle persone intervistate.	☐	☐
3 Gli appartamenti degli italiani, sono, in genere, molto moderni.	☐	☐
4 Lo stile degli appartamenti varia a seconda dell'età degli intervistati.	☐	☐
5 In quasi tutte le camere dei ragazzi c'è un televisore.	☐	☐
6 Le camere dei ragazzi più ricchi sono molto simili a quelle dei ragazzi meno ricchi.	☐	☐

Vocabolario

a seconda di   *depending on, according to*

B

Per ognuna delle cinque categorie elencate nell'articolo, scrivete le caratteristiche che sono emerse dalla ricerca, come nell'esempio.

Trentenni sposati	Quarantenni–cinquantenni	Sessantenni–settantenni	Ragazzi	Single
Appartamenti non ricchi.				

C

Individuate almeno tre categorie di persone nel vostro paese (per esempio lo studente universitario, il giovane professionista, la coppia di pensionati) e descrivete le loro abitazioni usando i vocaboli che avete imparato nelle precedenti sezioni e attività. (Massimo 120 parole)

In the next group of activities you describe your own house or flat and your ideal home, learn the forms of the adjective *bello* and talk about housework.

Attività 9.4

A

Leggete la lettera di Mariuccia alla sua amica Ornella e scegliete quali affermazioni sono vere e quali false; correggete quelle false.

> Ciao Ornella,
>
> sono ancora a casa: partirò per Francoforte domenica mattina e mi fermerò fino alla sera (parto alle 7.00 e torno a mezzanotte - una vera faticaccia!). Però mi va di andare e quindi...
>
> Allora, volevi sapere com'è la casa. Beh, prima di tutto ti dico che la mia nuova casa si trova al numero 153 della via che prende il nome dal fiume Amstel. L'appartamento, di circa 100 metri quadrati, su due livelli, è al terzo piano di un edificio senza ascensore e con scale strette e ripide. Al primo livello ci sono, oltre alla cucina, un bel salone, due bagni e la camera degli ospiti. La camera da letto e il terrazzo si trovano invece al secondo livello. La camera è veramente bella, ha un parquet vecchio e un grande terrazzo che dà su un cortile. È sicuramente la mia stanza preferita, peccato che la usiamo solo per dormire! Anche il salone è bello, con tre finestre molto grandi da cui si ha una splendida vista sul canale.
>
> Abbiamo arredato questo appartamento con i nostri mobili, cercando di adattarli ai nuovi spazi. La cucina invece era già arredata, elettrodomestici compresi; certo, così com'è, non mi piace tantissimo, è un po' troppo moderna per i miei gusti, però sono convinta che, comprando dei bei mobiletti e aggiungendo un po' di colore, diventerà più accogliente.
>
> La casa è abbastanza silenziosa perché nel centro di Amsterdam circolano poche macchine. Gli unici rumori sono quelli provenienti dai vicini, visto che le pareti sono molto sottili.
>
> Comunque spero che prima o poi tu venga a vederla con i tuoi occhi! (È un invito, se non l'hai capito!). Per ora ti mando queste foto! Salutami tanto Livio e i ragazzi!
>
> A presto, ti abbraccio,
>
> Mariuccia

Vocabolario

una faticaccia — *a long haul, hard slog*
mi va di + infinito — *I feel like + -ing*
oltre a — *in addition to*
ripido,-a — *steep*
diventare — *to become*
accogliente — *welcoming, inviting*
prima o poi — *sooner or later*

		Vero	Falso
1	Mariuccia scrive da Francoforte.	☐	☐
2	Il nome della strada in cui abita è uguale a quello di un fiume.	☐	☐
3	L'appartamento è su due livelli.	☐	☐
4	La cucina è al secondo livello.	☐	☐
5	In camera da letto c'è un piccolo balcone.	☐	☐
6	Dalla camera da letto si ha una bellissima vista sul canale.	☐	☐
7	L'appartamento era in parte già arredato.	☐	☐
8	Mariuccia si lamenta del traffico.	☐	☐

B

Mariuccia usa l'aggettivo 'bello' in varie forme. Individuatele nel testo.

Poi riflettete: da cosa dipende l'uso delle diverse forme di 'bello'? Osservate il sostantivo che segue l'aggettivo 'bello'.

Lingua 9.1

The adjective *bello*

When the adjective *bello* is followed by a noun, it changes form not only according to the gender and the number of the noun that follows, but also according to whether the noun starts with a vowel or a consonant. It therefore behaves in a similar way to the definite article *il/lo/la/i/gli/le*.

- When *bello* is followed by a **feminine noun starting with a consonant**, it becomes *bella* if the noun is singular and *belle* if it is plural:

    una **bella c**asa

    delle **belle c**ase

- When *bello* is followed by a **feminine noun starting with a vowel**, it becomes *bell'* if the noun is singular (but also *bella* without the apostrophe is frequently used) and *belle* if it is plural:

    una **bella** / **bell'o**pportunità

    delle **belle o**pportunità

- When *bello* is followed by a **masculine noun starting with a consonant**, it becomes *bel* if the noun is singular and *bei* if it is plural:

    un **bel q**uartiere

    dei **bei q**uartieri

- When *bello* is followed by a **masculine noun starting with s + consonant, ps, gn, z or x**, it becomes *bello* if the noun is singular and *begli* if it is plural:

    un **bello sp**azio

    dei **begli sp**azi

- When *bello* is followed by a masculine noun starting with a vowel it becomes *bell'* if the noun is singular and *begli* if it is plural:

    un **bell'a**ppartamento

    dei **begli a**ppartamenti

C

Completate il dialogo con la forma giusta di *bello*.

– Ornella e Livio hanno avuto una _____ fortuna!

– Eh, sì, in effetti hanno veramente un _____ appartamento, grande, luminoso, con _____ spazi.

– Sì, e poi si trova anche in un _____ quartiere tranquillo, pieno di verde. Ho visto anche che ci sono dei _____ negozi vicino.

– Sì, sì, li ho visti.

– E poi hanno anche dei _____ mobili, no?

– Sì, in effetti l'appartamento è arredato molto bene.

D

Scrivete cinque frasi in cui descrivete cinque cose belle che vedete o sentite in questo momento, oppure cinque cose nella foto qui sotto. Seguite l'esempio e, se volete, usate le parole nel riquadro.

Esempio

Sulla parete vedo un bel quadro che rappresenta un paesaggio primaverile.

sulla parete • sul cassettone • nella libreria • dalla finestra • sul divano • alla mia destra / sinistra • sotto il tavolo

You now have the chance to describe your house and your ideal home.

Attività 9.5

Ora tocca a voi parlare di case. Descrivete:

- la casa in cui vivete illustrando gli aspetti che vi piacciono di più e quelli che vi piacciono di meno. Potete iniziare così: *Vivo in una casa / un appartamento…*

- la casa dei vostri sogni. Potete continuare così: *La casa dei miei sogni è…*

(Massimo 150 parole)

Unità 9

Attività 9.6

A

Rispondete alle domande.

1. Nella vostra casa, chi si occupa delle pulizie?
2. Per voi i lavori domestici sono un piacere o una tortura? Perché?
3. Gli italiani danno molta importanza alla pulizia e all'ordine della casa. È la stessa cosa nel vostro paese?

B

Ornella e suo marito Livio lavorano a tempo pieno fuori casa. Hanno due figli adolescenti, Emanuele e Lorenzo. Tutti devono collaborare in casa, compresi i ragazzi. Mamma Ornella lascia ai suoi figli un biglietto prima di andare in ufficio. Leggetelo e sottolineate le parole / espressioni che si riferiscono ai lavori domestici.

> *Ciao ragazzi,*
>
> *oggi torno alle 6 e alle 8 viene il capo di papà a cena con la moglie Tatiana! Avrei bisogno del vostro aiuto per alcuni lavori domestici... la casa deve essere in perfetto ordine, dobbiamo fare bella figura!*
>
> *Dopo pranzo, lavate i piatti.*
>
> *Spolverate i mobili in ingresso, in soggiorno e in salotto.*
>
> *Passate l'aspirapolvere in ingresso, in soggiorno e in salotto.*
>
> *Pulite a fondo il bagno degli ospiti e mettete degli asciugamani puliti.*
>
> *Grazie!*
>
> *Mamma*

Vocabolario

fare bella figura   *to make an impression, make a good impression*

C

Abbinate i seguenti lavori domestici ai disegni.

1. portare fuori il cane
2. cucinare
3. lavare i vetri delle finestre
4. caricare la lavastoviglie
5. stirare
6. lavare i piatti
7. rifare il letto
8. spazzare i pavimenti
9. passare l'aspirapolvere
10. gettare la spazzatura
11. preparare la tavola
12. mettere in ordine
13. pulire il bagno
14. fare la spesa
15. caricare la lavatrice

(a) (b) (c) (d) (e) (f) (g) (h) (i) (j) (k) (l) (m) (n) (o)

Unità 9   75

D

La rivista *Casa mia* ha pubblicato una lista dei lavori domestici più odiati dagli italiani. Leggetela e scrivete la vostra classifica, elencando cinque attività che non sopportate fare. Spiegate brevemente anche il perché. Se non conoscete alcuni termini aiutatevi con il dizionario.

Potete iniziare così:

1 Spolverare: perché è un lavoro noioso.
2 …

I lavori domestici più odiati dagli italiani

1 lavare i vetri delle finestre
2 gettare la spazzatura
3 caricare la lavastoviglie
4 stirare
5 lavare i piatti
6 caricare la lavatrice
7 spazzare i pavimenti
8 passare l'aspirapolvere
9 sparecchiare
10 mettere in ordine
11 spolverare
12 apparecchiare la tavola
13 rifare il letto

The next two activities look at personal opinions on the style and location of a property. This will introduce you to the present subjunctive and its use for expressing opinions, doubt and hopes, as well as other uses.

Attività 9.7

A

Tatiana manda una mail a Ornella per ringraziarla della cena e per chiederle consigli sulla casa. Leggete il testo e rispondete alle domande.

> Cara Ornella,
>
> ti scrivo per ringraziarti ancora una volta della bellissima serata che abbiamo trascorso insieme ieri. Sei una cuoca davvero eccellente! Mi devi assolutamente dare la ricetta del dolce di ricotta.
>
> Come ti ho detto ieri, Daniele ed io stiamo cercando casa e, visto che lavori in un'agenzia immobiliare, devo chiederti dei consigli.

Cerco un appartamento che <u>sia</u> all'ultimo piano. È importante che <u>sia</u> luminoso, ampio e spazioso ed è necessario che <u>abbia</u> un terrazzo grande per le mie piante e il mio gatto Minù. È fondamentale che <u>abbia</u> tre camere e tre bagni, sai, spesso vengono a trovarci i ragazzi dagli USA con amici e ci troviamo spesso con una casa sovraffollata. Penso che <u>sia</u> importante che <u>si trovi</u> in una zona ben servita dai mezzi pubblici e in un quartiere sicuro, dato che torno spesso tardi dal lavoro a piedi. Credo che l'area del centro <u>sia</u> la più adatta a noi, ma non escludo altre zone.

Grazie ancora, un saluto a Livio e ai ragazzi.

Tatiana

Vocabolario

sovraffollato,-a *overcrowded*

1. Perché Tatiana si rivolge a Ornella per parlare di case?
    (a) Perché Ornella è un'esperta del settore.
    (b) Perché Ornella ha appena comprato una casa.
    (c) Perché sono molto amiche e si fida dei suoi consigli.

2. Che tipo di appartamento cerca Tatiana?
    (a) Grande, con terrazzo, all'ultimo piano.
    (b) All'ultimo piano, con due camere e un terrazzo grande.
    (c) All'ultimo piano, con terrazzo e garage.

3. Perché vuole un terrazzo?
    (a) Perché d'estate ama mangiare all'aperto.
    (b) Perché ha un gatto e un cagnolino.
    (c) Perché ha un gatto e delle piante.

4. Perché vuole tre camere e tre bagni?
    (a) Perché lei e suo marito lavorano in casa.
    (b) Perché spesso ha ospiti.
    (c) Perché ha due bambini piccoli.

5. Quali sono i requisiti di Tatiana in termini di zona?
    (a) Che sia esclusivamente in centro città.
    (b) Che sia ben collegata in termini di trasporto pubblico.
    (c) Che ci siano molti negozi nelle vicinanze.

B

Come vedete, nel testo i verbi sottolineati sono forme verbali che avete già incontrato, ma non ancora studiato. Inserite nella categoria adatta della tabella i verbi sottolineati nel testo.

Dopo verbi che indicano opinione	Dopo espressioni impersonali come 'è + aggettivo'	Dopo verbi che esprimono ricerca di caratteristiche specifiche

Lingua 9.2

The present subjunctive

The verbs underlined in Tatiana's email are examples of the present subjunctive, *il congiuntivo presente*. Whereas the present, perfect, imperfect and future indicative tenses express reality, the subjunctive is a verb form (known in grammatical terminology as a 'mood') which expresses subjectivity, opinion, hope, doubt and uncertainty.

The present subjunctive is formed as follows:

	PARLARE	LEGGERE	FINIRE	PARTIRE
io	parl-**i**	legg-**a**	finisc-**a**	part-**a**
tu	parl-**i**	legg-**a**	finisc-**a**	part-**a**
lui, lei, Lei	parl-**i**	legg-**a**	finisc-**a**	part-**a**
noi	parl-**iamo**	legg-**iamo**	fin-**iamo**	part-**iamo**
voi	parl-**iate**	legg-**iate**	fin-**iate**	part-**iate**
loro	parl-**ino**	legg-**ano**	fin-**iscano**	part-**ano**

The most common irregular verbs are:

	io	tu	lui/lei/Lei	noi	voi	loro
ESSERE	sia	sia	sia	siamo	siate	siano
AVERE	abbia	abbia	abbia	abbiamo	abbiate	abbiano
ANDARE	vada	vada	vada	andiamo	andiate	vadano
DIRE	dica	dica	dica	diciamo	diciate	dicano
DOVERE	debba	debba	debba	dobbiamo	dobbiate	debbano
FARE	faccia	faccia	faccia	facciamo	facciate	facciano
POTERE	possa	possa	possa	possiamo	possiate	possano
VENIRE	venga	venga	venga	veniamo	veniate	vengano
VOLERE	voglia	voglia	voglia	vogliamo	vogliate	vogliano

G For information about other irregular verbs, refer to your grammar book or dictionary.

Here are some of the ways the subjunctive is used:

1. To express an opinion with verbs such as *pensare*, *credere* and *ritenere*, and expressions such as *mi sembra che*, *mi pare che*:

    Penso che la nuova casa di Tatiana **sia** bellissima.

    Mi sembra che questo appartamento **sia** più spazioso.

2. To express **hope** with verbs such as *sperare*, often followed by *che*:

    Spero che tu **riesca** a trovare una casa presto!

3. With **impersonal expressions** formed by *è* + adjective (*è importante che*, *è necessario che*, *è possibile che*):

    È importante che il monolocale **sia** in centro.

78 Vivace Libro 2

C

I clienti dell'agenzia immobiliare di Ornella hanno tutti esigenze diverse. Completate le frasi con i verbi al congiuntivo, scegliendo fra quelli dati qui sotto.

> ci sia • si lamentino • sia • amino • ci siano • abbia

1. Milena e Sandro Martini stanno cercando casa. Per loro è importante che l'appartamento .... in una zona tranquilla con molto verde e che nelle vicinanze .... dei negozi e una scuola.

2. Per Delia Arrighi, che ama tantissimo cucinare, è fondamentale che l'appartamento .... una cucina grande.

3. Ernesto Sulis suona il pianoforte. Per lui la cosa più importante è che i vicini non ....

4. La signora Valeri cerca un appartamento per sé e i suoi tre gatti. Per lei è necessario che .... un balcone e che i vicini .... gli animali!

D

Trasformate le affermazioni in supposizioni usando il congiuntivo, come nell'esempio.

Esempio

**L'appartamento ha un terrazzo.
(Penso che)**

Penso che l'appartamento abbia un terrazzo.

1. L'appartamento non ha un balcone.
   (Mi sembra che)
2. La signora Italia si trasferisce per vivere accanto alle sorelle.
   (Credo che)
3. Bruna vive ancora in quella casa.
   (Mi sembra che)
4. Vogliono andare a vivere in campagna.
   (Mi sembra che)
5. L'appartamento è al quinto piano.
   (Credo che)
6. La nuova vicina lavora in casa.
   (Penso che)

Modern block of flats in Merano, Italy

Unità 9

> **Lingua 9.3**
>
> **Another use of the subjunctive: 'Cerco ... che sia...'**
>
> In Ornella's email there was another use of the subjunctive:
>
> > **Cerco** un appartamento **che sia** all'ultimo piano.
> > *I'm looking for a flat on the top floor.*
>
> In this case the subjunctive is used with a verb expressing search for specific characteristics. (Here the verb is *cercare*; it could also be *volere*.)
>
> G See your grammar book for more information.

Attività 9.8

A

Sottolineate la forma verbale corretta, seguendo l'esempio.

Esempio

Secondo voi, questa bifamiliare è bella? No, credo che sono / siano / sia bruttina.

No, credo che sia bruttina.

1 – Ma a che ora arrivano Emanuele e Lorenzo?
   – Credo che **arrivano** / **arrivino** / **arrivavano** verso le sette.

2 – Sai se Livio è a casa?
   – No, credo che **sia** / **è** / **era** ancora in ufficio.

3 Cerco un appartamento che **abbia** / **abbiano** / **ha** due bagni.

4 – Il vino lo dobbiamo portare noi?
   – No, penso che lo **portano** / **porterebbero** / **portino** loro.

5 – Sai se ci sono ancora appartamenti in vendita in zona?
   – No, penso che non ce ne **siano** / **sono** / **erano** più.

6 – Questa villa è ancora in vendita?
   – Sì, penso che **sarebbe** / **è** / **sia** ancora in vendita.

7 – Quanto tempo ci vuole ad arrivare in centro?
   – Credo che **ci vogliano** / **ci vogliono** / **ci vorrebbero** venti minuti.

8 Vogliamo una casa che **sia** / **è** / **sarebbe** in centro.

9 – Ma quante macchine hanno Sonia e Piero?
   – Credo che ne **hanno** / **avevano** / **abbiano** due.

B

Rispondete alle domande usando i verbi di opinione ('penso', 'credo', 'mi sembra') e il congiuntivo presente. Usate la fantasia!

1 Guarda che belle rifiniture! Ti piacciono?

2 Perché Marco non telefona più?

3 Che ne dici? Quest'anno per le vacanze facciamo uno scambio di casa?

4 Hai già telefonato per quell'appartamento?

5 Secondo te, ce la fa Massimo a comprare una casa senza fare un mutuo?

6 Secondo te, con chi verrà Luciana alla festa di inaugurazione della casa?

Lingua 9.4

Penso di / Credo di + infinitive

Lingua 9.2 explained that the subjunctive is used after verbs that express an opinion, a doubt or a hope. However, it is important to specify that this applies when the person expressing the opinion / doubt / hope is different from the person carrying out the action in the other part of the sentence:

Penso che **Luca sia** una persona molto generosa

Person 1: io	Person 2: Luca

Credo che Sandra **abbia** l'influenza.
I think Sandra has flu.

On the other hand, if the person expressing the opinion is the same person carrying out the action in the other part of the sentence, the two parts are linked by *di* + infinitive.

Penso **di essere** una persona molto generosa

Person 1: io	Person 2: io

Credo di avere l'influenza.
I think I've got flu.

C

Completate il dialogo fra Tatiana e Carlo Alberto usando 'che + congiuntivo' o 'di + infinito', come nell'esempio.

Esempio

Credo _____ (tu–essere) una brava agente immobiliare.

Credo che tu sia una brava agente immobiliare.

TATIANA   Carlo, credo _____ (essere) arrivato il momento di cambiare casa... non ce la facciamo più a stare nel nostro appartamento, è troppo piccolo!

CARLO   Credo _____ (tu–avere) ragione, a volte mi sembra _____ (io–essere) in gabbia in uno spazio così stretto...

TATIANA   Penso _____ (io–fissare) un appuntamento con Ornella, per vedere che cosa mi propone...

CARLO   Mi sembra _____ (essere) un'ottima idea, cara. Va tu a vedere appartamenti con Ornella e poi ne parliamo.

TATIANA   Secondo me Ornella è molto brava nel suo lavoro, sono sicura che ci saprà consigliare bene.

CARLO   Sono d'accordo, sembra _____ (lei–saper fare) bene il suo lavoro.

Lingua 9.5

Ways of expressing an opinion without using the subjunctive

There are ways of expressing an opinion which do not require the subjunctive, such as *secondo me, per me, a mio avviso* and *a mio parere*. There is no difference in meaning or register between these and a subjunctive structure.

Penso che la casa di Ornella sia più grande della tua.
Secondo me la casa di Ornella è più grande della tua.

Credo che Luca abbia molto coraggio.
Per me, Luca ha molto coraggio.

Penso che la situazione sia critica.
A mio avviso la situazione è critica.

D

Trasformate le seguenti frasi che esprimono delle opinioni con il congiuntivo, in espressioni di opinioni con 'secondo me/te/lui/lei', 'per me/te/lui/lei', 'a mio/tuo/suo avviso'.

1. Penso che la casa di Irma sia veramente sporca e disordinata!
2. Credi che ce la faccia ad arrivare puntuale?
3. Crede che tutto sia regalato!
4. Pensa che suo figlio abbia più talento degli altri, ma non è così.
5. Ritengo che quest'iniziativa ci porti alla rovina!

In the next activity you will look at a different type of dwelling, the holiday home.

Cultura e società

La seconda casa

In Italy it is very popular to have a holiday home, *la seconda casa*. Many people who live in central city apartments like to have a small house in the countryside or in the hills nearby where they can rest in a green area, have a vegetable garden and enjoy more living space. Others may prefer a flat or holiday house in a seaside resort for the summertime or a flat or chalet in the mountains with easy access to ski resorts. Another reason why so many Italians have a second home is that after the Second World War many migrants who moved from the countryside to the city to find work retained their ancestral homes in their home village. Indeed, many Italian emigrants still possess a family home in Italy.

Recent statistics show that the number of Italians buying abroad has risen considerably; this is due to the drop in prices from the economic crisis of 2008–10 and a parallel strengthening of the euro against the dollar and the pound sterling.

Attività 9.9

A

Rispondete alle seguenti domande basandovi sulla vostra esperienza personale. Scrivete almeno una frase completa per risposta.

1. Secondo voi, nel vostro paese, quante sono le persone che hanno una seconda casa?
2. Quali sono le zone del vostro paese in cui la gente compra seconde case?
3. Ci sono persone nel vostro paese che comprano case all'estero?
4. In che paese o regione comprereste una seconda casa per le vacanze? Perché proprio lì?

B

Leggete il seguente testo e scegliete la risposta corretta.

ROMA – La crisi non ha risparmiato il mercato delle seconde case. Le difficoltà economiche delle famiglie italiane penalizzano gli acquisti. Quelli che possono ancora permetterselo, invece, vanno all'estero. Merito del calo dei prezzi delle case in molti paesi e del rafforzamento dell'euro verso monete come dollaro e sterlina. Ecco quindi materializzarsi un sorpasso impensabile fino a qualche anno fa. Secondo i dati di Scenari immobiliari, lo shopping del mattone oltre frontiera dovrebbe attestarsi a quota 35mila unità con un incremento rispetto al 2008 del 19%. Mentre le case al mare o in montagna acquistate in Italia dovrebbero risultare pari a 33.500 con una flessione del 9%.

Il compratore di una seconda casa non punta all'investimento ma cerca, ad esempio, un immobile con giardino o con bella vista sul mare. In un'isola greca, si può acquistare un fabbricato con queste caratteristiche con poco più di 100mila euro. Lo stesso vale per la montagna. Chi vuole una baita o un casolare in pietra nelle migliori località italiane deve sborsare almeno 10mila euro al metro quadrato. In Francia o in Austria, si paga il 30–40% in meno e questi edifici si trovano più facilmente.

La crisi economica globale ha frenato anche le compravendite in Italia da parte di stranieri. Secondo Scenari immobiliari, si dovrebbe registrare un calo nell'ordine del 6,2% passando dalle 3.200 del 2008 alle 3.000 di quest'anno. Stabile la domanda inglese (diretta in particolare in Umbria e in Puglia) e quella svizzera. In aumento quella proveniente dagli Stati Uniti e dalla Germania. I tedeschi si rivolgono al mercato tradizionale del mare (Riviera Romagnola) e dei laghi (Lago di Garda). Dimezzate, invece, le richieste degli acquirenti russi.

(Serrano R. 'Il sorpasso delle seconde case più acquisti all'estero che in Italia', 23 agosto 2009, www.repubblica.it/2009/08/sezioni/economia/mercato-immobiliare) [consultato il 31 dicembre 2010]

Vocabolario

gli acquisti — *purchases*
merito di — *thanks to*
il mattone — *brick*
puntare a — *to aim for*
il fabbricato — *building*
la compravendita — *sale*
la baita — *mountain hut, chalet, refuge*
il casolare — *house in the countryside, cottage*

1. Il mercato delle seconde case in Italia è...
   - (a) in crisi
   - (b) in aumento

2. Il mercato delle seconde case all'estero è...
   - (a) in discesa
   - (b) in aumento
   - (c) stabile

3. Le seconde case vengono acquistate come investimento...
   - (a) da affittare
   - (b) per uso personale
   - (c) da rivendere a prezzi più alti

4. Rispetto ai prezzi in Italia, all'estero i prezzi degli immobili sono...
   - (a) più alti
   - (b) più bassi
   - (c) simili

5. Gli stranieri che comprano seconde case in Italia sono...
   - (a) in crescita
   - (b) in diminuzione

6. Gli inglesi preferiscono due regioni del...
   - (a) Centro-Sud
   - (b) Centro-Nord

7. I tedeschi amano regioni del...
   - (a) Nord
   - (b) Centro
   - (c) Sud

C

Provate a dare un titolo all'articolo.

Whether you are going to rent or buy a house, you'll need to view and compare several properties. The next two activities will teach you how to make comparisons.

Attività 9.10

A

Ornella ha portato Tatiana a vedere due appartamenti in vendita presso la sua agenzia. Tatiana ha preso appunti. Leggeteli e sottolineate le espressioni che usa per confrontare i due immobili.

Appartamento in Via Cavour	Appartamento in Via Dante
Spazioso.	Spazioso.
Ultimo piano.	Ultimo piano.
Terrazzo molto più grande del terrazzo dell'appartamento in Via Dante.	Terrazzo piccolo.
3 camere.	4 camere – appartamento più grande di quello di Via Cavour.
Zona bella e sicura.	Zona bella e sicura.
3 bagni – bagni più moderni dei bagni dell'appartamento in Via Dante.	3 bagni – da rifare.
Appartamento più caro dell'appartamento di Via Dante.	Appartamento meno caro dell'appartamento di Via Cavour, ma bisogna rifare i bagni e l'impianto elettrico.
Strada silenziosa, un po' spenta, pochi negozi, poco movimento.	Strada molto vivace, negozi, fermata di autobus e tram; movimento solo di giorno; silenziosa di notte. Via Dante è più vivace e movimentata di Via Cavour.

Lingua 9.6

Making comparisons using *più / meno … che / di*

As you have seen from Tatiana's notes, when comparing two people, objects or elements, *più* or *meno* + adjective is used. The second element of comparison can be introduced by *di* or by *che*.

- ***Di*** is used when comparing two **nouns** or **pronouns**:

    Gli appartamenti sono a volte più cari **delle** case.
    Flats are sometimes more expensive than houses.

    I mobili di Mariuccia sono più raffinati **di** quelli di Tatiana.
    Mariuccia's furniture is more sophisticated than Tatiana's.
    (*'quelli'* is a pronoun)

- ***Che*** is used when the second element of comparison is a **verb**, an **adjective**, a phrase introduced by a **preposition,** or an **adverb**:

    La casa di Maria è più grande **che** bella.
    Maria's house is more big than beautiful.

    Credo che sia più rilassante vivere in periferia **che** in centro città.
    I think it's more relaxing living in the suburbs than in the city centre.
    (*'in centro città'* is a phrase introduced by a preposition)

    Quando si compra casa, è più saggio agire lentamente **che** impulsivamente.
    Before buying a house, it's wiser to act slowly than impulsively.
    (*'impulsivamente'* is an adverb)

You may also wish to remind yourself of the relative superlative structure ('the most / the least') which you studied in *Unità 1*.

B

Completate le frasi con *che* o *di*.

Esempio

Credo che l'appartamento di Gianluca e Francesca sia un po' più grande del **nostro.**

1 Sì, lo so, c'è traffico, però io preferisco mille volte vivere in città _____ in campagna.

2 Credo che questo negozio sia molto più conveniente _____ quello che ci hanno consigliato i tuoi.

3 Secondo me è sempre meglio vivere con altre persone _____ da soli!

4 Incredibile! Dentro fa più freddo _____ fuori!

5 Non so, l'altra stanza la trovo più accogliente _____ questa.

C

Scrivete cinque frasi in cui confrontate la vostra casa attuale con la casa dei vostri sogni usando il comparativo, come nell'esempio.

Esempio

Il mio studio attuale è decisamente più piccolo di quello della casa dei miei sogni.

Potete utilizzare le seguenti parole per strutturare le vostre frasi, se volete.

> appartamento – spazioso
>
> cucina – moderna
>
> camera da letto – piccola
>
> giardino – ordinato
>
> studio – luminoso

In Italy, housing became more of a problem after the economic crisis of 2008–10. The next activity will allow you to explore this issue and gain useful vocabulary.

Attività 9.11

A

Scegliete la definizione adatta per le seguenti espressioni. Se ne avete bisogno, aiutatevi con il dizionario per capire meglio il significato delle espressioni o delle loro definizioni.

1 Edilizia popolare:

  (a) abitazioni molto diffuse e amate dalla cittadinanza.

  (b) abitazioni a basso costo che il comune mette a disposizione di cittadini meno abbienti.

  (c) tipo di abitazione di moda in questo momento.

2 Questione abitativa:
   (a) problematiche relative alla ricerca di una casa.
   (b) domanda di alloggi.
   (c) mercato immobiliare.

3 Edilizia residenziale:
   (a) costruzioni a scopo abitativo.
   (b) costruzioni a scopo commerciale.
   (c) case di riposo per anziani.

4 Zona ad alta tensione abitativa:
   (a) zona poco popolata.
   (b) zona molto popolata.
   (c) zona mediamente popolata.

B

Rispondete alle seguenti domande basandovi sulla vostra esperienza personale.

1 Nel vostro paese esiste l'edilizia popolare?
2 Chi usufruisce dell'edilizia popolare?
3 Secondo voi, l'edilizia popolare nella vostra città è sufficiente e adeguata alle esigenze dei cittadini meno abbienti?
4 Nel vostro paese, il mercato immobiliare è accessibile ai giovani / persone con redditi bassi?
5 Nel vostro paese è più diffuso l'affitto o l'acquisto di un immobile? Perché?

C

Leggete il seguente articolo e fate un elenco dei punti chiave contenuti nel testo.

La Regione Lazio affronta in modo concreto l'emergenza case

4 marzo 2010

La questione abitativa tocca oggi uno specchio sempre più ampio di popolazione, per molti una problematica difficile da affrontare, che ha assunto nel tempo i contorni di una vera emergenza.

In Italia quasi l'80% della popolazione possiede una casa di proprietà, per il restante 20% diventa faticoso affrontare la quotidianità perché spesso non ci sono stipendi adeguati al costo della vita e perché gli affitti continuano a salire. Secondo uno studio del Cresme (2005), per acquistare un appartamento servono più o meno 18 anni di stipendio, nove se si lavora in due.

Venti anni fa ne bastavano cinque per una coppia: comprare casa, allora, non era un sogno irraggiungibile. Secondo l'indagine Sunia-Cgil (2009), le difficoltà spingono gli italiani a mettere da parte l'idea di acquistare una casa ma l'affitto assorbe oltre il 50% del reddito per quei lavoratori che guadagnano dai 15.000 ai 20.000 euro l'anno (il 27,20% delle famiglie in affitto).

I numeri dicono che gli affitti più elevati sono a Roma e Milano: nelle due città, infatti, per un appartamento di 80 metri quadrati l'affitto mensile è di 2.300 euro in zona centrale e 1.200 euro in periferia. L'affitto medio di un contratto stipulato negli ultimi dieci anni si aggira intorno ai 740 euro al mese, mentre per i nuovi contratti il prezzo può arrivare fino ai 1.100 euro.

Nel frattempo, cresce anche il numero degli sfrattati nelle città italiane e soprattutto nella capitale. Secondo l'ultimo rapporto della Fondazione ANCI Ricerche, rispetto agli altri paesi europei, l'Italia registra una percentuale estremamente bassa di edilizia popolare; con il 4%, infatti, è quello con la minore percentuale di alloggi di edilizia sociale pubblica, a fronte del 36% dell'Olanda, del 22% del Regno Unito e del 20% della media comunitaria.

Proprio per questo, la Regione Lazio è da tempo impegnata nella lotta all'emergenza abitativa con una serie di iniziative a favore dei cittadini che cercano una risposta nell'edilizia residenziale pubblica. La cifra complessiva del finanziamento è di 40 milioni di euro, da suddividere tra varie decine di comuni del Lazio ad alta tensione abitativa con popolazione inferiore ai 150mila abitanti. L'obiettivo del finanziamento sono nuove costruzioni di edilizia residenziale pubblica, il recupero e l'acquisto di immobili non occupati.

(Adattato da http://news.attico.it) [consultato il 16 dicembre 2010]

Vocabolario

affrontare   *to face*

Cresme = Centro Ricerche Economiche Sociali di Mercato per l'Edilizia e il Territorio

stipulare un contratto   *to sign a contract*

aggirarsi intorno a   *to be about / around*

sfrattato,-a   *evicted*

D

Scrivete brevemente la vostra opinione sull'argomento trattato nell'articolo. (Massimo 50 parole)

Italian architecture is extremely varied. The next activity will enable you to find out more about traditional regional architecture.

Attività 9.12

L'isola di Pantelleria, fra la costa siciliana e quella tunisina, possiede un'architettura tipica, quella dei *dammusi*. Leggete il seguente testo e rispondete alle domande.

Il **dammuso** è una tipologia abitativa tipica dell'isola di Pantelleria realizzata in pietra lavica locale, con un caratteristico tetto a cupola. Un tempo, i dammusi erano costruzioni rurali utilizzate semplicemente per il ricovero degli attrezzi da lavoro. Oggigiorno, invece, i dammusi, ristrutturati e dotati di tutti i comfort, sono stati convertiti in vere e proprie case abitate sia da gente del posto che dai turisti. Molti, infatti, sono i dammusi riservati al settore turistico-alberghiero e degli affitti per vacanze.

Il caratteristico tetto a cupola non nasce con funzioni decorative, ma pratiche: consentiva infatti di raccogliere facilmente l'acqua piovana in cisterne creando così delle riserve d'acqua utili durante i periodi estivi e di siccità.

[segue]

Un'altra caratteristica importante di questa costruzione pantesca sono le mura spesse anche fino a due metri che garantiscono un ottimo isolamento termico sia d'estate che d'inverno.

Vocabolario

pantesco,-a   *from Pantelleria*

il ricovero degli attrezzi   *storage for tools and equipment*

1. Che cos'è un dammuso?
2. A che cosa serviva in passato e a cosa serve ora?
3. Con quale materiale è costruito?
4. A che cosa serviva la cupola?
5. Perché il dammuso ha mura spesse?
6. Nella vostra regione esiste un tipo di architettura tipica della zona?
7. Che uso viene fatto degli edifici più rappresentativi di architettura regionale nel vostro paese? Sono meta di turismo?

Cultura e società

Traditional regional architecture

Traditional architecture in Italy has strong regional characteristics, with construction materials and methods, shapes and sizes being linked inevitably to the nature of the area, the materials available, weather conditions and the dominant purpose of the building.

A row of *trulli* in Apulia (*Puglia*)

An example of typical regional architecture are the *trulli* of the region of Apulia (*Puglia*). These are stone buildings with conical roofs which were originally used as dwellings, storehouses or temporary shelters for shepherds. The *trullo* has thick walls, enabling its dwellers to insulate themselves from both heat and cold, and was built without cement or mortar. The *trulli* of the town of Alberobello are particularly famous, but they can be found in other towns, as well as in the countryside of the region. The *trulli* are listed buildings and are protected by UNESCO.

A typical building in the region of Trentino Alto-Adige / Südtirol, is the *maso*, a rural mountain building made predominantly of wood or stone and surrounded by farmland or pastures. The *maso* was a complete, self-sufficient farm, which usually included a barn, a stable, a room for cooking and a room where cheese was prepared. According to the tradition of *maso chiuso*, which still exists in some places, the *maso* could not be split but was inherited by a single heir, generally the eldest son, in contrast to the usual tradition in Italy of dividing property between all the children.

Another typical regional dwelling can be found in the Venetian island of Burano, famous for the bright colours of its houses. The origins of the colours are unknown: they could be related to family names or have been intended to help fishermen at sea find their way back home on foggy days.

Houses in Burano, in the Venetian lagoon

Suggerimento

Using photographs or sound to practise vocabulary

As mentioned in the *Unità 8 Suggerimento* 'Using visual and aural aids...', looking at photographs of familiar things should bring to mind a number of Italian words and phrases you already know. You can then try making vocabulary lists related to the context and adding words from a dictionary. If you prefer to work with sound, you could do the same using the audio recordings in L150 *Vivace* or Italian recordings found on the internet. Don't just list words for things you can see or hear but try to work by word association. Come back to the photographs or audio clips after a while to see what you have remembered.

These are useful exercises to do from time to time, because they both show you how much vocabulary you already know while also helping to expand your active vocabulary.

The photo of the coloured houses of Burano below, for example, could remind you of expressions such as *colori brillanti* and *colori sgargianti*, or the drawing of a hoover and dust in *Attività 9.6* could remind you of the compound word *aspirapolvere*.

Unità 9

Is it better to live in a town or in the countryside? People have contrasting opinions on the matter. You will read some different points of view and learn how to express your own in a convincing way.

Attività 9.13

Lingua 9.7

Il tema d'opinione

The *tema d'opinione* is a type of text which is found both in academic contexts, as a composition in which you are required to express your opinion on a topic, and in newspapers, in the form of an editorial or an article conveying a journalist's opinion or viewpoint. Whatever the context in which it is found, the *tema d'opinione* is a useful text type to master because in writing it you will learn the kind of language often required in a written or spoken assignment for giving personal views.

A

Lorenzo, il figlio sedicenne di Ornella, ha scritto un tema d'opinione come compito per casa. Leggetelo e rispondete alle domande.

Tema d'opinione   **Lorenzo Freni**

Esprimi la tua opinione sul modo in cui i giovani d'oggi vivono la città

In questo tema, vorrei descrivere quello che oggigiorno, a mio avviso, è il rapporto fra i giovani e la città. Mi baserò soprattutto sulla mia esperienza personale, visto che sono nato e cresciuto nel centro urbano.

Penso che la città si possa definire con la metafora di un animale che è amico fedele, ma che può anche aggredire e fare del male, soprattutto ai giovani, che la amano, la vivono, ma che a volte le danno troppa fiducia e non si rendono conto dei pericoli che essa nasconde.

Ritengo che la città possa offrire molto a un giovane in quanto ad opportunità e stimoli. Innanzitutto la possibilità di scegliere istituti e scuole in cui ricevere un'istruzione di alto livello. In città le scuole, le accademie, gli istituti sono numerosi quindi un giovane ha maggiori possibilità di scelta. Oltre a frequentare il liceo scientifico, studio anche il clarinetto presso il Conservatorio di musica, un istituto che mi rilascerà un diploma e che mi permetterà di intraprendere la carriera di musicista. In campagna, non mi sarebbe possibile fare la scuola che amo e coltivare la mia passione per la musica allo stesso tempo. In secondo luogo, penso che la città permetta al giovane di venire più facilmente in contatto con realtà diverse dalla propria. In città, infatti, vivono persone delle più svariate estrazioni sociali, culture, etnie e religioni e questo ci dà la possibilità di confrontarci, imparare, capire, porsi domande; la diversità allarga gli orizzonti dei ragazzi d'oggi e li fa crescere con una mentalità più aperta.

Sfortunatamente, la città nasconde anche pericoli in cui i giovani spesso incorrono. In città il tasso di criminalità è molto più alto che in campagna. Furti, rapine, spaccio di droga e aggressioni sono all'ordine del giorno e spesso coinvolgono i giovani che tendono a rientrare tardi la sera o che sono più inclini a provare nuove esperienze e trasgressioni. Inoltre, penso che la vita in città sia anche meno sana, manca quasi totalmente il contatto con la natura e l'aria è spesso molto inquinata, per questo allergie e malattie respiratorie sono particolarmente diffuse in città.

Per concludere posso dire che la città nasconde indubbiamente trappole e insidie, ma offre anche opportunità infinite ai giovani, anche quella di sbagliare e di imparare dai propri errori.

Vocabolario

visto che — given that
nascondere — to hide
la trappola — trap, pitfall
in quanto a — in terms of
intraprendere una carriera — to take up a career
porsi una domanda — to ask oneself a question
inquinato,-a — polluted

1 Che metafora usa Lorenzo per descrivere la città?
2 Secondo Lorenzo, che cosa offre la città ai giovani in termini di istruzione?
3 Secondo Lorenzo, che cosa offre la città ai giovani in termini di diversità?
4 Sei d'accordo con Lorenzo o la pensi diversamente?

Catania is the second largest city in Sicily, after Palermo.

B

Completate la tabella con gli aspetti positivi e quelli negativi della città individuati da Lorenzo.

Aspetti positivi	Aspetti negativi
Offre opportunità e stimoli	

C

Dividete il tema di Lorenzo in paragrafi e provate a dare un titolo ad ogni paragrafo.

D

Lorenzo usa le parole / espressioni qui sotto per collegare frasi o paragrafi e dare coerenza al suo tema. Abbinatele alla propria funzione.

1 Innanzitutto…
2 In secondo luogo…
3 Infatti…
4 Inoltre…
5 Per concludere…

(a) introduce il secondo punto di un paragrafo.
(b) serve per chiudere il testo e riassumere quello che è stato detto.
(c) aggiunge un'altra osservazione.
(d) chiarifica un'osservazione fatta in precedenza.
(e) introduce il primo punto, la prima affermazione.

E

Ritenete che sia meglio vivere in città o in campagna? Scrivete un tema d'opinione. Usate il tema di Lorenzo nella sezione A come modello; vi può fornire espressioni utili per presentare le vostre idee e opinioni. (250–350 parole)

Structure of the *tema d'opinione*

The following model structure will help you to write a *tema d'opinione*:

Introduction	State your opinion clearly.
Main body	1st paragraph – give the first point supporting your opinion.
	2nd paragraph – give the second point supporting your opinion.
	3rd paragraph – give the third point supporting your opinion.
Conclusion	Restate your opinion in different words.

Bilancio

Key phrases

La mia casa ideale è una bella villa in campagna.

Vivo in un monolocale all'ultimo piano in centro città.

Rosa e Alfredo hanno comprato una bifamiliare con giardino.

Affittasi appartamento, due camere, un bagno, cucina e ripostiglio.

Vendesi villetta in periferia, ideale per famiglie.

Per me è importante che l'appartamento sia luminoso / tranquillo.

È necessario che ci siano dei negozi vicino.

Cerco un appartamento che abbia un terrazzo.

Penso che sia abbastanza grande.

Credi che abbia un giardino?

Mi sembra che abiti lì vicino.

Vorrei una seconda casa al mare, magari un dammuso a Pantelleria!

L'edilizia popolare in Italia non è sufficiente.

Here are some ideas and suggestions on how to organise what you have studied in this unit. You don't have to do all the activities but you should select those that are particularly relevant to you to summarise and reinforce your learning.

Memorising keywords and structures

To keep a note of and memorise the keywords from this unit, try doing the following activities.

1. Walk around your home and describe each room in Italian as if you were an estate agent giving a tour to a potential buyer. Also talk about where your home is located, how it is furnished, etc. Use as many different forms of *bello* as you can.

2. Look at this picture and imagine the kind of flat this family lives in. Write at least three sentences to compare it with your own home using *più / meno ... di / che*.

3. Can you remember what verbs or phrases need to be followed by a verb in the subjunctive? List as many as you can.

4. Can you conjugate these verbs in the present subjunctive? Complete the table, using only the form for *io* (first person singular).

Infinitive	*io* form of present subjunctive
parlare	
leggere	
finire	
partire	
essere	
avere	
andare	
dire	
dovere	
fare	
potere	
venire	
volere	

Cultura e società

What have you found out about regional architecture in Italy? Which style did you like best, and why?

What is the housing sector like in your own country? What are the similarities and differences compared to what you have read in this unit?

Do many people have second homes in your country? Where are these second homes typically located?

Unità 10

Italia di ieri e di oggi…

The aim of this unit is to give an introduction to Italy past and present by offering you ideas for discussion. You will look at key events in contemporary Italian history and learn about the following topics: migration into and out of Italy, the never-ending scourge of organised crime and the future challenges the country faces. You will also learn to write an eyewitness account, which will help you improve your ability to report past events with accuracy.

Key learning points

- Learning about some key changes and events in Italian history and talking about current affairs
- Expressing time using *mentre* and *durante*
- Describing an action which is about to take place using *stare per* + infinitive
- Using *essere* or *avere* with modal verbs in the perfect tense
- Writing an eyewitness account

Study tips

- Developing strategies for understanding complex texts
- Improving your writing skills: self-correction

Culture and society

- Italians in the UK
- Giovanni Falcone and Paolo Borsellino
- The term *mafia*
- Scampia and the *camorra*

Overview of *Unità 10*

Attività	Themes and language practised
10.1–10.3	Learning about key changes and events in Italian history; national celebrations and commemorations.
10.4–10.6	Exploring the theme of Italian emigration and *gli italiani nel mondo*.
10.7–10.9	Finding out about recent immigration to Italy; expressing time using *mentre* and *durante*; describing an action which is about to take place using *stare per* + infinitive.
10.10–10.11	Reading about organised crime in Italy and the fight against it, and learning associated vocabulary; using *essere* or *avere* with modal verbs in the perfect tense.
10.12–10.15	Italy's challenges for the future; writing an eyewitness account.
Bilancio	Check your progress; further study tips.

The following activity provides an overview of some of the main changes that have taken place between postwar Italy and the present.

After the Second World War, Italy was an underdeveloped, rural economy.

Attività 10.1

A

Rispondete alle seguenti domande basandovi sulla vostra esperienza personale.

1. Nel vostro paese, quali dei seguenti settori hanno subito maggiori cambiamenti negli ultimi cinquant'anni? Scegliete i tre che sono cambiati di più e spiegate brevemente il perché. (Massimo 100 parole)

   Industria   Alimentazione
   Famiglia   Crimine
   Comunicazione   Politica
   Società

2. Ci sono aspetti (positivi e / o negativi) del vostro paese che non sono cambiati? Quali?

3. Conoscete un aspetto dell'Italia che è cambiato dal dopoguerra ad oggi?

B

Leggete la seguente intervista e rispondete alle domande.

> OGGI USCIRÀ NELLE LIBRERIE ITALIANE *ITALIA CHE CAMBIA*, IL NUOVO, ATTESISSIMO LIBRO DEL SOCIOLOGO MILANESE, SANDRO BIANCHI. L'ABBIAMO INTERVISTATO NELLA SUA CASA DI VIA DELLA SPIGA, PERCHÉ CI AIUTI A SCOPRIRE COM'È CAMBIATO IL NOSTRO PAESE DAGLI ANNI DEL DOPOGUERRA AD OGGI.
>
> **Professor Bianchi, perché ha scelto di dedicare il suo nuovo libro all'Italia che cambia?**
>
> L'Italia, come il resto dell'Europa, ha subito cambiamenti radicali dal dopoguerra ad oggi e negli ultimi anni il paese si è trasformato con una velocità e drasticità senza precedenti. Molte persone fanno fatica ad adattarsi a queste trasformazioni, basti pensare a quella nel settore della comunicazione. Ritengo, quindi, sia importante soffermarci e riflettere su quello che eravamo e quello che siamo oggi, per prendere coscienza di come siamo cambiati e di cosa invece rimanga immutato, nel bene o nel male.
>
> **Allora, professor Bianchi, quali sono i cambiamenti principali che analizza nel suo libro?**
>
> Beh, non li posso passare in rassegna tutti, se no vi tolgo il gusto di leggere il libro! Dal punto di vista storico e istituzionale, partendo dall'immediato dopoguerra, la svolta epocale è stata quella del passaggio da monarchia a repubblica con il referendum del 1946. Dal punto di vista sociale direi che il cambiamento più significativo è che da paese di emigranti in cerca di fortuna siamo diventati un paese di immigrazione, quindi una nazione multietnica. Di cambiamenti sociali ce ne sono però molti altri, pensiamo all'emancipazione femminile, per esempio, e alla famiglia moderna. Dal

punto di vista del progresso e dell'industria penso che l'Italia stia, anche se con fatica, facendo notevoli passi avanti per passare da un'industrializzazione selvaggia a una più sostenibile, attenta al rispetto dell'ambiente e alle energie rinnovabili.

Ci sono secondo Lei degli aspetti in cui l'Italia non è cambiata?

Sì, ce ne sono e purtroppo alcuni sono negativi. Primo fra tutti, la piaga della criminalità organizzata che tuttora sussiste. Purtroppo, nonostante le numerose vittorie dello Stato, la lotta alle organizzazioni di stampo mafioso continua e diventa sempre più complessa. Aumentano, infatti, le infiltrazioni mafiose in attività economiche lecite. Non dimentichiamo, però, anche gli aspetti positivi che permangono invariati, mi riferisco in particolare all'amore per la tavola e per lo stare insieme, ma anche alla creatività tutta italiana che si esprime nei campi più svariati.

Secondo Lei l'Italia di oggi che cosa deve imparare dall'Italia del passato?

Ritengo che i cambiamenti e le trasformazioni in una società siano inevitabili e debbano esserci. La cosa importante è non dimenticare mai il passato per individuare gli errori commessi ed evitare di ripeterli. Sto pensando in particolare alla Giornata della memoria e alle campagne informative nelle scuole perché la tragedia dell'Olocausto e delle leggi razziali nel nostro paese non vengano mai dimenticate.

La ringrazio per il suo contributo e ricordo ai lettori la pubblicazione del nuovo libro di Sandro Bianchi, *Italia che cambia*, oggi in tutte le librerie al prezzo di €12.99.

(Riferimenti a fatti o a persone sono del tutto casuali.)

Vocabolario

aiuti *present subjunctive, third person singular, of* aiutare = *to help: see language note on next page on 'Perché + subjunctive'.*

fare fatica a fare qualcosa *to struggle to do something*

passare in rassegna *to examine*

selvaggio,-a *indiscriminate, rampant*

la piaga *scourge*

1. Chi è il professor Bianchi e perché viene intervistato?
2. Perché il professor Bianchi ha scelto i cambiamenti dell'Italia come argomento per il suo nuovo libro?
3. Quali sono i principali cambiamenti di cui parla il professor Bianchi nell'intervista?
4. In che cosa non è cambiata l'Italia nel bene e nel male?

    Nel bene:...

    Nel male:...
5. Qual è la tragedia che l'Italia non deve dimenticare?
6. Leggereste il libro del professor Bianchi? Perché?
7. Avete letto qualche testo (libro o articolo) a proposito dell'Italia o del vostro paese che tratta questi argomenti?

Lingua 10.1

Using *perché* + subjunctive to express purpose

You are already familiar with *perché* used to express a cause:

> Ho scelto questo argomento **perché è** molto interessante.
> *I chose this topic because it's very interesting.*

> Studio italiano **perché voglio** andare in Italia.
> *I study Italian because I want to go to Italy.*

Perché can also introduce a clause expressing a **purpose**, **aim** or **objective**. When it has this sense, the verb following it is in the subjunctive:

> Abbiamo intervistato il prof. Bianchi **perché** ci **parli** dei principali cambiamenti della società italiana.
> *We interviewed Prof. Bianchi for him to tell us about the main changes in Italian society.* [= in order that he tell us]

> Mando mio figlio in Italia **perché impari** la lingua italiana.
> *I'm sending my son to Italy for him to learn Italian.* [= in order that he learn Italian]

The next two activities focus on key events in Italian history and their respective commemorations, leading to the *Giornata della memoria* and its importance today.

Attività 10.2

A

Quiz! Che cosa sapete dell'Italia di ieri? Scegliete la risposta che vi sembra corretta, senza consultare altre fonti! Non vi preoccupate se trovate il quiz un po' difficile! Facendolo acquisirete nuove nozioni!

C

Le parole della prima colonna si riferiscono alla situazione dell'Italia dell'immediato dopoguerra. Collegatele con il loro contrario nella seconda colonna.

1. emigrazione
2. monarchia
3. famiglia numerosa
4. casalinga
5. analfabetismo
6. povertà
7. ricostruzione

(a) famiglia mononucleare
(b) alfabetizzazione
(c) ricchezza, benessere
(d) repubblica
(e) immigrazione
(f) demolizione
(g) lavoratrice

1   L'Italia diventa una nazione unificata nel:
    (a) 1681
    (b) 1861
    (c) 1186

2   L'Italia passa dalla monarchia alla repubblica nel:
    (a) 1946
    (b) 1964
    (c) 1954

3   La famiglia reale che ha regnato in Italia fino al referendum è la famiglia:
    (a) Ranieri
    (b) Borbone
    (c) Savoia

4   Nel 1951 il tasso di analfabetismo è pari al:
    (a) 13%
    (b) 1.3%
    (c) 3.1%

5   La RAI, Radio Televisione Italiana, mette in onda la prima trasmissione nel:
    (a) 1944
    (b) 1964
    (c) 1954

6   La prima Vespa viene messa sul mercato nel:
    (a) 1946
    (b) 1974
    (c) 1976

7   Il regista Vittorio De Sica è un esponente del:
    (a) cinema contemporaneo
    (b) cinema western
    (c) cinema neorealista

(Dati tratti da www.lastoriasiamonoi.rai.it/puntata.aspx?id=270; www.lastoriasiamonoi.rai.it/puntata.aspx?id=375; www.italica.rai.it/cinema/filmografie/desica1.htm) [consultati il 22 dicembre 2010]

B

Abbinate le seguenti date all'evento corrispondente nella seconda colonna. Se non conoscete alcuni degli eventi, fate una breve ricerca su internet, anche nella vostra lingua, per scoprire di che cosa si tratta.

1   1945   (a) Tangentopoli.
2   1966   (b) Contestazioni studentesche e operaie.
3   1968   (c) L'euro diventa la moneta degli italiani.
4   1992   (d) L'Italia vince i mondiali di calcio.
5   2002   (e) Alluvione a Firenze.
6   2006   (f) Il terremoto colpisce la città di L'Aquila.
7   2009   (g) Mussolini viene catturato dai partigiani.

L'Aquila immediately after the earthquake

Attività 10.3

A

Qui sotto troverete delle date che corrispondono a feste o ricorrenze (non religiose) che ogni anno si celebrano in Italia. Fate una ricerca e completate la tabella in italiano.

Ricorrenza	Che cosa si celebra	Data
Festa della Donna		
Festa della Liberazione		
Festa del Lavoro		
Festa della Repubblica		

B

Create una tabella simile per le feste o ricorrenze non religiose nel vostro paese, in italiano.

C

Leggete il seguente testo su un'altra ricorrenza in Italia, il "Giorno della memoria" (o la "Giornata della memoria") e riassumete il testo in massimo 100 parole.

Il 27 gennaio 2010 si celebra per il decimo anno il "Giorno della memoria". Il Giorno della memoria fu istituito nel luglio 2000, per ricordare, da una parte, la data dell'abbattimento dei cancelli di Auschwitz (27 gennaio 1945) e commemorare la "Shoah" (vale a dire la persecuzione, la deportazione, la prigionia e lo sterminio dei cittadini ebrei); e dall'altra, tutti coloro (i "Giusti") che si opposero, pur in campi e schieramenti diversi, a quel folle progetto di genocidio, non esitando a salvare altre vite e a proteggere in condizioni difficili i perseguitati, anche a rischio della propria vita.

In occasione del Giorno della memoria sono organizzati incontri, cerimonie e momenti comuni di rievocazione dei fatti e di riflessione (in modo particolare nelle scuole di ogni ordine e grado), su quanto accadde allora agli ebrei e ai deportati politici e militari italiani nei campi di concentramento nazisti, al fine di conservare viva la memoria di quel periodo della storia europea e del nostro Paese, perché sia scongiurato per sempre il ripetersi di simili tragedie.

L'attività di informazione nelle scuole è fondamentale. La Shoah è ormai consegnata ai libri di storia, come altri avvenimenti del passato. Pochi testimoni sono rimasti a raccontarci la loro esperienza quindi c'è il rischio che l'Olocausto sia esclusivamente affidato ai testi di storia. Per questo la Giornata della memoria ha lo scopo di favorire la maturazione nei giovani di un'etica della responsabilità individuale e collettiva oltre alla promozione dell'esercizio di una cittadinanza attiva e consapevole.

(Adattato da www.governo.it/ GovernoInforma/Dossier/ giornata_memoria_2010/ [consultato il 22 dicembre 2010], http://www.moked. it/giornodellamemoria/ index2.htm) [consultato il 10.1.2011]

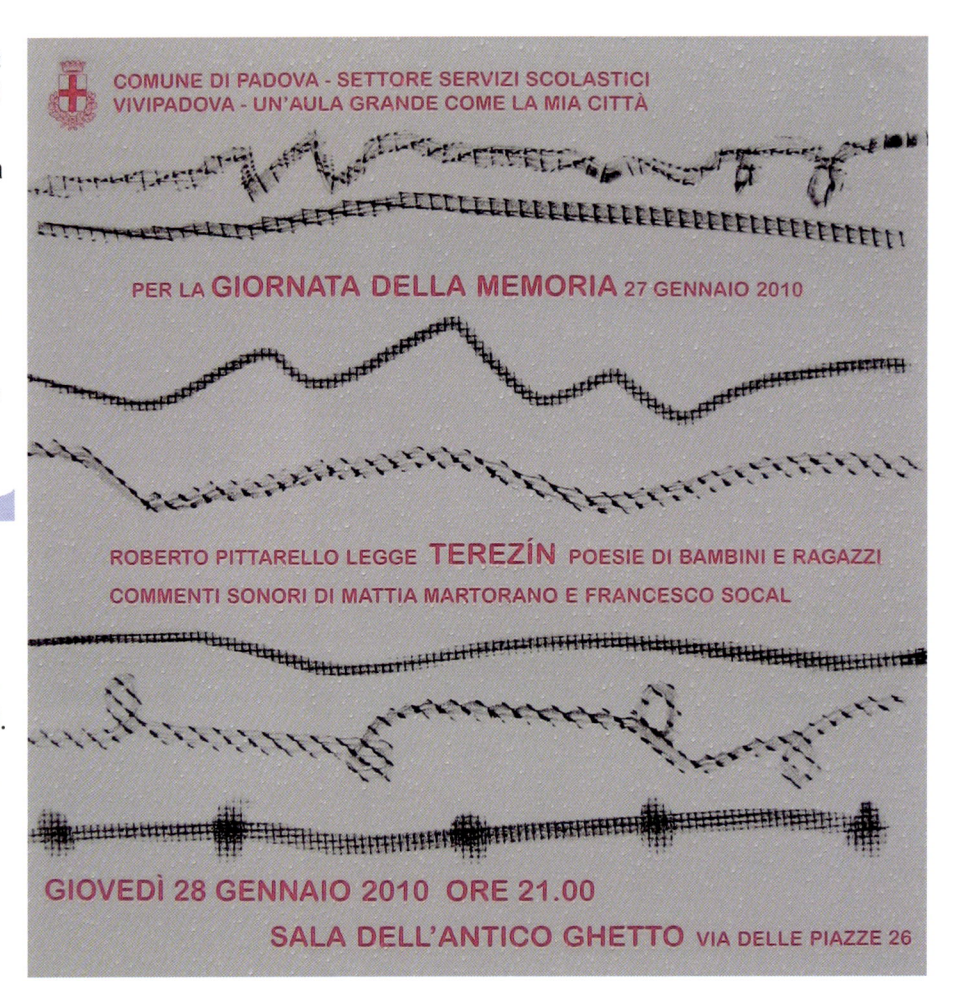

Vocabolario

fu istituito was instituted, established (fu is the passato remoto of essere: see language note on next page)

l'abbattimento demolition

coloro che those who (plural form of colui / colei che)

si opposero passato remoto of opporsi

lo schieramento alignment, array

accadde passato remoto of accadere (= to happen)

scongiurato,-a avoided

The Synagogue of Florence

The *passato remoto*

In written Italian, the *passato prossimo* is the verb form used to refer to events which happened in a recent past, while the *passato remoto* is used to refer to historic events which took place in a more distant past.

> Dante **nacque** nel 1265.
> *Dante was born in 1265.*

> La legge **fu abolita** nel 1950.
> *The law was abolished in 1950.*

The *passato remoto* is not generally used in spoken Italian, except in Tuscany and amongst southern Italian speakers where it is sometimes used even to refer to recent events.

> Ieri **andai** al mercato.
> *Yesterday I went to the market.*

> L'anno scorso **feci** un corso di spagnolo.
> *Last year I did a Spanish course.*

You will not be asked to use the *passato remoto* in this module, but as your knowledge of Italian increases you will need to be able to recognise it.

D

Rispondete alle seguenti domande basandovi sulla vostra esperienza personale.

1. Nel vostro paese esistono ricorrenze simili a quella del Giorno della memoria in cui viene commemorata una tragedia o un momento storico particolarmente doloroso?

2. Nel vostro paese viene data importanza alla memoria storica in generale?

3. Che cosa pensate del Giorno della memoria, vi sembra una buona iniziativa?

The next two activities look at emigration from Italy. This will allow you to get to know another Italy, now scattered across the globe, that of *gli italiani nel mondo*.

Attività 10.4

A

Dalla fine del 1800 agli anni '70 del secolo successivo, l'Italia è stata un paese di emigranti. Provate a rispondere alle seguenti domande.

1. Gli italiani residenti in Italia sono circa 59 milioni. Indovinate quanti cittadini italiani o di origine italiana ci sono nel mondo (fuori dall'Italia)?

    (a) Quasi 2 milioni.

    (b) Quasi 30 milioni.

    (c) Quasi 59 milioni.

2. Secondo voi, quali sono state le principali mete di emigrazione italiana?

3. Il vostro è un paese di emigrazione, immigrazione o entrambe?

4. Quali sono i principali paesi di provenienza o di emigrazione verso / dal vostro paese?

5. Conoscete emigrati italiani di prima, seconda o terza generazione che vivono nel vostro paese?

The liner *Oceania*, 1951

The Curulli family milk bar and fruit shop, Dee Why, Australia, 1961

B

Leggete il seguente testo sull'emigrazione italiana nel mondo e rispondete alle domande.

Il più grande esodo migratorio della storia moderna

Il più grande esodo migratorio della storia moderna è stato quello degli Italiani. A partire dal 1861 sono state registrate più di 24 milioni di partenze. Nell'arco di poco più di un secolo un numero quasi equivalente all'ammontare della popolazione al momento dell'Unità d'Italia si avventurava verso l'ignoto.

Si trattò di un esodo che toccò tutte le regioni italiane. Tra il 1876 e il 1900 l'esodo interessò prevalentemente le regioni settentrionali con tre regioni che fornirono da sole il 47 per cento dell'intero contingente migratorio: il Veneto (17,9 per cento), il Friuli Venezia Giulia (16,1 per cento) e il Piemonte (12,5 per cento). Nei due decenni successivi il primato migratorio passò alle regioni meridionali. Con quasi tre milioni di persone emigrate soltanto da Calabria, Campania e Sicilia, e quasi nove milioni da tutta Italia.

Gli italiani sono sempre al primo posto tra le popolazioni migranti europee seguiti da portoghesi, spagnoli e greci. Gli italiani all'estero, secondo le stime del Ministero degli Affari Esteri, erano nel 1986 5.115.747, di cui il 43 per cento nelle Americhe e il 42,9 per cento in Europa. L'entità delle collettività di origine italiana ammonta invece a decine di milioni, comprendendo i discendenti degli immigrati nei vari paesi. Al primo posto troviamo l'Argentina con 15 milioni di persone, gli Stati Uniti con 12 milioni, il Brasile con 8 milioni, il Canada con un milione e l'Australia con 540.000 persone.

Emigrazione italiana per regione 1876–1900, 1901–1915

Regione	1876–1900	1901–1915
Piemonte	709.076	831.088
Lombardia	519.100	823.695
Veneto	940.711	882.082
Friuli V.G.	847.072	560.721
Liguria	117.941	105.215
Emilia	220.745	469.430
Toscana	290.111	473.045
Umbria	8.866	155.674
Marche	70.050	320.107
Lazio	15.830	189.225
Abruzzo	109.038	486.518
Molise	136.355	171.680
Campania	520.791	955.188
Puglia	50.282	332.615
Basilicata	191.433	194.260
Calabria	275.926	603.105
Sicilia	226.449	1.126.513
Totale espatri	**5.257.911**	**8.769.749**

Principali paesi di emigrazione italiana 1876–1976			
Francia	4.117.394	Stati Uniti	5.691.404
Svizzera	3.989.813	Argentina	2.969.402
Germania	2.452.587	Brasile	1.456.914
Belgio	535.031	Canada	650.358
Gran Bretagna	263.598	Australia	428.289
Altri	1.188.135	Venezuela	285.014
Totale	**12.546.558**		**11.481.381**

(Fonte: Rielaborazione dati Istat in Rosoli, G. *Un secolo di emigrazione italiana 1876–1976*, Roma, Cser, 1978), www.emigrati.it/Emigrazione/Esodo.asp) [consultato il 7 luglio 2010]

Vocabolario

si trattò   passato remoto *of* trattarsi

toccò   passato remoto *of* toccare

interessò   passato remoto *of* interessare

passò   passato remoto *of* passare

l'arco (m.)   *span*

l'ammontare (m.)   *amount*

la stima   *estimate*

l'entità (f.)   *extent*

1 Quando è iniziato l'esodo migratorio degli italiani?

2 Da quali regioni italiane provenivano gli emigranti?

3 Quali altri paesi europei vengono citati come paesi di emigrazione?

4 Qual è il paese dove si trova la comunità più numerosa di cittadini italiani e / o discendenti di italiani?

5 Il vostro paese figura nella tabella dei principali paesi di emigrazione italiana?

Emigration within Europe, an example

The Novaretti were one of many Italian emigrants to other European countries from Italy; they moved from Piemonte to France in the early 1900s, among the many emigrants of that period.

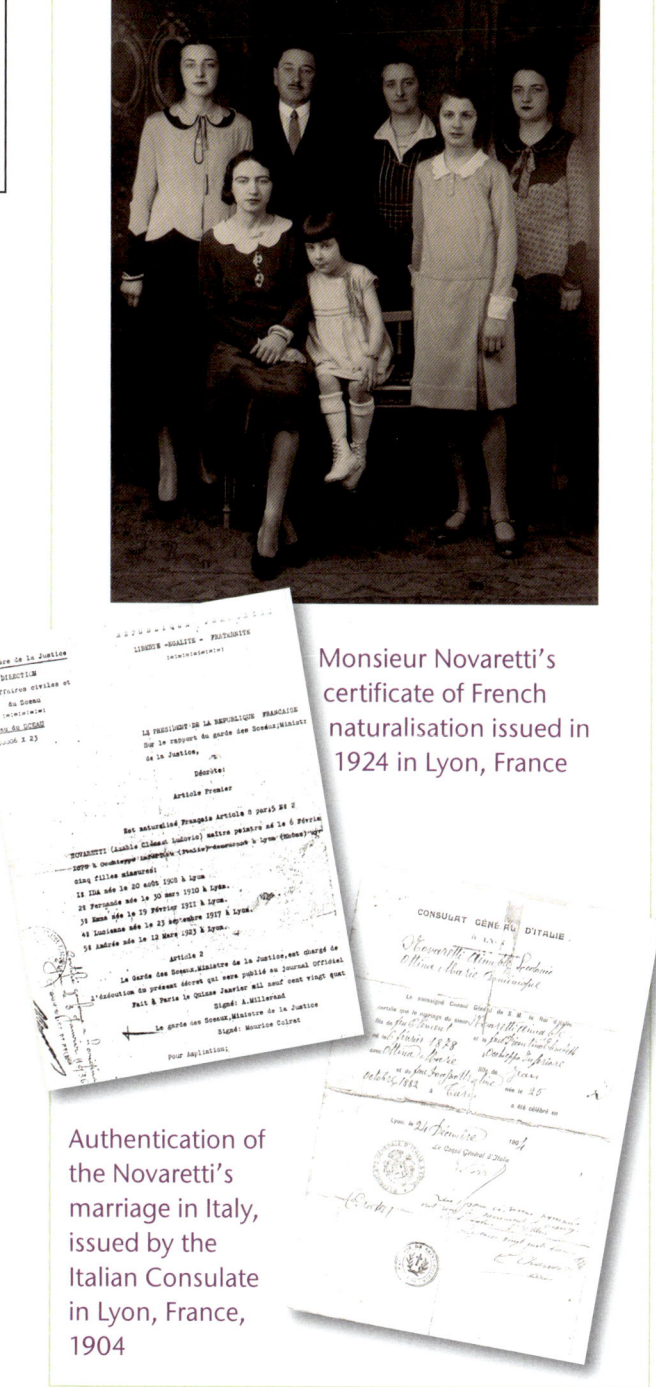

Monsieur Novaretti's certificate of French naturalisation issued in 1924 in Lyon, France

Authentication of the Novaretti's marriage in Italy, issued by the Italian Consulate in Lyon, France, 1904

Unità 10

C

Scrivete per ogni paese di destinazione degli emigrati italiani il suo aggettivo di nazionalità.

1. Argentina
2. Australia
3. Canada
4. Belgio
5. Brasile
6. Francia
7. Germania
8. Stati Uniti
9. Svizzera
10. Venezuela
11. Gran Bretagna

Cultura e società

Italians in the UK

Italian immigration into the UK started after the unification of Italy and peaked in the early 1900s. Another peak came after the Second World War, as a result of UK recruitment schemes to fulfil the shortage of labour in the brick industries of Bedford and Peterborough, the car factories of Cowley and Oxford and the mining and steel industry of Wales. Significant numbers of Italians also settled in Scotland, with immigrants coming from the Garfagnana region of Tuscany and from the Veneto. There are also long-established Italian communities in Wales, particularly around Cardiff.

While the immigration of the nineteenth and early twentieth century was largely of unskilled labour, a new type of immigration developed following the UK's entry into the EU: white-collar workers and graduates coming to the UK to work in the financial sector, medicine and science. The largest Italian communities today in the UK are in London, Manchester and Bedford.

The Italian community in Bedford

Bedford's Italian community dates back to the post-war period of reconstruction. The post-war building boom created a shortage of labour in the Bedford brick industry, causing the brick companies to look overseas for workers, where they found the Italians more than willing. Many Italians could not afford the cost of emigration, and so 'paid passage' schemes like those of the Bedford brick contracts acted as a strong magnet and a ticket to a better life.

Between 1951 and the 1960s over 7,500 Italian workers were recruited, their transportation organised by the brick companies with the cooperation of both the English and Italian governments. After travelling to Milan for a medical check-up, they continued to Bedford. The first arrivals were mainly single men intending to return once they had earned enough, but some stayed on, until in the late 1950s and 1960s there was a steady flow of Italians travelling to the Bedford area to be together as families – by 1958 around 85% of new arrivals were married women joining their husbands.

Attività 10.5

Suggerimento

Developing strategies for understanding complex texts

There are various strategies you can use to develop your reading skills, particularly when dealing with a more complex text. Here are some tips you might like to choose from.

Before reading the whole text

Look at the title or heading and think about what you expect the text will contain. Then think if there are any specific details you want to find out from the reading before you start it.

Whilst reading

Read the introductory paragraph carefully; in a journalistic text, this will often give the main ideas before it goes on to develop them.

Reading a text twice

You need to read a text at least twice in order to understand it fully.

- Read the text quickly first and jot down a few notes to see what you have understood.

- During your second reading, you may find it useful to:
    - make notes in the margin as you read the text, underlining keywords and important passages;
    - draw a 'map' of how the text is structured / organised.

Using a dictionary when reading

Do your first reading without looking up words; you will be surprised how much you can understand. As you read on, some of the words you don't know should become clearer because they are repeated in different contexts.

Only at the end should you turn to the dictionary to look up words you believe to be essential, and to check your 'guesses'.

You can put these tips into practice when you read the text in the next step.

A

Annalisa è interessata principalmente all'immigrazione italiana in Belgio visto che suo nonno era un minatore italiano. Leggete il seguente testo e decidete se le affermazioni sono vere o false.

Marcinelle: una tragedia dell'emigrazione italiana

A causa di un errore umano, l'8 agosto del 1956, il Belgio venne scosso da una tragedia senza precedenti. Un incendio, scoppiato in uno dei pozzi della miniera di carbone fossile di Bois du Cazier, causò la morte di 262 persone di 12 diverse nazionalità. 136 minatori erano italiani. Rimasero senza via di scampo, soffocati dall'ossido di carbonio e braccati dalle fiamme. Le operazioni di salvataggio furono disperate fino al 23 agosto, quando uno dei soccorritori diede l'annuncio, in italiano: 'Tutti cadaveri'.

L'accordo 'uomo-carbone' del 1946, tra Italia e Belgio

In Italia vi era molta manodopera e pochissime risorse, in Belgio la situazione era l'opposto. Nel '46 infatti i belgi, ricchi di carbone, non volevano fare il lavoro del minatore perché erano coscienti dei pericoli del lavoro in miniera, tra cui malattie come la silicosi. Il governo belga quindi decise di importare manodopera dall'estero, e molti furono gli italiani a partire in cerca di fortuna: erano anni difficili per l'Italia, uscita distrutta dalla guerra. L'emigrazione era un modo per 'esportare' i poveri.

Il 23 giugno del 1946 venne firmato l'accordo fra Belgio e Italia che prevedeva l'acquisto di carbone a prezzi ridotti a fronte dell'impegno italiano di mandare 50.000 uomini da utilizzare nel lavoro di miniera. Partirono non meno di 2.000 uomini a settimana, 100.000 alla fine dell'anno. E così tra il '46 e il '57 arrivarono in Belgio 140mila uomini, 17mila donne e 29mila bambini. Trattati come bestie, erano costretti a lavorare in cunicoli alti appena 50 centimetri. [...]

(Adattato da www.lastoriasiamonoi.rai.it/puntata.aspx?id=246) [consultato il 12 gennaio 2011]

Vocabolario

venne   passato remoto *of* venire
scosso   past participle *of* scuotere *to shake*
il pozzo   *well*
la miniera   *mine*
causò   passato remoto *of* causare
senza via di scampo   *with no way out*
braccato, -a   *hunted*
diede   passato remoto *of* dare
decise   passato remoto *of* decidere
furono   passato remoto *of* essere
venne firmato   *passato remoto of* venire firmato
arrivarono   passato remoto *of* arrivare
i cunicoli   *narrow tunnels*

		Vero	Falso
1	L'incendio era doloso, intenzionale.	☐	☐
2	Più della metà dei morti erano italiani.	☐	☐
3	Il 23 agosto i soccorsi sono riusciti a portare in salvo molti minatori.	☐	☐
4	L'accordo Belgio-Italia prevedeva carbone a basso costo in cambio di manodopera.	☐	☐
5	I minatori lavoravano in condizioni ignobili.	☐	☐

B

Abbinate le seguenti professioni esercitate dagli emigranti italiani con i luoghi in cui si svolge il lavoro.

1	minatore	(a)	fabbrica
2	suonatore d'organetto	(b)	ristorante / pizzeria
3	gelataio	(c)	campi
4	pizzaiolo	(d)	strada
5	operaio	(e)	gelateria
6	bracciante	(f)	miniera

Here is the story of a successful experience of Italian emigration to Australia.

Attività 10.6

Ora vedrete un esempio di successo dell'emigrazione italiana, la storia della famiglia Nicastri.

A

Leggete il testo e rispondete alle domande.

Italiani d'Australia

Molto spesso parlando di Italia e di italiani ci si dimentica che esiste un'altra Italia, presente in tutti e cinque i continenti: gli italiani nel mondo. Per questo, cari lettori, oggi vi voglio presentare una famiglia di italiani all'estero che ben rappresenta il successo dell'emigrazione italiana: la famiglia Nicastri di Sydney, in Australia.

La famiglia Nicastri è composta da papà Luigi (Gino), mamma Mirella e tre figli, Rosina (Rosie), Danielle e Matthew. Gino si è trasferito in Australia dalla Calabria negli anni '70, mentre i genitori di Mirella pochi anni prima, nel 1967. Nonna Rosa ci racconta: 'Ho fatto il viaggio in nave con tre bambini piccoli, uno dei quali si è ammalato. Mio marito era già in Australia da due mesi. Il viaggio è stato orribile. Al mio arrivo a Melbourne mi sono sentita persa, non conoscevo la lingua. Mi sono sentita molto sola e come fossi muta.' Per Rosa e suo marito la scelta dell'Australia è stata dettata dalla presenza di familiari e amici emigrati precedentemente e così per Gino che lì aveva già una sorella. La comunità italiana è stata un punto di riferimento importante all'arrivo. Rosa ci dice: 'ricordo una signora molto gentile che mi ha aiutato a trovare un lavoro quindici giorni dopo il mio arrivo nella zona dove abitavamo. Mi ha anche aiutato facendo la babysitter ai nostri tre bambini.' Rosa, Gino e Mirella sono molto legati alla loro italianità: cercano di mantenere in vita tradizioni come la produzione casalinga del salame e della passata di pomodoro e si tengono aggiornati sull'attualità e le vicende del loro paese di origine attraverso i mezzi di comunicazione. Inoltre partecipano ad incontri e feste con altri italo-

The Nicastri family: Rosie, Gino, Matthew, Danielle and Mirella (seated).

Danielle and her grandmother Rosa

australiani della loro zona. Rosa è tornata al suo paesino natale molte volte e dice di essersi sentita una straniera. Gino e Mirella, invece, hanno notato nei loro paesini natali la parziale perdita delle tradizioni e dei costumi con cui loro sono cresciuti, per esempio, il rispetto nei confronti di genitori e anziani.

A casa Nicastri si parla il dialetto calabrese con i nonni e inglese con i tre figli. Particolarmente interessanti sono le contaminazioni linguistiche che si vengono a creare. Danielle ci fa l'esempio di 'licensa' al posto di 'patente' o 'driviare' invece di 'guidare', Rosie quello di 'yarda' invece di 'giardino'. Rosie, Danielle e Matthew sono sempre stati incoraggiati allo studio dell'italiano durante il loro percorso scolastico ed extrascolastico. Tutti e tre si definiscono italo-australiani, Rosie in particolare ci racconta: 'da bambina non sentivo nessun senso di appartenenza a un paese, dicevo a tutti di essere italiana, ma durante un viaggio in Italia, quando avevo dodici anni, ho capito che non facevamo parte di nessun luogo, la gente ci chiamava 'americani'. Ora ho capito che sono fortunata perché ho il meglio delle due culture. Ho imparato ad amare le mie radici italiane e spero che i miei figli provino lo stesso.' Tutti e tre i ragazzi vogliono continuare la trasmissione di tradizioni e costumi; Danielle precisa: 'sarò più tollerante e aperta verso altri gruppi sociali, culture e cucine rispetto ai miei genitori e nonni, ma manterrò l'idea della famiglia come fulcro della socializzazione'. Matthew afferma di voler trasmettere le tradizioni 'a meno che non siano superate. I miei genitori hanno cercato di tramandare alcuni usi ormai sorpassati e che non condivido, per esempio, sposarsi con qualcuno di origine italiana diventa sempre più difficile!'

Valutando la sua esperienza di emigrazione, nonna Rosa racconta: 'La mia vita in Australia è stata difficile, ho lavorato molto, ma sono felice di essermi trasferita e di aver dato alla mia famiglia una qualità di vita migliore e più opportunità'. Rimpianti? 'Nessuno'.

Nota: questo articolo è stato scritto sulla base di questionari compilati dai membri della famiglia Nicastri, che ci hanno fornito testimonianza diretta sulla loro esperienza migratoria.

Vocabolario

trasferirsi *to move*
mentre *(here:) whereas*
la nave *ship*
come fossi muta *as if I were dumb*
dettato,-a da *dictated by*
la produzione casalinga *home-made production*
la passata di pomodoro *tomato purée*
l'attualità *current affairs*
la vicenda *affair, event*

la patente (di guida) *driving licence*
incoraggiare *to encourage*
il senso di appartenenza *sense of belonging*
provare *to experience*
il fulcro *centre, heart of something (literally: fulcrum)*
sorpassato,-a *outdated*
condividere *to share*

1 Qual è la regione italiana di origine della famiglia Nicastri?

2 Com'è stato il viaggio in nave di nonna Rosa e come si è sentita al suo arrivo?

3 Perché Gino e i genitori di Mirella hanno scelto l'Australia?

4 In che modo Gino, Mirella e Rosa mantengono viva la loro italianità?

5 Che sensazione hanno avuto Rosa, Gino e Mirella quando hanno visitato i loro paesini natali?

6 Che cosa dice l'articolo a proposito della lingua?

7 Come ha vissuto Rosie la sua identità culturale?

8 Come vedono Rosie, Danielle e Matthew la futura trasmissione delle tradizioni dei loro genitori e nonni?

B

Cercate nel testo delle espressioni equivalenti alle seguenti.

1 sentirsi italiano
2 italiani all'estero
3 si tengono al corrente
4 mescolanze fra lingue diverse
5 sensazione di far parte di qualcosa
6 il passaggio di tradizioni

The next group of activities provides language on immigration to Italy over the last twenty years and on the changes which have led to today's multi-ethnic society. You will also learn how to express duration using *mentre* and *durante*.

Bolivian carnival in Milan

Attività 10.7

A

Come abbiamo visto nell'Unità 3, gli immigrati in Italia vengono da tutto il mondo. Per ogni aggettivo di nazionalità scrivete il paese corrispondente.

1	romeno	7	tunisino
2	albanese	8	polacco
3	marocchino	9	indiano
4	cinese	10	moldavo
5	ucraino	11	senegalese
6	filippino		

B

Guardate le seguenti statistiche e illustratele anche con opinioni personali. (Massimo 150 parole)

Potete iniziare così:

Il grafico 'Per zona' descrive…

e continuare così:

Le statistiche in 'Per nazionalità', invece, descrivono…

I numeri dell'immigrazione in Italia

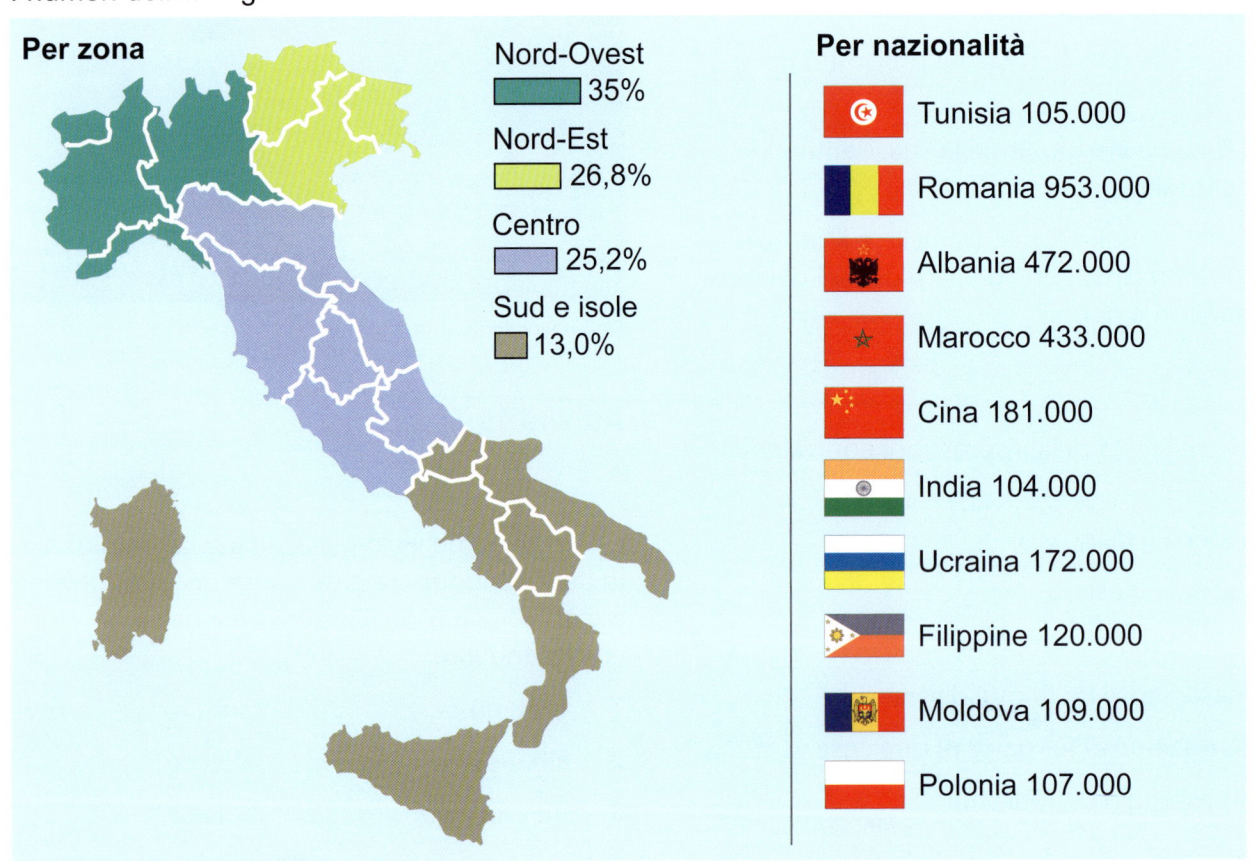

Per zona

- Nord-Ovest 35%
- Nord-Est 26,8%
- Centro 25,2%
- Sud e isole 13,0%

Per nazionalità

- Tunisia 105.000
- Romania 953.000
- Albania 472.000
- Marocco 433.000
- Cina 181.000
- India 104.000
- Ucraina 172.000
- Filippine 120.000
- Moldova 109.000
- Polonia 107.000

C

Fatima, una studentessa di origine albanese che vive in Italia, fa una breve presentazione ai suoi compagni sull'immigrazione in Italia. Leggete il testo che ha preparato e dite se le affermazioni sono vere o false e correggete quelle false.

> Il primo anno in cui il numero degli immigrati ha superato il numero degli emigranti, è il 1973, quindi possiamo dire che l'immigrazione in Italia è un fenomeno molto recente. Durante i primi anni '70 gli ingressi dall'estero erano principalmente di cittadini italiani, che dopo anni rientravano al loro paese. Solo alla fine degli anni '70 inizia il vero e proprio flusso migratorio di stranieri.
>
> I miei genitori sono venuti dall'Albania nel 1991 e come molti connazionali sono arrivati clandestinamente sui gommoni e solo dopo alcuni anni sono riusciti ad ottenere un permesso di soggiorno. Mentre erano irregolari avevano molta paura, lavoravano in nero e vivevano in pessime condizioni. Per loro, è molto difficile parlare di quel periodo della loro vita e molto spesso evitano l'argomento per non rivivere la sofferenza passata.
>
> Durante gli anni '90, la comunità più rappresentata era quella marocchina, oggi, invece, la comunità più grande è quella romena. Ciò è dovuto all'ingresso della Romania nell'Unione Europea, che ha facilitato gli spostamenti. La mia comunità, quella albanese, è la seconda come presenza in Italia.

Vocabolario

il gommone   *rubber dinghy*
gli spostamenti   *movement, displacement*

		Vero	Falso
1	Durante il 1973 l'Italia ha avuto più immigranti che emigranti.	☐	☐
2	Durante i primi anni '70 rientravano in Italia molti ex-emigranti.	☐	☐
3	I genitori di Fatima sono ancora clandestini.	☐	☐
4	L'ingresso della Romania nell'UE, ha portato a maggiori flussi.	☐	☐
5	La comunità romena è la più grande in Italia.	☐	☐

D

Nel suo testo, Fatima usa due congiunzioni importanti: 'mentre' e 'durante'. Entrambe esprimono la durata di un periodo di tempo. Notate qualche differenza nel loro uso? Osservate i due esempi qui sotto.

> Durante i primi anni '70, ...
>
> Mentre erano irregolari, ...

Unità 10

Lingua 10.2

Mentre and *durante*

Both *mentre* and *durante* express duration.

Mentre is followed by a verb:

> Ho visto Marco **mentre** aspettavo l'autobus.
> *I saw Marco while I was waiting for the bus.*

while *durante* is followed by a noun:

> Ho conosciuto Anisha **durante** un viaggio in India.
> *I met Anisha during a trip to India.*

E

Completate le frasi con 'mentre' o 'durante'.

1 _____ aspettavo l'autobus ho incontrato Fatima.

2 D'accordo, allora chiamo Igor _____ la pausa pranzo.

3 Ho portato dei panini, così se _____ il viaggio abbiamo fame possiamo mangiarli.

4 Mia moglie è peruviana, l'ho conosciuta _____ un soggiorno in Perù.

5 _____ mettevo in ordine, ho trovato delle vecchie foto.

Attività 10.8

A

Rispondete brevemente alle seguenti domande basandovi sulla vostra esperienza personale.

1 Quali iniziative, secondo voi, possono favorire l'integrazione linguistica e culturale?

2 Nel vostro paese o nel paese in cui vivete, per quanto riguarda l'immigrazione legale, c'è integrazione?

3 Nel vostro paese o nel paese in cui vivete esiste il fenomeno dell'immigrazione clandestina?

B

Il tema dell'immigrazione è su tutte le pagine dei giornali. Leggete i seguenti testi tratti da articoli e scrivete una frase che riassuma ciascuno di essi.

1

> Una vecchia motopesca di ferro, ha attraccato al porto di Roccella Ionica (Reggio Calabria). A bordo ci sono circa 500 clandestini, ma il numero esatto per ora nessuno lo conosce. Sono per la maggior parte bambini e donne, di origine curda e pachistana, gente stanca, stremata da un viaggio durato chissà quanto e in pessime condizioni di salute. A uno a uno gli immigrati stanno scendendo. Verranno trasferiti nel centro di accoglienza di Sant'Anna di Isola Capo Rizzuto. Un uomo è già stato fermato, potrebbe essere lo scafista che ha imbarcato il carico di disperati.

(www.repubblica.it/online/cronaca/calabria/sbarco) [consultato il 13 gennaio 2010]

2

> Una realtà in continua crescita: in dieci anni i matrimoni tra stranieri e italiani si sono triplicati. Un aumento del 300%. Non solo. Negli ultimi quattro anni, il numero dei bambini nati da coppie miste è aumentato del 22%. Iqbal fa l'agricoltore, è di religione sikh e viene dal Punjab. Barbara è italiana, studia sociologia e fa il dottorato a Parma. Il loro è stato un colpo di fulmine: si sono conosciuti e dopo un anno si sono sposati. Iqbal e Barbara sono solo una delle 600mila coppie miste sposate o conviventi, che vivono oggi nel nostro Paese.

(www.repubblica.it/2007/01/sezioni/cronaca/matrimoni-misti) [consultato il 13 gennaio 2010]

3

Scene di guerriglia urbana a Rosarno per la rivolta di alcune centinaia di lavoratori extracomunitari impiegati nella raccolta degli agrumi e degli ortaggi e accampati in condizioni inumane in una vecchia fabbrica in disuso e in un'altra struttura abbandonata.

(www.corriere.it/cronache/10_gennaio_07/)
[consultato il 13 gennaio 2010]

4

Insegnanti poliglotti, in grado di padroneggiare una lingua che italiano non è, per alunni sempre più multietnici. Attenzione, però, non al liceo o alle medie, ma negli asili comunali di Torino, dove da gennaio l'amministrazione, prima in Italia, darà il via a corsi obbligatori di lingua straniera per le maestre delle materne. E sbaglia chi pensa subito all'ormai indispensabile e diffusissimo inglese: agli insegnanti degli asili sarà richiesto di apprendere, a scelta, il tedesco, il francese, il romeno, il cinese e in particolare l'arabo, perché «anche per i bambini italiani è utile, fin dalla più tenera età, potersi avvicinare a culture diverse dalla propria».

(www3.lastampa.it/torino/sezioni/cronaca/articolo/) [consultato il 13 gennaio 2010]

Vocabolario

stremato,-a   *exhausted, worn out*

è stato un colpo di fulmine   *it was love at first sight*

la media = scuola media inferiore

la materna   *nursery school, kindergarten*

padroneggiare   *to master*

The next activity introduces you to a new grammatical structure: *stare per* + infinitive.

Attività 10.9

A

Alice è napoletana, ma insegna italiano in Germania mentre suo fratello Domenico è un agente di polizia a Bari. Leggete il dialogo via chat e rispondete alla domanda.

ALICE	Ciao Domenico, come stai?
DOMENICO	Sorellina, che piacere sentirti, stavo per scriverti io! Siamo telepatici!
ALICE	Davvero? Io stavo per andare a dormire, ma poi ho pensato di mandarti un salutino!
DOMENICO	Come vanno le cose lì in Germania? L'insegnamento come va?
ALICE	Benissimo, gli alunni sono molto motivati e interessati a imparare l'italiano. Molti sono nipoti di emigrati italiani quindi sanno già qualcosa... anche se spesso confondono il dialetto dei loro nonni con la lingua standard! Tu piuttosto, cosa racconti? Come vanno le cose a Bari?
DOMENICO	Tutto bene, quando mi vieni a trovare? Mi sei mancata ultimamente...
ALICE	Stavo per chiederti la stessa cosa, anzi stavo per invitarti qui...
DOMENICO	Volentieri, però devo prendere qualche giorno di permesso. Fammi parlare con il commissario domani e vedo quando posso prendermi qualche giorno.

ALICE	Perfetto, allora chiamami domani per farmi sapere.
DOMENICO	Non ti preoccupare, ti chiamo domani sera.

Ricordate la struttura 'stare + gerundio'? Ora imparerete un'altra struttura con il verbo stare, 'stare per + infinito'. Cercate di individuare nella chat qui sopra fra Alice e suo fratello Domenico se 'stare per + infinito' esprime:

(a) un'azione continua.
(b) il momento prima dell'inizio di un'azione.
(c) il momento prima della fine di un'azione.

Lingua 10.3

Stare per + **infinitive**

'*Stare per* + infinitive' is a structure that is used to express the moment before the beginning of an action, just like the English 'to be about to do something'. It is used in the present tense:

Guarda che cielo scuro, **sta per piovere**.
Look how dark the sky is, it's about to rain.

and with the imperfect tense when referring to the past:

Quando mi ha chiamato mia sorella, **stavo per chiamarla** io!
When my sister called, I was just about to call her!

B

Guardate i disegni e completate le frasi con 'stare per + infinito' o 'stare + gerundio'.

1 Renato _____ (fumare) una sigaretta, ma poi si è accorto che era vietato.

2 Licia e Davide _____ (ballare) quando siamo arrivati.

3 La signora Carlini _____ (cenare) quando è squillato il telefono.

4 Daniela _____ (leggere) quando sono entrato in cucina.

5 Riccardo _____ (suonare) il pianoforte quando sono andata a chiamarlo.

6 Gianni e Teresa _____ (uscire) quando Maria li ha chiamati.

A long-standing problem Italy is still combatting is that of organised crime. The next activity looks at the origins of mafia organisations, their activities and headquarters.

Anti-mafia protest in Palermo, 2009. Demonstrators held a symbolic red diary to represent the one in which Borsellino used to write the findings of his investigations; the book was never found after his death.

Attività 10.10

Cultura e società

Giovanni Falcone and Paolo Borsellino

Falcone and Borsellino

The Sicilian judges Giovanni Falcone and Paolo Borsellino were extremely active in the fight against organised crime, in particular the Sicilian mafia Cosa Nostra. They were both assassinated in mafia attacks in 1992 and are now considered national heroes. Falcone was murdered together with his wife and police escort on the 23 May 1992 in a bomb attack known as *la strage di Capaci* and his friend and colleague Paolo Borsellino was killed a few weeks later (19 July 1992) in an attack known as *la strage di Via D'Amelio*, in which the members of his police escort also lost their lives. The work and efforts of Falcone and Borsellino are very much alive. Palermo airport has been named after them, as well as several schools, roads and squares.

A

Abbinate le seguenti espressioni legate alla criminalità ai loro sinonimi.

1. criminalità organizzata
2. reato
3. furto
4. omicidio
5. a mano armata
6. attività illecite
7. infiltrazione
8. sequestro

(a) crimine
(b) rubare qualcosa
(c) assassinio
(d) attività illegali
(e) con armi
(f) penetrazione
(g) rapimento
(h) mafia

B

Secondo voi, a quali di queste attività illecite e lecite si dedicano le associazioni mafiose? Usate il dizionario se necessario.

	Sì	No
Traffico di droga	☐	☐
Appalti e edilizia	☐	☐
Sfruttamento della prostituzione	☐	☐
Traffico di armi	☐	☐
Estorsione	☐	☐
Smaltimento dei rifiuti	☐	☐
Contraffazione	☐	☐
Ricatto	☐	☐
Rapimenti	☐	☐

Cultura e società

The term *mafia*

The term *mafia* was originally used to refer specifically to the Sicilian criminal organisation Cosa Nostra. The etymology of the term is still debated; many believe it comes from the Sicilian word of Arabic origin, *mafiusu*, meaning arrogant, fearless and proud. Nowadays, the term *mafia* is often used as an umbrella term to refer to the four criminal organisations Cosa Nostra, Camorra, 'Ndrangheta and Sacra Corona Unita, in expressions such as *la lotta alla mafia*, *direzione antimafia*.

C

Alice dà da leggere ai suoi alunni un testo sulle origini delle organizzazioni mafiose e di una in particolare, la camorra.

Le origini delle organizzazioni mafiose

Quanto alle origini delle organizzazioni mafiose, è pressoché impossibile fornire date o avvenimenti certi; la storiografia è concorde nel far risalire il fenomeno al periodo post-risorgimentale, almeno quanto ai suoi collegamenti espliciti con la politica. È un dato di fatto che il neonato Stato italiano non esitò ad affidarsi alle cosche di delinquenza, profondamente radicate nel territorio, per la gestione dell'ordine pubblico. Già nei secoli precedenti all'Unità d'Italia, le aristocrazie latifondiste si erano affidate ai mafiosi per il controllo dell'impresa agraria contro i briganti. Quello che sorprende di più è la capacità delle mafie di trasformarsi ed adattarsi ai tempi, modificando i propri campi d'azione, ma conservando intatti i codici e le strutture. Le organizzazioni di stampo mafioso oggi nel meridione sono 'l'impresa' che offre maggiori possibilità di occupazione, quando invece è la sua stessa presenza a deteriorare il tessuto economico dall'interno, rendendo prossimi allo zero gli investimenti stranieri da Roma in giù, soffocando sul nascere le imprese che rifiutano la collaborazione, insomma, alimentando quella stessa allarmante disoccupazione cui si vanta, lei sola, di porre un rimedio. Oggi, le organizzazioni mafiose principali che operano in Italia sono quattro: la Camorra in Campania, Cosa Nostra in Sicilia, la 'Ndrangheta in Calabria e la Sacra Corona Unita in Puglia.

Le origini della camorra

Una delle ipotesi storiche vede la camorra nascere e svilupparsi nei quartieri bassi di Napoli attorno al XVI secolo durante la dominazione spagnola. Dopo l'Unità d'Italia, il suo controllo sulle attività commerciali era pressoché totale. Nonostante questo, i camorristi godettero sempre dell'appoggio della popolazione cui garantivano una sorta di giustizia. Dopo un lungo letargo in epoca fascista, la camorra riprende vigore nel dopoguerra, concentrandosi, soprattutto a partire dagli anni settanta, sul mercato della droga.

(Adattato da Speciale Agorà, *La mela marcia d'Italia*, Liceo Classico Tito Livio Padova)

Vocabolario

pressoché   *almost, nearly*
il Risorgimento   *the nineteenth-century movement which led to the Unification of Italy*
affidarsi a   *to rely on*
la cosca   *mafia clan, gang*
la delinquenza   *crime*
latifondista (agg.)   *landowning*
i briganti   *bandits*
lo stampo   *type, kind, nature*
rifiutare   *to reject, refuse*
vantarsi   *to boast of, be proud of*
la sorta   *sort, kind*
il letargo   *lethargy*
porre rimedio   *to put something right*

1. Quale era il legame fra il neonato Stato italiano e la delinquenza?
2. Perché le aristocrazie latifondiste si rivolgevano alle cosche mafiose?
3. Qual è il legame tra mafia e occupazione?
4. Quali sono le origini storiche della camorra?
5. Il cinema ha spesso rappresentato la criminalità organizzata, basta pensare a film quali *Il Padrino* o alla serie statunitense *The Sopranos* o al più recente *Gomorra*. Qual è, secondo voi, l'immagine che il cinema e la televisione danno della mafia? È un'immagine realistica o romanzata? (Massimo 50 parole)

Cultura e società

Scampia and the *Camorra*

Scampia is an area in the northern outskirts of Naples which has grown rapidly: 80% of its buildings were built between the 1970s and 1990s, in the shape of sails, '*Le Vele*'. With 80,000 inhabitants, it is one of the most highly populated areas in Naples, including a growing number of squatters, and has one of the highest unemployment rates in the country (50–75%). In recent years, Scampia has become famous as one of the headquarters of the *camorra*, particularly the Di Lauro clan, and as one of the main centres of drug trafficking and dealing. In 2004, a feud broke out between the Di Lauro clan and a faction of secessionists keen to control drug trafficking. Scampia was the setting for the 2008 film *Gomorra*, based on the book by Roberto Saviano, a journalist and writer committed to the fight against the *camorra*. Threatened by the Casalesi clan, he has been living under constant police escort since 2006.

If you are interested to learn more about Saviano's work, you could carry out some research in your spare time or could watch the film *Gomorra*, or read the book, which has been translated into English (*Gomorrah*), as well as other languages.

Roberto Saviano

The next activity introduces a new grammar structure: using *essere* or *avere* with modal verbs in the perfect tense.

Attività 10.11

A

Alice va a prendere suo fratello Domenico all'aeroporto di Colonia. Leggete i messaggi che si scambiano e osservate l'uso dei verbi 'potere' e 'dovere' al passato prossimo con 'essere' e 'avere'.

Da: Annalisa

A: Domenico

Arriverò un po' in ritardo si è rotta la macchina e ho dovuto prendere l'autobus. Dove sei?

Da: Domenico

A: Annalisa

Non ti preoccupare, mi hanno perso la valigia e sono dovuto andare all'ufficio bagagli smarriti.

Da: Annalisa

A: Domenico

Mi dispiace! Bella notizia: non sono potuta andare a fare la spesa, quindi oggi andiamo al ristorante!

Da: Domenico

A: Annalisa

Non hai potuto fare la spesa o non hai voluto cucinare?!;-)

Osservate questi esempi presi dai messaggi e provate a capire quando si usa 'essere' e quando 'avere':

'ho dovuto prendere l'autobus'

'sono dovuto andare'

'non sono potuta andare'

'non hai potuto fare la spesa'

'non hai voluto cucinare'

Lingua 10.4

The perfect tense of modal verbs

When used in the perfect tense, modal verbs such as *dovere*, *potere*, *volere* take either *essere* or *avere*, according to whether the infinitive that follows them requires *essere* or *avere*.

Ho dovuto accompagnare Domenico alla stazione.
I had to go to the station with Domenico.

In the example above, the verb *accompagnare* takes *avere* in the perfect – *ho accompagnato* – so *dovere* does too – *ho dovuto*.

Sono dovuto andare alla stazione.
I had to go to the station.

In this second example above, however, *dovere* is 'sono dovuto' in the perfect tense because *andare* takes *essere* in the perfect tense: *sono andato*.

Here is another pair of examples showing the use of *avere* and *essere* with *volere* in the perfect tense. (*Vedere* takes *avere* in the perfect tense and *venire* takes *essere*.)

Ho voluto vedere Domenico.
I wanted to see Domenico.

È voluto venire a casa mia.
He wanted to come to my house.

B

Completate le frasi con i verbi modali al passato prossimo.

1 Paola stava così male che _____ (io-dovere portarla) all'ospedale.
2 Michela non è venuta a prendermi quindi _____ (dovere andare io) da solo.
3 Stefano aveva bevuto un po' troppo quindi _____ (dovere guidare) io.
4 Eleonora non aveva il portafoglio così _____ (dovere pagare) lui.
5 Ho avuto tanto lavoro da fare e non _____ (potere andare) alla festa.

As we have seen in this unit, Italy has undergone major changes and will continue to change. In the next two activities you will consider future challenges faced by Italy, and in doing so acquire both vocabulary and knowledge on current affairs.

Attività 10.12

A

Una ONG ha aperto un forum online per scoprire quali sono, secondo gli italiani, le sfide che il paese dovrà affrontare nei prossimi dieci anni. Leggete i messaggi lasciati sul forum e decidete se le affermazioni sono vere o false.

> Mi chiamo Michele e lavoro come mediatore culturale in un campo rom. Secondo me la sfida più importante che l'Italia dovrà affrontare nei prossimi dieci anni è quella della lotta all'emarginazione. Nel campo nomade in cui lavoro, vivono cittadini stranieri e italiani, emarginati da pregiudizi e luoghi comuni.

> La sfida più importante? Le pari opportunità per i cittadini diversamente abili. In Italia si fa troppo poco per promuovere l'integrazione di noi portatori di handicap. Mancano le infrastrutture, la preparazione nelle scuole e nel mondo del lavoro, le associazioni di volontariato fanno molto, ma i finanziamenti sono pochi… Io so perché lavoro in questo settore. Rita

> Sono una piccola imprenditrice, la mia ditta produce capi di abbigliamento. Non ho dubbi nell'affermare che la grande sfida per l'Italia è la lotta alla contraffazione e il sostegno al Made in Italy. Gli italiani si vantano troppo spesso del Made in Italy, ma poi comprano prodotti importati, di bassa qualità, spesso contraffatti che danneggiano la nostra economia. Renata

> Credo che si debba dare più spazio alle donne nel mondo del lavoro. Le donne ci sono, ma spesso non svolgono incarichi di livello molto alto e il loro stipendio è troppo spesso inferiore a quello dei colleghi uomini che svolgono esattamente lo stesso lavoro. Tullio

> La sfida più grande, a mio avviso, è quella di essere produttivi in modo sostenibile, rispettando e tutelando l'ambiente che ci circonda. Si dovrà puntare sulle energie rinnovabili considerando le nostre risorse di energia solare ed eolica. Questo aiuterà l'Italia a non dipendere più dall'importazione di gas dall'estero. Rosanna

Vocabolario

ONG (organizzazione non governativa) *NGO*
la sfida *challenge*
il campo rom *travellers' camp*
la contraffazione *counterfeit*

		Vero	Falso
1	I rom che vivono nel campo nomade dove lavora Michele non sono integrati.	☐	☐
2	Nel campo nomade vivono solo cittadini stranieri.	☐	☐
3	Secondo Michele ci sono molti pregiudizi nei confronti dei rom.	☐	☐
4	Rita chiede più infrastrutture per i disabili.	☐	☐
5	Rita lavora con persone diversamente abili.	☐	☐
6	Manca la preparazione, ma ci sono fondi per integrare le persone disabili.	☐	☐
7	Gli italiani sono orgogliosi del Made in Italy, ma spesso solo a parole.	☐	☐
8	La contraffazione danneggia l'economia.	☐	☐
9	Ci sono poche donne con incarichi lavorativi alti.	☐	☐
10	Sono poche le donne ai vertici nel mondo del lavoro.	☐	☐
11	L'Italia è un paese esportatore di gas.	☐	☐
12	L'Italia ha poche fonti di energia rinnovabile da sfruttare.	☐	☐

B

Definite con parole vostre i seguenti concetti.

1 Campo nomade: ...
2 Emarginazione: ...
3 Pari opportunità: ...
4 Contraffazione: ...
5 Made in Italy: ...
6 Energie rinnovabili: ...
7 Energia eolica: ...

Attività 10.13

Quali sono le sfide che il vostro paese dovrà affrontare nei prossimi dieci anni? Scrivete un testo di massimo 200 parole.

In the remaining activities of this unit you will learn how to write an eyewitness account and have a go at writing your own.

Attività 10.14

Lingua 10.5

The eyewitness account (*la testimonianza*)

The eyewitness account is a type of text which is particularly frequent in newspapers, whereby witnesses to events and crimes give an account of what they have seen, heard or experienced. The structure is very clear:

Introduction: summary of the events (time, place, people involved).

Main body: detailed account of the events witnessed.

Conclusion: comments, and reference to future developments.

The eyewitness account includes facts (what the witness has seen or heard) and also hypotheses or suppositions (the witness interprets the events subjectively).

A

Leggete la seguente testimonianza rilasciata dal signor Renato e completate la tabella decidendo se le affermazioni sono fatti o ipotesi / supposizioni.

A passeggio con il cane, trova un bimbo abbandonato

Stavo portando a passeggio il cane sotto casa, saranno state le 23.45, quando ho visto una donna che rovistava fra i rifiuti. Quando si è accorta della mia presenza è scappata via. Solo allora ho sentito il pianto di un neonato e mi sono reso conto di cosa stava succedendo.

Ieri sera sono uscito di casa alle 23.30 per portare il mio cagnolino Tobia a fare i bisogni. Di solito non esco mai così tardi, ma ieri sera c'era un bel film in televisione e volevo vederlo. Così sono sceso sotto casa e ho percorso Via Venezia fino alla fine per poi tornare indietro. Quando sono passato davanti ai cassonetti all'angolo fra Via Venezia e Via Palermo, ho visto una donna che rovistava dentro al cassonetto. Inizialmente ho pensato: 'Sarà una senzatetto in cerca di qualcosa da mangiare'. Poi però ho notato che la donna era ben vestita. Aveva un cappotto bianco, pantaloni scuri con un paio di stivali alla moda. L'ho vista solo di spalle, ma mi sembrava abbastanza giovane. 'Sarà una signora del quartiere a cui è caduto qualcosa nel cassonetto', ho pensato, quindi mi sono avvicinato e ho detto: 'Signora, Le serve aiuto?'. La donna, nel sentire la voce, senza voltarsi verso di me, ha iniziato a correre terrorizzata nella direzione opposta. Solo allora ho sentito il pianto di un neonato venire dal cassonetto e mi sono reso conto che la donna aveva appena abbandonato un bambino. Ho legato Tobia ad un albero e ho aperto il cassonetto. Il neonato era adagiato sui sacchi della spazzatura. Piangeva disperato. L'ho preso in braccio e sono corso a casa. Mia moglie si è presa cura del piccolo mentre io chiamavo immediatamente la polizia e un'ambulanza.

L'ospedale mi dice che le condizioni del bimbo sono ottime, le infermiere l'hanno chiamato Renato, come me! La polizia è ancora alla ricerca della madre, forse una ragazza giovane o una prostituta. Io sono tuttora sotto shock, ma sono felice che Renato stia bene e spero che la vita gli riservi tanto amore, affetto e felicità.

Vocabolario

rovistare   *to rummage in*
il cassonetto   *rubbish container*
fosse   *imperfect subjunctive of* essere
tuttora   *still*

The finding of Moses by Sir Peter Lely

Frasi	Fatti	Ipotesi / Supposizioni
saranno state le 23.45		
sono uscito di casa alle 23.30		
ho visto una donna che rovistava dentro al cassonetto		
Sarà una senzatetto		
ho notato che la donna era ben vestita		
ma mi sembrava abbastanza giovane		
Sarà una signora del quartiere		
ho sentito il pianto di un neonato		
mi sono reso conto che la donna aveva appena abbandonato un bambino		
le condizioni del bimbo sono ottime		
forse una ragazza giovane o una prostituta		

B

Le seguenti espressioni di tempo sono usate spesso nelle testimonianze. Scrivete una frase per ogni espressione di tempo, come nell'esempio.

Esempio

Ho sentito un rumore in cucina… in seguito ho visto la porta di casa aperta. Solo allora ho capito che c'era un ladro.

quando • solo allora • di solito • inizialmente • poi • appena • tuttora

Attività 10.15

Scrivete la vostra testimonianza ad un evento a cui avete assistito (fra le 250 e le 350 parole) con il seguente titolo:

Avete assistito a una rapina in banca.

Suggerimento

Improving your writing skills: self-correction

Try to get into the habit of checking your work once you have completed a written task, following these guidelines.

1. Make a list of key grammatical areas to check, e.g. genders, adjective agreements, tenses, verb agreements, etc. These should include any particular difficulties you have.

2. Check that the language you have used is accurate, for instance:
   - Are the adjective endings correct?
   - Are the tenses used consistent?
   - Do nouns and verbs agree?
   - Is the word order correct?
   - If you use a foreign language grammar and spellchecker on your computer, do still check your work, as those tools are not perfect.

3. You can learn from previous errors by categorising them, and then starting the process again.

4. Have you answered all parts of the question? Have you covered all the points mentioned in the assignment?

5. Make the most of the feedback you receive from your tutor and ensure you read through comments before embarking on your next assignments.

Bilancio

Key phrases

Negli ultimi cinquant'anni il mio paese è cambiato radicalmente.

Il mio paese si è trasformato rapidamente.

I cambiamenti e le trasformazioni sono inevitabili.

Ogni anno in Italia si celebrano feste e ricorrenze per commemorare e ricordare eventi del passato.

Durante la guerra, gli italiani hanno vissuto anni di povertà e miseria.

Mentre gli uomini lavoravano fuori casa, le donne seguivano i figli e si occupavano della casa.

L'Italia era in passato un paese di emigranti.

Gli italiani nel mondo sono moltissimi. Si tratta degli emigranti e dei loro figli, nipoti.

L'Italia è oggi un paese di immigrazione.

La società italiana sta diventando una società multiculturale.

Stiamo per uscire, andiamo a vedere *Gomorra* al cinema.

Ho voluto vedere *Gomorra* per capire meglio la realtà di Scampia.

Io non sono potuta andare al cinema perchè avevo il raffreddore.

La criminalità organizzata è una piaga in Italia.

Le organizzazioni mafiose più grandi sono quattro.

Sono molte le sfide che l'Italia dovrà affrontare in futuro.

Here are some ideas and suggestions on how to organise what you have studied in this unit. You don't have to do all the activities but you should select those that are particularly relevant to you to summarise and reinforce your learning.

Memorising keywords and structures

To keep a note of and memorise the keywords from this unit, try the following activities.

1. Write three sentences about key changes that have happened in your life, to you or to your country. Include *dovere*, *potere* or *volere* in the perfect tense in at least one of the sentences, and either *mentre* or *durante* in at least one of the sentences.

2. Can you remember when to use *essere* and when to use *avere* when forming the perfect tense of *dovere*, *potere* or *volere*? Summarise the rule in your own words and illustrate it with your own examples.

3. Pick a magazine and find a photo, or open a novel at a random page, or stop halfway through a video, and answer this question in Italian: what is about to happen? Use '*stare per* + infinitive' in your answer.

4. What are the future challenges for you and for your country? Using a mind map, a table or just lists, write down as much vocabulary in Italian as you can that you would need to talk about the topic. Try to sort the vocabulary according to categories of your choice.

Cultura e società

How much do you know about the history of your own country? How much has it changed since the early 20th century and what historical events are commemorated? Do any of the historical events mentioned in this unit resemble those of the history of your own country and are any of them shared by the two countries?

Is your country a country of emigration or immigration? Were you or your parents born in the country in which you live now? Which part of the world do migrants in your country come from or move to? What is different in your country compared to what you read in this unit?

Crime in Italy is an issue presented in this unit. Is it also a current issue where you come from? What other issues are important? How different are things compared to Italy?

Unità 11

This unit provides an opportunity for you to revise the structures, themes and content of the previous units. Each activity of this *Ripasso* focuses on the key learning points of each unit: *Attività 11.1* revises *Unità 1*, *Attività 11.2* revises *Unità 2*, and so on.

There is plenty of flexibility in how you use this revision material: you can work through the activities for general revision or you can pick out those activities which cover your particular needs. Don't feel that you have to complete all the revision activities in order to be ready for your final assessment; you can do as many or as few as you like or have time for.

At the beginning of each activity there is a list of revision points showing what is contained in the various steps of the activity.

Should you want even more revision materials, you can go back to the relevant units in the materials and repeat some activities.

Attività 11.1

This activity revises the structures, themes and content of *Unità 1*.

The main revision points are shown in the table below. You can either work through all the steps or choose steps that cover particular revision points.

Activity steps	Revision points
11.1A	Possessive adjectives.
11.1B	Writing about the 'typical' Italian family. (100 words)
11.1C	Writing a description of a family, including *il più / il meno* (the relative superlative). (150–200 words)
11.1D	Vocabulary work: family and marriage.
11.1E	The perfect tense of reflexive verbs.
11.1F	Writing a summary. (100 words)

A

Completate il testo con le forme adatte del possessivo (*mio, tuo* ecc.) con o senza l'articolo determinativo. Se è necessario, unite insieme preposizione e articolo determinativo (p.es. 'di ... mamma' → 'della mamma').

Mi chiamo Fabio Saviano e sono nato a Salerno un anno fa. Abito a Fisciano dove vivo con _____ famiglia. In queste pagine voglio parlare di _____ genitori, di _____ sorellina Susy, di _____ nonni e di tutti _____ parenti.

_____ mamma si chiama Carmela. Fa la casalinga, resta a casa perché deve accudire me, che a dire il vero non do molto fastidio tranne quando devo mangiare o essere cambiato, e _____ sorellina, che, al contrario di me, è una vera peste.

_____ papà si chiama Enrico, non lo vedo molto a casa perché è sempre in giro per lavoro e comunque quelle poche volte che lo vedo è sempre stanco.

In fine c'è _____ sorellina, Susy. È nata a Salerno cinque anni fa. Di lei cosa posso dire? È una vera e propria peste, non mi lascia mai in pace specie quando cerco di dormire. Papà e mamma le dicono una cosa e lei fa sempre il contrario, non sta ferma un solo secondo.

_____ nonni materni si chiamano Cosimo e Trofimena. Cosa posso dire di loro, sono le persone più meravigliose del mondo, del resto come tutti i nonni con _____ nipoti. Vengono tutti i giorni a trovarci e li osservo sempre. Li guardo e vedo _____ occhi pieni di tanto amore. Hanno tanta pazienza con noi bimbi. La nonna Trofimena ha insegnato delle canzoncine a _____ sorella Susy e sono belle, alcune sono in dialetto e mi fanno ridere perché Susy non le sa pronunciare.

_____ zii Enzo e Vittoria abitano a Fisciano anche loro con _____ cugini Filippo e Sabrina e _____ cane Laika. La domenica andiamo a pranzo da _____ nonni e ci sono anche loro e giochiamo tutti insieme.

(Testo adattato da www.giovanniricca.it/la_mia_famiglia.htm) [consultato il 3 febbraio 2010]

B

Leggete questo breve testo che descrive la vita familiare nel Regno Unito. Poi scrivete voi un testo (di circa 100 parole) in cui descrivete come vive la tipica famiglia italiana al giorno d'oggi basandovi su quello che avete letto nell'Unità 1.

Nel mio paese di origine la maggior parte delle famiglie ha più di due figli. I giovani vanno a vivere per conto loro non appena hanno il loro primo lavoro o quando iniziano l'università. Raramente stanno a casa dei genitori fino a o oltre i 30 anni. I nonni di solito non vivono in casa con i figli ma a casa loro oppure in una casa per gli anziani. A volte le famiglie mangiano insieme, a volte no. Se i genitori lavorano fuori casa, non stanno tanto tempo in cucina. In alcune case inglesi, non c'è una sala da pranzo e tutti mangiano davanti al televisore.

C

Osservate l'albero genealogico di Francesca e scrivete una descrizione della sua famiglia.

- Scrivete la descrizione in prima persona (cominciate così: *Mi chiamo Francesca...*).
- Usate almeno una volta il superlativo relativo (*il più / il meno*).

- Inventate le informazioni che non sono date nell'albero genealogico (per esempio, dove abitano i vari membri della famiglia, che lavoro fanno...).
- Scrivete approssimativamente 150–200 parole.

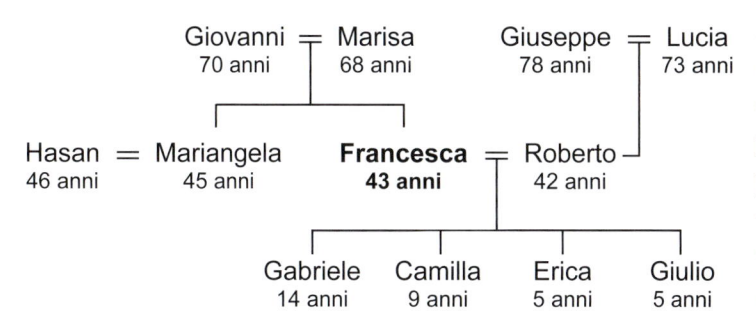

```
Giovanni = Marisa        Giuseppe = Lucia
70 anni   68 anni        78 anni    73 anni
            |                |
Hasan = Mariangela   Francesca = Roberto
46 anni  45 anni      43 anni    42 anni
                         |
            Gabriele  Camilla  Erica   Giulio
            14 anni   9 anni   5 anni  5 anni
```

D

Leggete il testo e poi inserite il vocabolario relativo alle famiglie e ai matrimoni nella mappa mentale. Il vocabolario è tratto sia dal testo qui sotto che dagli altri testi nell'Unità 1. Potete aggiungere altro vocabolario che conoscete.

Matrimoni in Italia

Il matrimonio italiano sta cambiando. Secondo un'indagine Istat, che non comprende dati relativi a matrimoni religiosi non cattolici, nel 2008 sono stati registrati poco più di 246.613 matrimoni, contando sia i matrimoni civili che quelli celebrati in chiesa. Il numero dei matrimoni è quindi in declino, se confrontato con i 419.000 sì detti nel 1972.

Di pari passo con la riduzione del numero di matrimoni va l'aumento delle separazioni legali e dei divorzi. I dati relativi al 2007 segnano un incremento del 1,2% nelle separazioni e del 2,3% nei divorzi rispetto al 2006. Dall'indagine Istat effettuata nel 2007 emergono altri dati interessanti: l'età media dei coniugi quando si separano è di 44 anni per lui e 41 anni per lei. Moglie e marito a quel punto sono stati sposati per una durata media di 14 anni. Il divorzio arriva in media tre anni dopo.

Cambia anche il rito scelto per il matrimonio. Sempre più coppie scelgono di non sposarsi in chiesa. Secondo i dati più recenti un matrimonio su tre viene celebrato davanti al sindaco o altra autorità civile (nel 2008 il 36,7% dei matrimoni è stato celebrato con rito civile contro il 63,3% celebrato con il rito religioso).

Il numero di matrimoni civili in costante crescita viene attribuito all'incremento dei matrimoni misti e dei secondi matrimoni. Nel 15% delle coppie sposatesi nel 2008 uno degli sposi non aveva la cittadinanza italiana, e nel 5% dei casi entrambi gli sposi erano stranieri. Inoltre almeno per il 13,8% dei matrimoni uno o addirittura entrambi gli sposi si sposavano per la seconda volta.

Per quanto riguarda le coppie di fatto, non sono disponibili cifre precise. Il riconoscimento delle unioni di fatto e, implicitamente, delle unioni omosessuali, esiste in tutti i paesi europei eccetto la Grecia e l'Italia.

(Adattato da 'Il Matrimonio in Italia, Anno 2008', rapporto Istat pubblicato 8 aprile 2010, www.istat.it/salastampa/comunicati), [consultato il 27 aprile 2010]

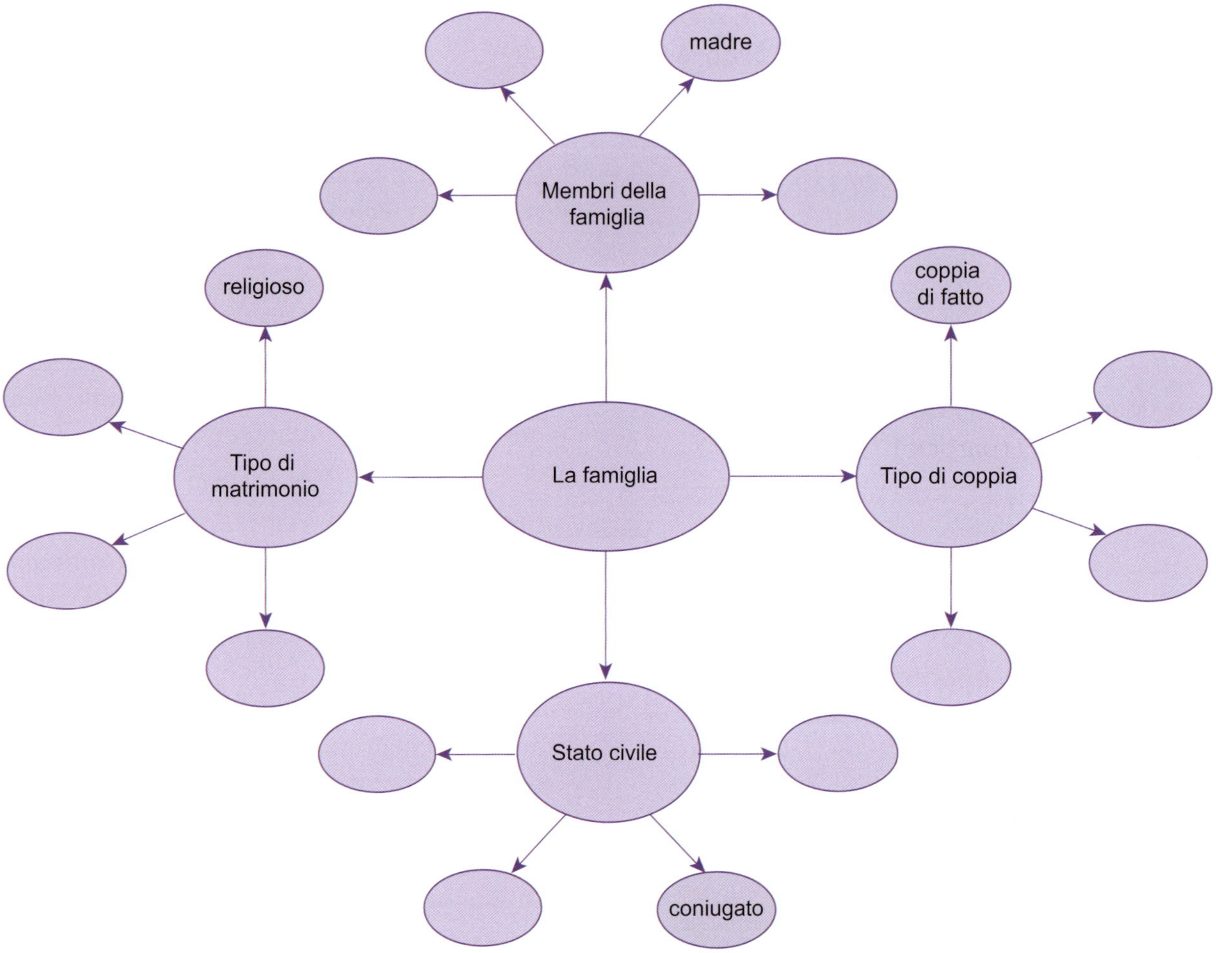
madre
Membri della famiglia
religioso
coppia di fatto
Tipo di matrimonio
La famiglia
Tipo di coppia
Stato civile
coniugato

E

Scrivete cinque frasi che descrivono i vostri parenti o i parenti di un amico. Usate cinque verbi riflessivi al passato prossimo.

Esempio

Mi sono sposata nel 1990. Ci siamo trasferiti a Napoli nel 2003.

F

Rileggete il testo della sezione D alla pagina precedente e scrivetene un breve riassunto di circa 100 parole.

Attività 11.2

This activity revises the structures, themes and content of *Unità 2*.

The main revision points are shown in the table below. You can either work through all the steps or choose steps that cover particular revision points.

Activity steps	Revision points
11.2A	The imperfect tense.
11.2B	*-issimo, ottimo, pessimo, minimo, massimo* (absolute superlatives)
11.2C	*Proprio, suo, loro* + imperfect tense.
11.2D	*Ci* (particle).
11.2E	The perfect and imperfect tenses.
11.2F	Writing activity using the perfect and imperfect tenses. (50–60 words)

A

Scrivete negli spazi vuoti le forme verbali all'imperfetto seguendo il primo esempio.

Ricordi di scuola

Mi ricordo che all'asilo non (volere) *volevo* staccarmi da mia madre e (piangere) _____. Tutti i bambini (avere) _____ un grembiule blu.

Mi ricordo che (avere) _____ tanta paura… La maestra (assomigliare) _____ alla strega delle favole. (Stare) _____ in braccio a mia madre e (urlare) _____ come una disperata. Tutti mi (guardare) _____ e più mi guardavano più (gridare) _____

Mi ricordo anche il mio primo giorno di scuola elementare. Il sole (filtrare) _____ dal vetro della finestra, e i miei genitori mi (salutare) _____ dal cortile.

La mia aula (essere) _____ tappezzata da cartelli con le lettere dell'alfabeto. (Esserci) _____ anche un cartellone con le nostre foto. Io e gli altri miei compagni di classe (stare) _____ zitti, mentre la maestra ci (parlare) _____

Mi ricordo che ogni mattina noi bambini (bere) _____ il latte caldo. Poi (fare) _____ varie attività fino all'ora di pranzo e poi le mamme (venire) _____ a prenderci e (andare) _____ tutti a casa.

(Essere) _____ felice di conoscere nuovi amici, (essere) _____ proprio una bella giornata, un ricordo bellissimo, emozionante.

B

Ora completate le frasi con la forma superlativa (*absolute superlative*) di un aggettivo o avverbio scelto dalla lista qui sotto. Alcune forme sono regolari ('-issimo'), altre sono irregolari ('ottimo', 'minimo', 'massimo').

Esempio

Il pacco è arrivato a casa in due giorni. Il servizio è rapidissimo.

alto • bravo • grande • veloce • difficile • morbido • brutto • buono • stanco • buono • male

1 Mirella ha fatto i compiti in mezz'ora... è _____ !

2 Sabrina ha vinto un concorso... è _____ .

3 Che disastro! Gli esami sono andati _____ .

4 Hai visto il fidanzato di Carmela? È _____ .

5 Hai fatto i compiti di inglese? Sono _____ .

6 Ieri notte sono andata a letto alle due. Sono _____ .

7 Hai assaggiato il vitello tonnato che ha fatto Daniela? È _____ !

8 È stata una _____ idea quella di andare a mangiare una pizza!

9 La sicurezza è della _____ importanza.

10 La qualità è ottima ma il costo è _____.

11 Mia madre mi ha comprato una maglia di cashmere. È _____ .

12 Sono andato al ristorante giapponese in centro. I prezzi sono _____ .

C

Scrivete cinque frasi descrivendo la vostra infanzia. Usate le forme verbali all'imperfetto e usate almeno una volta i seguenti aggettivi: 'proprio', 'suo', 'loro'.

Esempio

Quando ero bambina, vivevo in un piccolo paese dove tutti conoscevano i propri vicini di casa.

D

Rispondete alle seguenti domande usando la particella *ci* se necessario.

Esempio

Vai in centro dopo pranzo?

Sì, ci vado verso le quattro.

1 Con chi vai a Londra?
2 Conoscete l'albergo Stella Alpina a Courmayeur?
3 Andate in centro oggi?
4 Pensi spesso alla tua infanzia?
5 Riesci a spostare la tavola da solo?
6 Amore, non ho tempo di cucinare stasera. Come facciamo?

E

Scrivete negli spazi vuoti le forme verbali all'imperfetto o al passato prossimo. Ricordate che nell'intervista Dacia Maraini dà del tu a Natalia Ginzburg.

Intervista con Natalia Ginzburg

DACIA MARAINI   Ripensi con piacere alla tua infanzia?

NATALIA GINZBURG   Ci penso poco. Ma quando ci penso, lo faccio con piacere.

DACIA MARAINI   (Avere) _____ un'infanzia felice?

NATALIA GINZBURG   In un certo senso sì. La cosa che più mi (tormentare) _____ era la sensazione di essere poco amata in famiglia. Mi ricordo che (inventare) _____ le malattie per attirare l'attenzione su di me. Volevo stare male e invece (stare) _____ sempre bene.

DACIA MARAINI   In che rapporti (essere) _____ con i tuoi?

NATALIA GINZBURG   (Avere) _____ un padre severo che (fare) _____ delle tremende sfuriate. Poi (esserci) _____ le liti tra me e i miei fratelli. Le liti fra mio padre e mia madre [...].

DACIA MARAINI   Com'(essere) _____ da bambina? Che carattere (avere) _____ ?

NATALIA GINZBURG   (Essere) _____ abbastanza allegra, ma non molto vivace, non molto loquace.

DACIA MARAINI   (Essere) _____ una bambina chiusa?

NATALIA GINZBURG   Sì. [...]

DACIA MARAINI   (Vivere) _____ sempre a Torino durante l'infanzia?

NATALIA GINZBURG   No. (Nascere) _____ a Palermo. Ma di Palermo non ricordo niente. (Andare) _____ via che avevo tre anni. I miei ricordi risalgono ai sette anni. [...]

DACIA MARAINI   Ti (piacere) _____ andare a scuola?

NATALIA GINZBURG   No. Proprio l'anno che (andare) _____ a scuola (cominciare) _____ le mie malinconie. (Sentire) _____ che le altre ragazze (essere) _____ amiche fra loro. (Sentirsi) _____ esclusa.

DACIA MARAINI   Ti (piacere) _____ studiare?

NATALIA GINZBURG   No. (Studiare) _____ male. L'aritmetica per esempio non la (capire) _____ per niente. (Essere) _____ brava in italiano.

(Fare) _____ dei temi lunghi e molto accurati.

DACIA MARAINI   Cos'è che ti (fare) _____ soffrire di più nella scuola?

NATALIA GINZBURG   La noia. Mi ricordo una noia mortale. [...]

DACIA MARAINI   Quando non (studiare) _____ , cosa (fare) _____ ? Dello sport?

NATALIA GINZBURG   No, (odiare) _____ lo sport. Mio padre mi (costringere) _____ a fare le scalate in montagna. Io ci (andare) _____ , ma a denti stretti. (Finire) _____ con l'odiare ogni tipo di sport.

DACIA MARAINI   E allora cosa (fare) _____ ?

NATALIA GINZBURG   (Scrivere) _____ . Fino a diciassette anni (scrivere) _____ poesie, poi racconti.

DACIA MARAINI   Non andavi mai al cinema, a ballare?

NATALIA GINZBURG   Sì, (andare) _____ alle festicciole da ballo in casa di amici. (Ballare) _____ male, ma (divertirsi) _____ . In fondo (preferire) _____ stare a casa a leggere, però.

DACIA MARAINI   Cosa (leggere) _____ ?

NATALIA GINZBURG   Romanzi.

DACIA MARAINI   Quali sono i primi romanzi che (leggere) _____ ?

NATALIA GINZBURG   I romanzi russi: Dostoevskij, Tolstoj, Gogol.

DACIA MARAINI   Cosa (pensare) _____ di fare da grande?

NATALIA GINZBURG   La scrittrice. Oppure il medico. Volevo fare tutte e due le cose.

(Maraini, D. (1973) *E tu chi eri? 26 interviste sull'infanzia*, Milano, Bompiani)

F

Rileggete l'intervista con Natalia Ginzburg e fate un breve riassunto dell'intervista in 50–60 parole includendo i seguenti aspetti:

- dov'è nata e dov'è cresciuta;
- la sua famiglia;
- il suo carattere;
- i ricordi di scuola;
- la sua vita sociale.

Attività 11.3

This activity revises the structures, themes and content of *Unità 3*.

The main revision points are shown in the table below. You can either work through all the steps or choose steps that cover particular revision points.

Activity steps	Revision points
11.3A and B	*Cominciare* and *finire* in the perfect tense.
11.3C	The present conditional tense.
11.3D	Vocabulary: descriptions.
11.3E	Writing sentences describing people.
11.3F	Writing activity: description of a person. (100 words)

A

Avete incontrato la vostra amica Laura. Qui sotto leggete il testo parziale della vostra conversazione. Completate il testo con i verbi 'cominciare' o 'finire' al passato prossimo.

YOU   Come va, Laura?

LAURA   Oggi la giornata non (cominciare) _____ nel migliore dei modi, ma (finire) _____ alla grande!

YOU   Invece la mia giornata (cominciare) _____ bene ma (finire) _____ decisamente male! Raccontami che cosa ti è successo.

LAURA   Beh, stamattina non ho sentito la sveglia e mi sono alzata tardi. Poi, quando (cominciare) _____ a preparare la colazione, mi sono accorta che non avevo più caffè in casa. Allora sono andata al bar sotto casa e ho ordinato un cappuccino e un cornetto, ma non (finire) _____ di mangiare il cornetto perché ho visto che stava arrivando l'autobus. Sono uscita di corsa dal bar e (cominciare) _____ a correre verso la fermata, e mentre correvo ho fatto cadere la borsa. La borsa si è rovesciata e le chiavi di casa (finire) _____ sotto una macchina parcheggiata. Naturalmente ho perso l'autobus.

YOU   E allora che cos'hai fatto?

LAURA   Prima ho ricuperato le chiavi, e poi ho dovuto chiamare un taxi. Mentre aspettavo il taxi, oltretutto, (cominciare) _____ a piovere… Alla fine ce l'ho fatta ad arrivare in ufficio giusta giusta per la riunione con i clienti.

YOU   (Cominciare) _____ male anche la riunione?

LAURA No, no, al lavoro tutto bene, a parte i soliti scontri con il capo: (cominciato) _____ un nuovo progetto e vuole che lavoriamo questo fine settimana. Quando (finire) _____ di lavorare, più o meno alle 6, ero veramente stanca.

YOU Ma hai detto che la giornata (finire) _____ bene.

LAURA Eccome! Stavo andando in palestra quando ho ricevuto una chiamata al cellulare.

Vocabolario

Eccome! (= 'E' + 'come') It certainly did! Absolutely! (literally: 'And how!')

B

Laura continua il suo racconto. Completatelo scegliendo la forma corretta di 'cominciare' e 'finire' al passato prossimo.

Esempi

Mariangela (finire) ha finito di fare i bagagli.

Le vacanze scolastiche (cominciare) sono cominciate due giorni fa.

Era Clara, mia sorella. Francamente la telefonata mi ha sorpreso perché di solito la chiamo sempre io. Questa volta non (finire) _____ neanche di chiederle come stava. (Cominciare) _____ a gridare: 'andiamo ai Caraibi, Sara, andiamo ai Caraibi!' Mi ha raccontato di aver partecipato ad un concorso a premi e... ha vinto!! Il premio? Un viaggio per due ai Caraibi, otto notti, albergo cinque stelle, tutto compreso! E non (finire) _____ ! La sorellina mi ha chiesto di accompagnarla... Partiamo a gennaio, ma i preparativi già (cominciare) _____ : già (cominciare) _____ a fare i bagagli!! Spero di riuscire a dormire, sono troppo felice.

C

Sapete come...

- esprimere un desiderio?
- esprimere una richiesta gentile?
- dare un consiglio?
- fare una proposta?
- fare una supposizione o un'ipotesi?

Provate ad esprimere i vostri pensieri basandovi sulle indicazioni qui sotto, e usando un verbo adatto al condizionale presente.

Esempio

Sei molto stanco, hai lavorato tutto il giorno senza fermarti e non vedi l'ora di tornare a casa.

Vorrei finire di lavorare e andare a casa!

1 È febbraio, fa molto freddo e piove in continuazione. Non riesci a concentrarti sul lavoro e pensi solo a prenotare un vacanza in un posto caldo.

2 Sei in vacanza in una città italiana ed entri in una tabaccheria per comprare dei biglietti per l'autobus.

3 La tua amica fuma troppo. Le consigli di smettere.

4 Tuo marito ha invitato un gruppo di amici a cena e non sa che cosa cucinare. Gli suggerisci di cucinare una pasta al forno.

5 Un gruppo di amici ha organizzato una settimana bianca nelle Alpi e ti hanno invitato. Tu non puoi andare perché non hai le ferie, ma gli dici che partiresti con loro molto volentieri.

D

Leggete il testo e completate la tabella qui sotto usando parole tratte dal testo e altre parole che avete studiato nell'Unità 3.

Statura e corporatura	panciuta, ...
Occhi	verdi, ...
Capelli	tutti neri, ...
Abbigliamento	jeans, ...
Aspetto in generale	carino, ...
Età	giovane, ...
Carattere	vivace, ...

Vocabolario

la statura   height

la corporatura   build

La Zezé è nera, panciuta, larga di fianchi e magra di spalle e di gambe, con dei piedi ossuti, larghi e piatti. È alta quasi quanto me e dice che io sono la più alta di tutte le signore che ha avuto. Arriva a mezzogiorno con le sacche della spesa. Quando piove ha un impermeabile finta tigre. Per fare le faccende si mette in testa un fazzoletto fatto a turbante. È nata nel Capo Verde, ma è cresciuta in casa di una zia a Torpignattara.

Non le piacciono le donne alte. Lei è alta ma ben proporzionata, ha le gambe sottili per sua fortuna, io non le ho tanto sottili per mia disgrazia. [...] Trova che io mi pettino male. Così come mi pettino con i capelli tutti puntati in cima alla testa, si vede troppo la mia faccia magra, con le occhiaie e le rughe. Lei ha la faccia piena e non ha bisogno di nasconderla coi capelli. I suoi capelli sono ricci, crespi e gonfi, li taglia ben corti [...]. Ha i capelli ancora tutti neri per sua fortuna. Io invece di capelli bianchi ne ho tanti, e chissà cosa aspetto a tingerli non si sa.

Io sul momento sono la sua sola signora. Prima di venire da me va in piazza San Cosimato, un'ora da Egisto, dove non c'è niente da fare perché Egisto è pulito e preciso, poi due ore al piano di sotto da Alberico e lì c'è un casino. Né da Egisto né da Alberico ci sono signore. [...] Dopo che è stata da me va ancora a stirare da un architetto, e anche lì non ci sono signore. A lei piace il lavoro quando c'è almeno una signora.

Viene da me a mezzogiorno e se ne va alle quattro e mezzo. Alle quattro dovrebbe andare a prendere Vito all'asilo, ma non le va di andarci. Vito è troppo vivace e lei non ha voglia di corrergli dietro per strada. Non le piace portare a spasso bambini.

E

State progettando una campagna pubblicitaria per un nuovo yogurt dietetico. Dovete trovare una varietà di modelli e modelle (di diverse età e diverso aspetto fisico). Scrivete in italiano per il vostro assistente le descrizioni dei modelli o delle modelle di cui avete bisogno. Usate gli appunti qui sotto. Seguite l'esempio.

Esempio

Man, age 40–50, short, with a large belly, no hair.

Un uomo tra i quaranta e i cinquant'anni, con molta pancia e senza capelli.

1 Woman, age 50–60, medium height, medium build, brown hair.

2 Man, age 20–30, tall, thin, with blond hair.

3 Girl, age 10–12, medium build, blonde hair, blue eyes.

4 Babies, age 1–2, black or white, with light or dark hair, but all chubby, please!

F

Pensate a una persona che conoscete, oppure scegliete una foto dal libro, e descrivetela rispondendo a tutte le domande qui sotto. Usate strutture e vocabolario simili a quelli usati nel testo nella sezione 11.3D. Scrivete circa 100 parole.

- Qual è il suo aspetto fisico? (corporatura, statura)
- Come sono gli occhi? E i capelli? Come si pettina?
- Com'è vestito/a?
- Dov'è nato/a?
- Com'è il suo carattere?

Attività 11.4

This activity revises the structures, themes and content of *Unità 4*.

The main revision points are shown in the table below. You can either work through all the steps or choose steps that cover particular revision points.

Activity steps	Revision points
11.4A	*Che* and *cui*.
11.4B	Agreement of the past participle with *lo, la, li, le*.
11.4C	Writing activity: making invitations and suggestions.
11.4D	*Stare* + gerund.
11.4E	Writing activity: *il galateo in ufficio*. (130 words)

A

Completate le frasi con *che*, *cui* e la preposizione adatta (se necessario).

Esempio

È una storia _____ penso spesso.

È una storia *a cui* **penso spesso**.

1 Il galateo indica il modo migliore _____ comportarsi.

2 La pausa è un momento della giornata _____ ci si riposa.

3 Il telefonino è un oggetto _____ non possiamo fare più a meno.

4 Il San Carlo è un teatro lirico _____ si esibiscono molti cantanti famosi.

5 Arrivare tardi a teatro è un comportamento _____ si deve evitare.

6 Fare rumore con la carta delle caramelle al cinema è una maleducazione _____ considero inaccettabile.

B

Trasformate le seguenti frasi usando il pronome oggetto diretto e facendo l'accordo con il participio passato come nell'esempio.

Esempio

Ho incontrato Marcello.

L'ho incontrato.

1. Ho invitato Marcello a cena da noi sabato sera.
2. Dove hai messo i miei biglietti per il Nabucco?
3. Hai portato la guida della mostra?
4. Ho visto questo film tre volte.
5. Hai già chiamato Federica?
6. Ho comprato queste fotografie in una galleria d'arte.

C

Scrivete delle mail per fare degli inviti. Usate i suggerimenti qui sotto, come nell'esempio.

Esempio

Maria   stasera   a casa tua   Luca e Michelle   mangiare una pizza

Ciao, Maria, vuoi venire questa sera a casa mia per una pizza? Vengono anche Luca e Michelle. Ti aspettiamo, fammi sapere!

	Chi inviti?	Quando?	Dove?	Con chi?	Per fare che cosa?
1	Paolo	sabato sera	discoteca	Francesco e Daniele	festeggiare il compleanno di Daniele
2	Marcella	mercoledì sera	ristorante	Antonella	chiacchierare un po'
3	Enrico	domenica pomeriggio	Teatro Odeon	solo voi due	ascoltare un concerto del festival di musica jazz
4	Stefania	gennaio	Caraibi	Franco ed Elena	una settimana di vacanza per festeggiare il loro fidanzamento

D

Rispondete negativamente agli inviti o alle domande in queste mail con una scusa.

Usate 'stare' + gerundio, come nell'esempio.

Esempio

Che cosa stai facendo? Ci vediamo tra dieci minuti per un caffè?

Mi dispiace, sto scrivendo una relazione per il mio capo, non posso proprio.

1. Sto uscendo per andare a correre nel parco. Ci vediamo lì tra un quarto d'ora?
2. Ho appena finito di lavorare e vado a prendere un aperitivo in piazza. Che ne dici?
3. Andiamo al cinema domani sera? Scegli tu il film.
4. Quando arrivi? Ti sto aspettando da un'ora. I camerieri tra un po' mi buttano fuori.

E

Lavorate in un grande ufficio con molti colleghi e il vostro capo vi ha chiesto di scrivere per tutti le regole di buon comportamento da seguire. Usate come modello il testo nell'Attività 4.12. Scrivete cinque o sei regole, per un totale di 130 parole.

Attività 11.5

This activity revises the structures, themes and content of *Unità 5*.

The main revision points are shown in the table below. You can either work through all the steps or choose steps that cover particular revision points.

Activity steps	Revision points
11.5A	Choosing between the perfect and imperfect tense.
11.5B	*Ci vuole / ci vogliono, ci mette.*
11.5C	Using past tenses of *dovere, potere, volere*.
11.5D	Comparative of *buono, cattivo, grande, piccolo*.
11.5E	Writing activity: Italian holiday preferences. (200 words)

A

Nell'Unità 5 avete studiato due tempi verbali: il passato prossimo e l'imperfetto. Nel suo diario qui sotto, Andrea racconta al tempo presente il viaggio che lui e Guido hanno fatto in Grecia. Il tempo presente viene usato spesso in italiano per scrivere un diario, come avete visto nell'Attività 5.15. Immaginate di essere Andrea, che al ritorno dal viaggio scrive una mail ai suoi amici, e trasformate il testo dal tempo presente al passato usando i tempi adatti.

Fuori dall'Italia

Il giorno dopo andiamo in un'agenzia a comprare due biglietti Venezia-Pireo, passaggio di solo ponte, e uno per la mia moto. Facciamo brevi preparativi, mettiamo da parte le poche cose che vogliamo portare. Ho ancora la piccola tenda canadese della mia vacanza con Roberta due estati prima, ma Guido dice che non serve, che bastano i sacchi a pelo. È la prima volta in vita mia che faccio un viaggio fuori dall'Italia, pensarci mi riempie di agitazione. [...]

Arriviamo nel porto di Atene sotto il sole a picco di mezzogiorno [...]. Siamo eccitati all'idea di essere fuori dall'Italia e in un posto che non conosciamo affatto, senza ancora nessun programma definito.

Quando finalmente riusciamo a scendere portiamo la moto a mano, cauti di fronte all'assalto di suoni e immagini. C'è una quantità incredibile di giovani stranieri, a piccoli gruppi e a coppie e singoli, con zaini e sacchi a pelo sulle spalle, cappelli e fazzoletti in testa, sandali ai piedi. Ci sono ragazze scandinave dalla pelle molto chiara e americani con custodie di chitarre, ragazze francesi magre e interessanti, branchi di tedeschi dai capelli lunghi. [...]

Andiamo in una delle molte piccole agenzie di viaggio per scoprire che alternative abbiamo. Io rimango fuori con la moto. Guido si fa largo tra la piccola folla di stranieri che assedia il bancone. Dalla porta lo vedo guardare le ragazze intorno, le carte geografiche alle pareti; torna indietro un paio di volte a chiedermi consiglio con gli occhi che gli brillano. Mi dice: 'Potremmo andare alle Cicladi, o alle Sporadi, o a Creta, o a Idra'.

(Andrea de Carlo, 1989, *Due di due*, Mondadori)

B

Nell'Unità 5 avete studiato delle strutture 'ci vuole / ci vogliono', 'ci mette'. Inserite negli spazi vuoti le espressioni 'ci vuole', 'ci vogliono' e 'ci mette' (al tempo presente o passato).

Capodanno a Parigi, weekend a Londra

Quando la sterlina è bassa, Londra può essere conveniente. Chi vuole organizzare un weekend nella capitale britannica senza spendere una fortuna può approfittare dei voli low cost e degli alberghi a basso prezzo.

Se invece volete passare Capodanno a Parigi, basta guardare in Internet e trovate subito delle offerte.

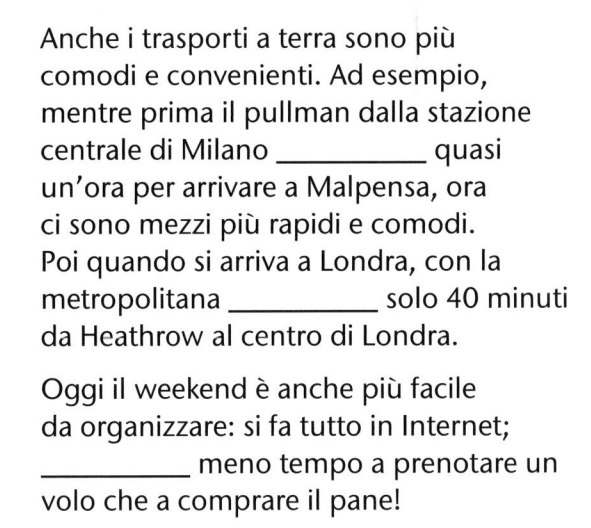

I voli low cost hanno veramente cambiato le abitudini di molti italiani per quanto riguarda i viaggi. Da Milano a Londra _____ solo un'ora e mezzo in aereo. Da Venezia a Londra _____ appena due ore. Da Roma a Parigi mentre il treno _____ 12 ore, e bisogna pagare anche la cuccetta, l'aereo _____ solo due ore.

Anche i trasporti a terra sono più comodi e convenienti. Ad esempio, mentre prima il pullman dalla stazione centrale di Milano _____ quasi un'ora per arrivare a Malpensa, ora ci sono mezzi più rapidi e comodi. Poi quando si arriva a Londra, con la metropolitana _____ solo 40 minuti da Heathrow al centro di Londra.

Oggi il weekend è anche più facile da organizzare: si fa tutto in Internet; _____ meno tempo a prenotare un volo che a comprare il pane!

C

Per i verbi 'dovere', 'potere', 'volere', la scelta di passato prossimo o imperfetto può cambiare il significato della frase. Abbinate le coppie di frasi qui sotto facendo attenzione al tempo del verbo e al significato della frase.

1 L'estate scorsa volevamo andare al festival dell'Opera di Barga, ...

2 L'estate scorsa siamo voluti andare al festival dell'Opera di Barga, ...

3 Dopo lo spettacolo ho potuto chiacchierare con i cantanti, ...

4 La mia amica ha detto che potevo andare al ristorante con loro, ...

5 Il giorno dopo dovevamo svegliarci alle 8 per andare all'aeroporto...

6 Abbiamo dovuto aspettare la navetta dell'albergo per un'ora...

(a) ma ho deciso di tornare in albergo perché ero stanca.

(b) ma non abbiamo sentito la sveglia.

(c) perché c'era molto traffico.

(d) perché una di loro è la mia amica.

(e) ma quando abbiamo telefonato alla biglietteria tutti i biglietti erano esauriti.

(f) così abbiamo contattato la biglietteria a gennaio e abbiamo comprato i biglietti per *Il Matrimonio Segreto*.

D

Completate le seguenti frasi con il comparativo adatto scelto dalla lista qui sotto.

> minore • peggiori • più piccoli • più buono • maggiore • migliori • più cattiva • più grande

1. I guanti da sci sono _____ di quelli di lana, quando c'è la neve.
2. Il mio dolce è _____ del tuo.
3. La pizza surgelata è _____ della pizza fresca.
4. Giovanni non va bene a scuola: i suoi voti sono _____ di quelli di Marco.
5. Il mio appartamento è _____ del tuo.
6. Questi pantaloni sono _____ di quelli di cotone.
7. Mio fratello _____ ha tre anni più di me.
8. Mio fratello _____ ha due anni meno di me.

E

Nell'Unità 5 avete letto quali sono le vacanze preferite dagli italiani. Adesso scrivete un testo in cui spiegate le scelte degli italiani. Per ogni tipo di vacanza elencate almeno un vantaggio e uno svantaggio. Il vocabolario che vi può servire si trova nelle Attività 5.1 e 5.2. Scrivete circa 200 parole.

- Vacanze al mare.
- Vacanze in montagna.
- Vacanze nella seconda casa.

Potete iniziare così:

Le vacanze estive preferite dagli italiani sono…

Attività 11.6

This activity revises the structures, themes and content of *Unità 6*.

The main revision points are shown in the table below. You can either work through all the steps or choose steps that cover particular revision points.

Activity steps	Revision points
11.6A	Giving advice using the present conditional tense.
11.6B	Giving advice using the informal imperative.
11.6C	Using the informal imperative with direct object pronouns.
11.6D	Using *servire* and indirect object pronouns to express what one needs.
11.6E	Italian regional cooking.

A

Il mangiare sano non è difficile. Basta seguire i consigli. Completate la frase 'Se (io) fossi in te...' ('*If I were you...*') usando un verbo adatto al condizionale presente. Potete utilizzare i seguenti verbi, se volete:

> mangiare • cucinare • cercare di • bere • sostituire • consumare

Esempio

Quei cereali sono pieni di zucchero. Se (io) fossi in te, mangerei il muesli.

1. Il burro è ricco di grassi. Se fossi in te, ...
2. I dolci sono molto calorici. Se fossi in te, ...
3. Hai bisogno di fare una dieta purificatrice. Se fossi in te, ...
4. Il pane ingrassa molto. Se fossi in te, ...
5. Devi rinforzare la flora intestinale. Se fossi in te, ...
6. Una dieta sana è ricca di vitamine. Se fossi in te, ...

B

Leggete quali sono le abitudini alimentari di queste persone e per ognuna scrivete due consigli, uno usando l'imperativo informale positivo e l'altro usando l'imperativo informale negativo. Seguite l'esempio.

Esempio

Luciano beve moltissimo caffè e fa sempre un pasto veloce: un piatto di pasta o un secondo con carne o uova. Mangia raramente pesce o verdure.

Non esagerare con il caffè e cerca di mangiare più verdure!

1. **Annalisa** non ha precise abitudini alimentari. Mangia spesso fuori casa: in mensa o al fast food o, se vuole mangiare bene, fa visita a suo zio Mario che fa il cuoco in una trattoria dove si cucinano piatti della tradizione italiana.

2. **Daniela** è vegetariana da sei anni ma ha un debole per i dolci. A colazione di solito mangia yogurt e cereali, qualche volta frutta. A pranzo mangia poco, al massimo un po' di verdura con del riso o un piatto di pasta e legumi.

3. **Laura** a colazione beve soltanto un succo di frutta perché fa i turni e lavora di notte, così a pranzo mangia qualcosa di veloce perché si alza tardi. Non le piace molto il pesce e nemmeno le verdure, di solito mangia della pasta oppure per variare sceglie carne o uova.

4. **Margherita** dedica molto tempo alla cucina e va raramente a mangiare fuori. In genere prepara piatti tradizionali: risotti, pasta fatta in casa, arrosti.

C

Questa è una lista di regole da seguire se volete mangiare bene. Trasformate le frasi sostituendo la parte in grassetto con i pronomi oggetto diretti nella forma corretta, come nell'esempio.

Esempio

Osserva **alcune regole**. → *Osservale!*

1. Trova **il tempo** per mangiare con calma.
2. Apparecchia **la tavola**.
3. Spegni **la televisione**.
4. Guarda **la televisione** dopo avere mangiato.
5. Fa' **la spesa** nei piccoli negozi.
6. Leggi **le etichette**.
7. Scegli **i prodotti locali**.
8. Cerca e compra **i prodotti biologici**.
9. Sostieni **le tradizioni culinarie** del tuo paese.

D

Che cosa serve a queste persone per cucinare? Scrivete la forma corretta del pronome oggetto indiretto e del verbo 'servire' negli spazi vuoti, come nell'esempio.

Esempio

Se Paolo vuole fare le patate fritte, *gli servono* una padella, l'olio di semi e il sale.

1. Se Marco vuole fare l'impasto della pizza, _____ la farina, l'acqua e il sale.
2. Se Antonella e Marta vogliono fare gli spaghetti al pomodoro, _____ una pentola piena di acqua bollente.
3. Se volete fare il risotto, _____ il brodo e i funghi porcini.
4. Se vogliamo fare le uova strapazzate, _____ latte e burro.
5. Se Giulia vuole fare il sugo di pomodoro, _____ il passapomodoro.
6. Se i vostri amici vogliono fare il caffè italiano, _____ una caffettiera moka.

E

L'Unità 6 parla della cucina italiana regionale. Cos'avete imparato sui piatti e sui prodotti regionali? Cercate di ricordarvi più piatti o prodotti e completate la tabella con il vocabolario adatto a ogni categoria.

Formaggi regionali	parmigiano, …
Salumi regionali (salame, prosciutto ecc.)	
Antipasti	
Primi piatti	
Secondi piatti	
Dolci	

Attività 11.7

This activity revises the structures, themes and content of *Unità 7*.

The main revision points are shown in the table below. You can either work through all the steps or choose steps that cover particular revision points.

Activity steps	Revision points
11.7A	The plural (*voi* form) imperative.
11.7B	The formal imperative.
11.7C	The plural (*voi* form) imperative used with pronouns.
11.7D	Vocabulary for common minor illnesses, complaints and cures.
11.7E	Writing about advantages and disadvantages. (200–250 words)

A

Osservate i cartelli qui sotto e dite che cosa è obbligatorio e che cosa è vietato fare nella piscina comunale. Usate l'imperativo plurale positivo e / o negativo.

Esempio

Fate la doccia prima di entrare nella vasca!

Non fumate!

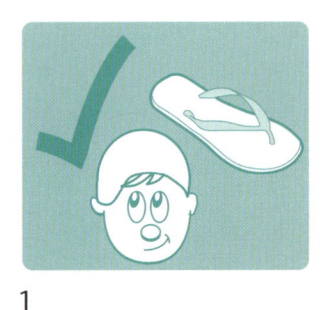

1 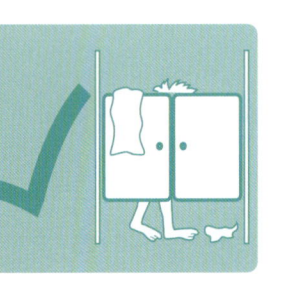   2    3    4

148   Vivace Libro 2

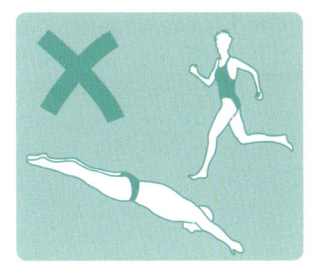

B

Rispondete alla lettera di Fulvio, che si rivolge alla rivista *Salute e forma* per un problema di allergie. Dategli dei consigli usando l'imperativo formale del verbo adatto scelto dalla lista qui sotto.

- eliminare certi cibi
- mangiare le fragole
- stare attento ad altri tipi di frutta
- mantenere una dieta equilibrata
- far fare altre analisi
- non toccare cani e gatti
- tenere chiuse le finestre

Cari amici di Salute e forma,

mi chiamo Fulvio e ho 64 anni. Ho sempre sofferto di allergie, sono infatti allergico al polline e al pelo di cani e gatti, ma recentemente ho scoperto di essere anche allergico alle fragole. Un mese fa sono stato al ristorante con mia moglie e il giorno dopo mi sono trovato coperto di macchie rosse sulla pelle. Sono stato dal medico e poi dall'allergologo che ha scoperto questa allergia alimentare. C'è qualcuno di voi che soffre delle stesse mie allergie? Le avete scoperte in età già avanzata?

Un saluto,

Fulvio

Vocabolario

la cuffia   *swimming cap, shower cap*

le ciabatte   *flip-flops*

la cabina   *changing cubicle*

gli armadietti   *lockers*

i cestini   *rubbish bins*

l'asciugacapelli (*m.*)   *hairdryer*

le pinne   *flippers*

lo spogliatoio   *changing room*

fare tuffi   *to dive (= do dives)*

C

Completate gli spazi vuoti con la forma corretta dell'imperativo plurale e del pronome diretto. Seguite l'esempio.

Esempio

Se viaggiate in macchina, dovete fare molte pause: (fare) *fatele ogni due ore.*

Volete partire per le vacanze con il piede giusto? Ecco alcuni consigli per rendere il viaggio più comodo.

1. Se viaggiate in treno, alzatevi ogni tanto a passeggiare, oppure muovete i piedi: (alzare) _____ alternativamente per almeno 20 volte.

2. Se viaggiate in aereo, ricordatevi che le scarpe strette rallentano la circolazione: (togliere) _____ .

3. Quando decidete quali vestiti indossare durante il viaggio, seguite questa regola d'oro: (scegliere) _____ comodi e larghi.

4. Durante i viaggi in aereo sono disponibili cibi di ogni tipo: (mangiare) _____ solo se sono leggeri.

5. L'acqua fa meglio di qualsiasi altra bevanda: (bere) _____ sempre, e (preferire) _____ al caffè e alle bevande alcoliche.

6. Mentre siete seduti, fate anche degli esercizi per il collo: (flettere) _____ lentamente di lato, a destra e a sinistra. Muovete la testa: (girare) _____ a destra e a sinistra. E non dimenticate le braccia: (alzare) _____ e (distendere) _____ verso l'alto.

D

Completate la seguente tabella usando il vocabolario che avete studiato nelle Attività 7.1, 7.2, 7.3, 7.4, 7.5 e 7.6.

Medici e specialisti	Medicine	Cure	Cure termali	Medicina alternativa
dermatologo	aspirina	riposarsi	fango	erboristeria
...	...	...	...	...

E

Qui sotto troverete una lista con i vantaggi e gli svantaggi di uno sport, il ciclismo. Scrivete un tema descrivendo i vantaggi e gli svantaggi di questo sport, usando tra le 200 e le 250 parole.

IL CICLISMO

Vantaggi

Fa bene alle gambe.

Si scoprono paesaggi meravigliosi.

Si sta a contatto con la natura, all'aria aperta.

Può essere rilassante e lento o molto dinamico e veloce.

Niente spesa per la benzina.

È una sfida: i ciclisti si mettono alla prova.

Svantaggi

Se piove si rischia di bagnarsi!

È facile farsi male cadendo.

Ci vuole una bella bicicletta e i vestiti adatti.

L'attrezzatura può essere costosa.

Attività 11.8

This activity revises the structures, themes and content of *Unità 8*.

The main revision points are shown in the table below. You can either work through all the steps or choose steps that cover particular revision points.

Activity steps	Revision points
11.8A	*Bisogna* + infinitive.
11.8B	Expressing the future.
11.8C	Expressing a condition likely to be met.
11.8D	Making suppositions with the future tense.
11.8E	Gap-fill exercise to practise the language of job applications.

A

Leggete gli annunci di lavoro (il testo completo si trova nell'Attività 8.1) e per ogni posto di lavoro spiegate quali caratteristiche e competenze servono. Seguite il modello qui sotto e usate *bisogna / non bisogna* seguito dall'infinito.

Esempio

Annuncio (a): Docente in un'azienda leader nei servizi per l'impiego.

> **Progetto Lavoro**
> Azienda leader nei servizi per l'impiego cerca
> **DOCENTE**
> sede di Milano; laurea, conoscenza ambiente DOS, WINDOWS, Internet, disponibilità part time.
> Curriculum a: Jobline@tiscalinet.it

Bisogna abitare a Milano o dintorni; bisogna avere la laurea nella disciplina che si vuole insegnare; bisogna sapere usare il computer; bisogna essere disponibili a lavorare part time.

Annuncio (b): Receptionist in un'azienda di Milano centro.

Annuncio (c): Segretaria commerciale in un'azienda di Roma.

Annuncio (d): Programmatore in un'azienda di Bologna.

Annuncio (e): Infermiere professionale in una clinica privata di Firenze.

B

Leggete questo testo in cui un ragazzo parla dei suoi progetti per il futuro e completatelo con i verbi al futuro scelti dalla lista qui sotto. Alcuni verbi possono essere usati più di una volta.

> laurearsi • andare • avere • comprare • trasferirsi • essere • venire • decidere • cercare • sposarsi

A novembre *andrò* all'università. Fra quattro anni, _____ e _____ un lavoro. Se non trovo un lavoro adeguato, _____ a Londra dove vive mio fratello. _____ anche la mia ragazza che parla bene l'inglese. Se tutto _____ bene, fra un anno, due, _____ . I nostri genitori _____ contenti, è da tanto che ci chiedono quando _____ di sposarci. Dopo qualche anno, quando _____ un po' di risparmi, _____ la casa a Londra magari in periferia perche in centro ci sono solo appartamenti e noi vogliamo la casa con giardino tipicamente inglese!

C

Leggete di nuovo il testo nell'Attività 8.8A e collegate le frasi qui sotto, mettendo i verbi al futuro.

Esempio

Se Enrico non (riuscire) _____ ad avere presto un posto di lavoro, (saltare) _____ tutti i suoi piani estivi.

Se Enrico non riuscirà ad avere presto un posto di lavoro, salteranno tutti i suoi piani estivi.

1. Se Enrico non (lavorare) _____ per almeno due mesi, ...
2. Se Enrico non (avere) _____ soldi, ...
3. Se Enrico non (potere) _____ partire, ...
4. Se Enrico non (ottenere) _____ un lavoro nelle prossime tre settimane, ...

(a) (tornare) _____ a casa.
(b) si (rovinare) _____ le vacanze, (perdere) _____ un'occasione unica e zia Concetta ci (rimanere) _____ male.
(c) non (potere) _____ andare in Argentina.
(d) non (avere) _____ soldi.

D

Il futuro può essere usato anche per fare delle supposizioni. Rispondete alle domande seguendo i suggerimenti tra parentesi, come nell'esempio.

Esempio

Secondo te che taglia porta Angela? (la 44)

Mah, porterà la 44.

1. Enrico, secondo te, quanti anni ha Fabrizio? (50 anni)
2. Che ore sono? (le otto)
3. Sai a che ora arriva Emanuela? (verso l'ora di pranzo)
4. Dove sono i bambini? (in terrazza)
5. A che ora finisci di lavorare oggi? (dopo le sei)
6. Quanto tempo ci vuole per arrivare? (un'oretta)

E

Leggete questo curriculum vitae. Basandovi sulle informazioni incluse nel CV, completate la lettera di domanda per il posto di receptionist (annuncio nell'Attività 8.1A) con le frasi che riguardano titoli di studio, esperienza professionale ecc. Potete usare come modello la Chiave dell'Attività 8.6.

CV

Nome:	Francesca Peri
Data di nascita:	6 marzo 1985
Residenza:	Settimo Milanese (Milano)
Nazionalità:	italiana
Studi:	2004: Diploma di Maturità (Liceo Scientifico Alessandro Manzoni) – votazione finale: 56/60.
	2009: Laurea in Lingue e Letterature Straniere (Università di Milano).
	Disciplina di tesi: Lingua e letteratura anglo-americana
	Votazione finale: 105/110.
Lingue conosciute:	inglese e spagnolo (ottima conoscenza); francese (conoscenza discreta)
Esperienza professionale:	receptionist, Bell School of Languages, Norwich (estate 2005, 2006 e 2007)
Impiego attuale:	segretaria ufficio relazioni con il pubblico, Nuova Accademia di Belle Arti (NABA), Milano; contratto a termine
Referenze:	disponibili su richiesta

Lettera di domanda

Egregio dottor Morici,

[Riferimento all'annuncio]
_____ _____ _____ _____ pubblicato su Donna Moderna del 30/01/2011 desidero presentare domanda per il posto di receptionist.

[Titoli di studio]
Ho _____ anni e _____ _____ Settimo Milanese. _____ _____ _____ presso il Liceo Scientifico Alessandro Manzoni nel luglio 2004 con la votazione di 56/60, e _____ _____ _____ in Lingue e Letterature Straniere nel 2009 presso l'Università di Milano, con una tesi in Lingua e Letteratura anglo-americana.

[Esperienza professionale]
Mentre facevo l'università, nell'estate del 2005, 2006 e 2007 _____ _____ in Inghilterra _____ receptionist _____ la Bell School of Languages di Norwich. È stata un'esperienza molto interessante, che mi ha permesso di _____ _____ dell'inglese ed arricchirlo del vocabolario specializzato necessario per _____ questo tipo di lavoro.

[Lavoro attuale + lingue conosciute]
Al momento _____ _____ _____ nell'ufficio per le relazioni con il pubblico della Nuova Accademia di Belle Arti di Milano (NABA). È un lavoro che mi piace molto e che _____ _____ _____ _____ _____ le lingue straniere ogni giorno (oltre all'inglese parlo _____ anche lo spagnolo e discretamente bene il francese), ma purtroppo il mio contratto _____ _____ sta per scadere.

[Frasi di chiusura]
Le invio il _____ _____ e rimango _____ _____ _____ per ulteriori informazioni che sarò lieta di fornirLe _____ _____ _____ un eventuale incontro.
La ringrazio per la Sua _____ _____ e Le _____ i miei più cordiali saluti.

Unità 11 155

Attività 11.9

This activity revises the structures, themes and content of *Unità 9*.

The main revision points are shown in the table below. You can either work through all the steps or choose steps that cover particular revision points.

Activity steps	Revision points
11.9A	Vocabulary related to houses; talking about types of dwellings and their interiors.
11.9B	Expressing opinions, doubt and hope using the present subjunctive.
11.9C	The present subjunctive following verbs expressing search or specific characteristics (*cercare*, *volere*).
11.9D	Making comparisons using *di* / *che*.
11.9E	Vocabulary related to houses; the adjective *bello*; writing a description of a house / flat. (250–350 words)

A

Guardate i disegni qui sotto e descrivete i due appartamenti, facendo un confronto tra i due. Nelle vostre frasi cercate di usare 'mentre' o 'invece'.

Esempio

L'appartamento al quinto piano ha due bagni, mentre l'appartamento al primo piano ne ha solo uno.

75 mq

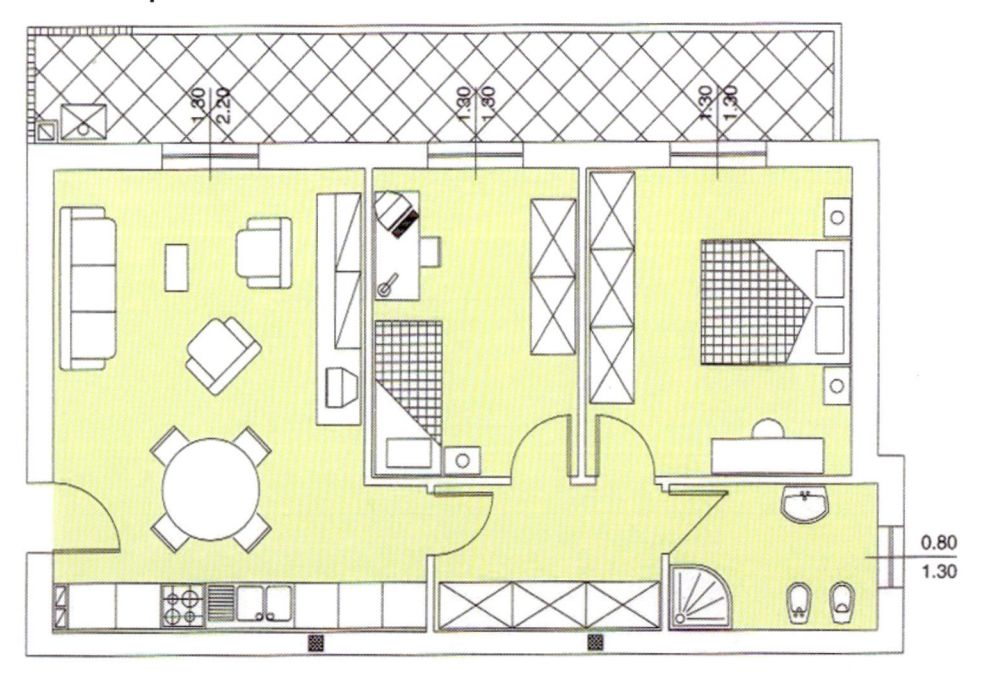

Appartamento al primo piano

156   Vivace Libro 2

115 mq

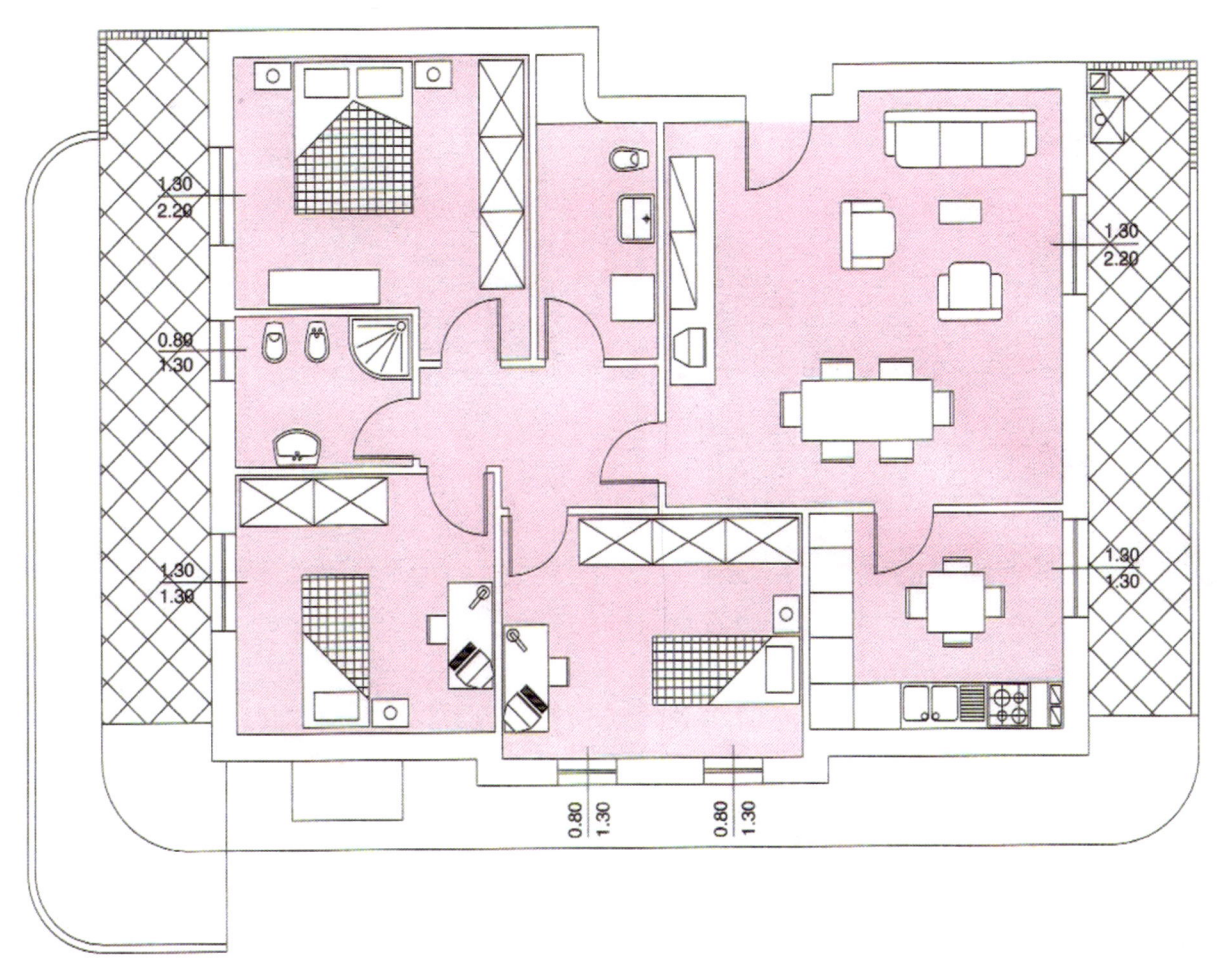

Appartamento al quinto piano

B

State cercando casa per voi e per la vostra famiglia (madre, padre e due figli adolescenti). Osservate i disegni che avete usato nella sezione A di quest'attività ed esprimete delle opinioni riguardo ai due appartamenti. Cominciate ogni frase con una delle espressioni nella lista qui sotto, seguita dal congiuntivo presente.

Esempio

Mi sembra che l'appartamento al primo piano non sia abbastanza grande, perché ci sono solo due camere da letto.

Penso che...

Mi sembra che...

Spero che...

È possibile che...

Unità 11

C

Queste persone stanno cercando casa. Scrivete dei messaggi in cui loro descrivono le caratteristiche della casa che vorrebbero. Seguite l'esempio e usate i verbi 'cercare' e 'volere' seguiti dal congiuntivo.

Esempio

Tatiana: tre camere e tre bagni per gli ospiti, zona servita dai mezzi pubblici.

Cerco un appartamento che abbia tre camere e tre bagni perché abbiamo spesso ospiti. Voglio un appartamento che sia in una zona servita dai servizi pubblici, perché non mi piace guidare l'auto.

1 **Milena e Sandro**: zona tranquilla, molto verde, negozi e scuola nelle vicinanze.
2 **Aisha Ibrahim**: cucina grande, sala da pranzo spaziosa.
3 **Ernesto Sulis**: vicini amanti della musica, salotto grande per il pianoforte.
4 **Signora Valeri**: balcone per i gatti (o terrazza con tante piante), vicini rispettosi degli animali.

D

Rileggete la descrizione che Mariuccia fa del suo nuovo appartamento nell'Attività 9.4A e completate le frasi correttamente come nell'esempio.

Esempio

Il nuovo appartamento di Mariuccia è più piccolo di...

Il nuovo appartamento di Mariuccia è più luminoso che...

*Il nuovo appartamento di Mariuccia è più piccolo **della vecchia casa**.*

*Il nuovo appartamento di Mariuccia è più luminoso che **spazioso**.*

1 Il nuovo appartamento si sviluppa più in altezza che...
2 Nel nuovo appartamento ci sono più bagni che...
3 I mobiletti della vecchia casa erano più antichi di...
4 Dalle finestre del nuovo appartamento si ha una vista più bella che...
5 La vecchia casa era più tranquilla di...
6 Le pareti del nuovo appartamento sono più sottili di...

E

Ornella ha portato Tatiana a vedere due appartamenti in vendita presso la sua agenzia, uno a Via Cavour, l'altro a Via Dante. Tatiana ha preso appunti, poi è tornata a casa e ha telefonato a sua sorella per raccontarle dei due appartamenti. Scegliete un appartamento solo e scrivete la descrizione che Tatiana ne fa a sua sorella. Usate almeno quattro volte l'aggettivo 'bello' e almeno una volta il congiuntivo per esprimere un'opinione. Scrivete fra le 250 e le 350 parole.

Appartamento in Via Cavour	**Appartamento in Via Dante**
Spazioso	Spazioso
Ultimo piano	Ultimo piano
Terrazzo molto più grande del terrazzo dell'appartamento in Via Dante	Terrazzo piccolo
3 camere	4 camere – appartamento più grande di quello di Via Cavour
Zona bella e sicura	Zona bella e sicura
3 bagni – bagni più moderni dei bagni dell'appartamento in Via Dante	3 bagni – da rifare
Appartamento più caro dell'appartamento di Via Dante	Appartamento meno caro dell'appartamento di Via Cavour, ma bisogna rifare i bagni e l'impianto elettrico
Strada silenziosa, un po' spenta, pochi negozi, poco movimento	Strada molto vivace, negozi, fermata di autobus e tram. Movimento solo di giorno. Silenziosa di notte. Via Dante è più vivace e movimentata di Via Cavour.

Attività 11.10

This activity revises the structures, themes and content of *Unità 10*.

The main revision points are shown in the table below. You can either work through all the steps or choose steps that cover particular revision points.

Activity steps	Revision points
11.10A	Reading a text about changes in Italy.
11.10B	Vocabulary: immigration.
11.10C	Reusing vocabulary.
11.10D	Giving an opinion using the subjunctive, based on the subject of challenges faced by society today.
11.10E	Final writing activity: compare possible solutions to a social problem and give reasons for your own choice of solution. (400 words)

A

Rileggete l'intervista con il professor Bianchi tratta dall'Attività 10.1B e indicate se le affermazioni che seguono sono vere o false. Per le affermazioni false, date la versione corretta.

Intervista con il professor Bianchi

Oggi uscirà nelle librerie italiane *Italia che cambia*, il nuovo, attesissimo libro del sociologo milanese, Sandro Bianchi. L'abbiamo intervistato nella sua casa di Via della Spiga, perché ci aiuti a scoprire com'è cambiato il nostro paese dagli anni del dopoguerra ad oggi.

Professor Bianchi, perché ha scelto di dedicare il suo nuovo libro all'Italia che cambia?

L'Italia, come il resto dell'Europa, ha subito cambiamenti radicali dal dopoguerra ad oggi e negli ultimi anni il paese si è trasformato con una velocità e drasticità senza precedenti. Molte persone fanno fatica ad adattarsi a queste trasformazioni, basti pensare a quella nel settore della comunicazione. Ritengo, quindi, sia importante soffermarci e riflettere su quello che eravamo e quello che siamo oggi, per prendere coscienza di come siamo cambiati e di cosa invece rimanga immutato, nel bene o nel male.

Allora, professor Bianchi, quali sono i cambiamenti principali che analizza nel suo libro?

Beh, non li posso passare in rassegna tutti, se no vi tolgo il gusto di leggere il libro! Dal punto di vista storico e istituzionale, partendo dall'immediato dopoguerra, la svolta epocale è stata quella del passaggio da monarchia a repubblica con il referendum del 1946. Dal punto di vista sociale direi che il cambiamento più significativo è che da paese di emigranti in cerca di fortuna siamo diventati un paese di immigrazione, quindi una nazione multietnica. Di cambiamenti sociali ce ne sono però molti altri, pensiamo all'emancipazione femminile, per esempio, e alla famiglia moderna. Dal punto di vista del progresso e dell'industria penso che l'Italia stia, anche se con fatica, facendo notevoli passi avanti per passare da un'industrializzazione selvaggia a una più sostenibile, attenta al rispetto dell'ambiente e alle energie rinnovabili.

Ci sono secondo Lei degli aspetti in cui l'Italia non è cambiata?

Sì, ce ne sono e purtroppo alcuni sono negativi. Primo fra tutti, la piaga della criminalità organizzata che tuttora sussiste. Purtroppo, nonostante le numerose vittorie dello Stato, la lotta alle organizzazioni di stampo mafioso continua e diventa sempre più complessa. Aumentano, infatti, le infiltrazioni mafiose in attività economiche lecite. Non dimentichiamo, però, anche gli aspetti positivi che permangono invariati, mi riferisco in particolare all'amore per la tavola e per lo stare insieme, ma anche alla creatività tutta italiana che si esprime nei campi più svariati.

Secondo Lei l'Italia di oggi che cosa deve imparare dall'Italia del passato?

Ritengo che i cambiamenti e le trasformazioni in una società siano inevitabili e debbano esserci. La cosa importante è non dimenticare mai il passato per individuare gli errori commessi ed evitare di ripeterli. Sto pensando in particolare alla Giornata della Memoria e alle campagne informative nelle scuole perché la tragedia dell'Olocausto e delle leggi razziali nel nostro paese non vengano mai dimenticate.

La ringrazio per il suo contributo e ricordo ai lettori la pubblicazione del nuovo libro di Sandro Bianchi, *Italia che cambia*, oggi in tutte le librerie al prezzo di €12.99.

		Vero	Falso
1	L'Italia è cambiata molto negli ultimi 60 anni.	☐	☐
2	Gli italiani si sono adattati alle trasformazioni nel paese.	☐	☐
3	L'Italia è diventata una repubblica nel 1946.	☐	☐
4	L'Italia è un paese di emigranti.	☐	☐
5	L'Italia è una nazione multietnica.	☐	☐
6	L'Italia non ha fatto progressi per quanto riguarda le energie rinnovabili.	☐	☐
7	La lotta alla criminalità organizzata è finita.	☐	☐
8	La Giornata della Memoria serve per non fare dimenticare l'Olocausto e le leggi razziali in Italia.	☐	☐

B

Fatima, una studentessa di origine albanese, che vive in Italia, fa una breve presentazione ai suoi compagni sull'immigrazione in Italia. Individuate nel testo qui sotto le parole che si riferiscono all'immigrazione.

Il primo anno in cui il numero degli immigranti ha superato il numero degli emigranti è il 1973, quindi possiamo dire che l'immigrazione in Italia è un fenomeno molto recente. Durante i primi anni '70 gli ingressi dall'estero erano principalmente di cittadini italiani, che dopo anni rientravano al loro paese. Solo alla fine degli anni '70 inizia il vero e proprio flusso migratorio di stranieri.

I miei genitori sono venuti dall'Albania nel 1991 e come molti connazionali sono arrivati clandestinamente sui gommoni e solo dopo alcuni anni sono riusciti ad ottenere un permesso di soggiorno. Mentre erano irregolari avevano molta paura, lavoravano in nero e vivevano in pessime condizioni. Per loro, è molto difficile parlare di quel periodo della loro vita e molto spesso evitano l'argomento per non rivivere la sofferenza passata.

Durante gli anni '90, le comunità etniche più rappresentate erano quelle del Nordafrica (Marocco in testa). Oggi, invece, la comunità più grande è quella romena. Ciò è dovuto all'ingresso della Romania nell'Unione Europea, che ha facilitato gli spostamenti. La mia comunità, quella albanese, è la seconda come presenza in Italia.

C

Completate le frasi qui sotto utilizzando alcune delle parole o frasi che avete individuato nell'attività precedente, elencate qui sotto, adattandole se necessario. Le frasi sono basate sui testi che avete letto nell'Unità 10.

> clandestinamente • nell'Unione Europea • immigrazione • comunità etniche • gli spostamenti • il permesso di soggiorno • irregolari • flusso migratorio • rientravano al loro paese

1 L'equazione fra _____ e criminalità è priva di fondamento.

2 Gli immigrati romeni hanno ottenuto lo status legale in Italia a seguito dell'ingresso della Romania _____ _____ il primo gennaio 2007.

3 I lavoratori stagionali venivano per la raccolta dei pomodori e alla fine della stagione _____ _____ _____ _____ .

4 Si assiste ad un consistente _____ _____ dai paesi più poveri verso quelli più ricchi.

5 Tra il 1988 e il 2008 almeno 12.012 tra uomini, donne e bambini hanno perso la vita tentando di raggiungere l'Europa _____ .

6 Gli stranieri che intendono soggiornare in Italia per più di tre mesi, devono richiedere _____ _____ _____ _____ .

7 Sembra che gli immigrati _____ abbiano una maggiore propensione a delinquere.

8 Ci sono alcuni giornali interamente dedicati alle _____ _____ in Italia.

9 _____ _____ di popolazione possono essere forzati o volontari.

D

Nell'Unità 10 avete letto dei pareri sui problemi sociali affrontati dall'Italia e anche da altri paesi. Leggete il testo qui sotto tratto dalla Chiave dell'Attività 10.13. Date un vostro parere rispondendo brevemente alle domande qui sotto usando in ogni risposta un verbo al congiuntivo.

Integrazione tra culture e religioni diverse

Credo che la sfida più importante che il mio paese dovrà affrontare nei prossimi dieci anni sia quella dell'integrazione e del dialogo fra culture e religioni diverse. Assistiamo troppo spesso a episodi di razzismo e di intolleranza, il più delle volte causati dall'ignoranza. Perciò ritengo (che) sia importante organizzare iniziative che promuovano l'incontro fra culture, come seminari, conferenze, ma anche feste popolari e di quartiere, spettacoli e concerti.

1. Siete d'accordo con questo punto di vista? L'integrazione fra culture e religioni diverse è la sfida più importante nel mondo di oggi?
2. Secondo voi, si possono risolvere i problemi dell'integrazione fra culture diverse organizzando seminari?
3. Le feste popolari servono per promuovere l'incontro fra culture? Date un esempio preso dal vostro paese o dalla vostra città.

E

Nell'Unità 10 avete letto articoli e pareri sui problemi sociali affrontati dall'Italia e anche da altri paesi. Leggete il testo seguente (tratto dalla Chiave dell'Attività 10.13). Valutate poi le soluzioni proposte ed elencate qui sotto, scegliete quella che vi sembra più efficace e motivate la vostra scelta, confrontandola con le altre soluzioni proposte. Scrivete approssimativamente 400 parole.

Abuso di alcol e di droga

Un'altra sfida importante che il mio paese dovrà affrontare è quella dell'abuso di alcol e sostanze stupefacenti da parte delle generazioni più giovani. Troppi ragazzi vedono l'ubriacarsi come un qualcosa di normale e perfettamente accettabile e mettono in pericolo la propria vita abusando di sostanze dannose per la salute. Non so quale sia la soluzione migliore per risolvere questo problema, ci sono già molte campagne di sensibilizzazione nelle scuole, ma non sembrano servire a molto. Il proibizionismo, dall'altro lato, non è un rimedio. Forse un maggior controllo da parte dei genitori può aiutare.

Soluzioni proposte

- Aumentare il prezzo delle bevande alcoliche.
- Vietare la vendita delle bevande alcoliche ai minori di 25 anni.
- Chiudere i bar e i pub alle 22.00.
- Vietare la vendita degli alcolici nei supermercati.
- Migliorare le campagne di sensibilizzazione nelle scuole ma anche alla televisione.
- Educare i genitori.
- Punire i genitori che non controllano i figli.

Chiave

Unità 7

Attività 7.1

A

The Italian translation of this Latin expression is '*mente sana in un corpo sano*'. It means it is important to look after the mind as well as the body. In modern Italian, people tend to use the Latin expression rather than the translation into Italian. The English equivalent is 'a sound mind in a healthy / sound body'.

B

1–(d); 2–(c); 3–(a); 4–(b); 5–(f); 6–(e)

C

1–(d); 2–(a); 3–(g); 4–(i); 5–(c); 6–(e); 7–(f); 8–(h); 9–(b); 10–(j)

Attività 7.2

A

Hai problemi agli occhi.	oculista
Hai una forte allergia.	allergologo
Hai mal di denti.	dentista
Hai un forte mal d'orecchie.	otorinolaringoiatra
Ti fa male un ginocchio.	ortopedico
Hai delle macchie sulla pelle.	dermatologo
Sei raffreddato.	medico di famiglia
Tuo figlio di tre anni sta male.	pediatra

In Italy it is common for people to go to specialists on a regular basis. If you go to a specialist on the national health service you have to be referred by your family doctor, but if you go privately, you can usually make an appointment directly.

B

(a) dal medico di famiglia
(b) dall'ortopedico
(c) dal dermatologo
(d) dal dentista
(e) dall'allergologo
(f) dall'oculista

C

Here is a model answer.

> Cari amici di 'Salute e Forma',
>
> mi chiamo Fulvio e ho 64 anni. Ho sempre sofferto di allergie, sono infatti allergico al polline e al pelo di cani e gatti, ma recentemente ho scoperto di essere anche allergico alle fragole. Un mese fa sono stato al ristorante con mia moglie e il giorno dopo mi sono trovato coperto di macchie rosse sulla pelle. Sono stato dal medico e poi dall'allergologo che ha scoperto questa allergia alimentare. C'è qualcuno di voi che soffre delle stesse mie allergie? Le avete scoperte in età già avanzata?
>
> Un saluto,
>
> Fulvio

D

Here are some possible answers.

1. Sì, nel Regno Unito esiste il *National Health Service* (NHS).

2. La struttura del National Health Service comprende i medici di famiglia, che visitano negli ambulatori, e i medici specialisti, che visitano negli ospedali. Oltre agli ospedali

con i vari reparti, ci sono anche cliniche specialistiche per il trattamento di particolari malattie.

3 Secondo me il National Health Service è un buon sistema sanitario. Ha molti problemi e difficoltà, ma riesce ancora a garantire a tutti la possibilità di essere curati.

4 Nel Regno Unito una persona che sta poco bene deve prima rivolgersi al medico di famiglia, il GP. Sarà questo dottore a prescrivere ulteriori controlli o eventuali visite specialistiche.

Attività 7.3

A

Vignetta (a): **Imperativo informale**

Vignetta (b): **Imperativo formale**

B

Here is the completed table.

INFINITO	Imperativo di cortesia
ANDARE	vada
AVERE	abbia
DARE	dia
DIRE	dica
ESSERE	sia
FARE	faccia
SALIRE	salga
TENERE	tenga
STARE	stia
VENIRE	venga

C

Paziente 1
 Si metta a letto, resti a casa, prenda un'aspirina.

Paziente 2
 Mangi in bianco, non beva alcolici, faccia un bagno caldo.

Paziente 3
 Non lavori, si rivolga a un medico, dorma molto.

D

1 **La metta** anche Lei!
2 **La mangi** anche Lei!
3 **Lo metta** anche Lei!
4 **Li porti** anche Lei!
5 **Lo faccia** anche Lei!
6 **Le indossi** anche Lei!
7 **Li provi** anche Lei!

E

Here are some possible answers.

1 Io in spiaggia, d'estate, leggo molti libri. Li legga anche Lei!

2 In estate bevo molta acqua per dissetarmi. La beva anche Lei!

3 Quando visito una città, indosso sempre scarpe comode. Le indossi anche Lei!

Attività 7.4

A

	Imperativo (tu)	Imperativo (Lei)
1	Leggi questo articolo!	Legga questo articolo!
2	Entra pure, Anna!	**Entri pure**, signora Paoli!
3	Senti, scusa!	**Senta, scusi!**
4	Prendi ancora un po' di vino, Costanza!	**Prenda ancora un po' di vino**, signora Terni!
5	**Ascolta questa canzone!**	Ascolti questa canzone!
6	**Metti più cipolla nel sugo!**	Metta più cipolla nel sugo!

B

Here are the sentences in the formal imperative.

1. Signora Gruber, non **faccia** la spesa in quel negozio!
2. Signora Morandi, **dica** a Teresa di portare le cassette!
3. Signor Bruno, **mi faccia** un favore!
4. Signor Ruggeri, **metta** le chiavi sul tavolo!
5. Signora Biondi, non **compri** l'acqua gassata!
6. **Venga**, signora Carlini, **si accomodi**!
7. Signor Mastroianni, **porti** i libri in biblioteca, per favore!
8. Signora Bianca, non **compri** le scarpe troppo strette!

Note that it is very common for acquaintances aged over about 60 to address each other as *signora / signor* + first name. A youngster addressing an elderly friend of the family or a neighbour would also use *signora / signor* + first name as a form of respect. In the sentences above there are two such cases: *signor Bruno* and *signora Bianca*.

Attività 7.5

A

Here is the completed text.

> **Nove milioni** di italiani si sono ormai lasciati conquistare dalle cure alternative. È quanto emerge da un'indagine condotta dall'Istat nel **1999** intervistando un campione formato da **30.000** famiglie e di cui solo ora sono stati elaborati i dati. Pari al 15,6% della popolazione totale, il numero di coloro che si rivolgono alla medicina alternativa è triplicato in meno di dieci anni anche se con notevoli differenze all'interno del Paese: un italiano su quattro al Nord, uno su sei al Centro e uno su 15 al Sud.
>
> A preferirle sono soprattutto le donne (**5,5 milioni** contro 3,5 milioni di uomini) e di buon livello culturale. Anche il 10,4% dei bambini fra i **tre** e i cinque anni viene curato con la medicina alternativa. Tra le diverse forme di cure che vanno sotto l'unica etichetta di «alternative» è l'omeopatia la più popolare, seguita da massaggi, fitoterapia e agopuntura. Le ragioni per cui gli italiani vi si rivolgono sono estremamente diverse: il **70%** degli intervistati le considera meno tossiche di quelle convenzionali, per il 22,6% rappresentano l'unico rimedio contro certe malattie, per il 20% sono più efficaci, mentre per il **13%** instaurano un miglior rapporto tra medico e paziente.

B

Headline 4 would probably be the most suitable one for the text.

C

1. Vero.
2. Vero.
3. Falso. ('A preferire la medicina alternativa sono soprattutto le donne.')
4. Falso. ('Vengono curati con la medicina alternativa bambini fra i tre e i cinque anni.')
5. Falso. ('La maggior parte degli intervistati si rivolge alle medicine alternative perché le considera meno tossiche di quelle convenzionali.')
6. Vero.

D

Here is a possible answer.

> La medicina alternativa è, secondo me, molto interessante. Io credo nella medicina alternativa e ne faccio uso, soprattutto per disturbi minori, come il mal di testa, il mal di pancia o lo stress. Per lo stress, per

esempio, prendo delle gocce di valeriana che compro in erboristeria perché mi aiutano a rilassarmi nei periodi più difficili e di intenso lavoro. L'erboristeria è una disciplina di antichissima tradizione ed è importante riscoprirla perché usare sostanze chimiche per ogni piccolo disturbo ha sempre delle conseguenze negative. Non sono però d'accordo con quelle persone che usano esclusivamente la medicina alternativa rifiutando quella convenzionale, anche per malattie gravi come i tumori. Secondo me è utile usare rimedi naturali per disturbi minori, ma bisogna ricorrere alla medicina convenzionale per problemi di salute più seri.

Attività 7.6

A

Here are some possible answers.

1. Perché ad Abano Terme si possono trascorrere vacanze rilassanti e prendersi cura del proprio corpo e della propria salute con le cure termali.
2. L'acqua termale e il fango.
3. Sì, ho provato dei trattamenti con il fango per dare tono alla pelle e sono stata soddisfatta dei risultati.
4. Vorrei provare la terapia inalatoria perché vado spesso soggetta a tosse e raffreddore.
5. Gli consiglierei la balneoterapia e la idrokinesiterapia. Infatti entrambe sono efficaci per chi soffre di problemi muscolari e di artrosi.
6. Le consiglierei la terapia inalatoria a base di acqua termale.

B

(c). The verbs underlined in the text are invitations or exhortations to do something. These verbs are all in the plural imperative (*voi* form).

C

Here is the completed text.

L'Isola d'Ischia, ricchissima di sorgenti di acque termali dalle innumerevoli virtù terapeutiche, gode anche di una fortunata collocazione geografica che assicura all'intero territorio isolano condizioni climatiche ed ambientali ideali per ritemprare il corpo e lo spirito. **Venite** a scoprire voi stessi le cure termali e i panorami idilliaci offerti dall'isola, **abbandonatevi** a terapie e cure millenarie che vi aiuteranno a migliorare la vostra salute e a recuperare il vostro equilibrio psicofisico. **Passeggiate** nelle riposanti pinete, **rilassatevi** distesi sulle spiagge e **godetevi** i paesaggi idilliaci. **Provate** la cucina tipica a base di pesce e il calore degli abitanti dell'isola. **Lasciatevi** rimettere in forma e **fatevi** coccolare da Ischia.

D

Here is the completed text.

Volete partire per le vacanze con il piede giusto? Ecco alcuni consigli per rendere il viaggio più comodo per voi e per le vostre gambe.

In macchina: se il viaggio è lungo, **fate** una pausa ogni due ore.

In treno: **alzatevi** ogni tanto a passeggiare. Oppure **alzate** alternativamente i piedi per almeno 20 volte.

In aereo: per evitare problemi durante i lunghi viaggi in posizione scomoda **muovetevi**, **bevete** tanta acqua e **mangiate** cibi leggeri. Per favorire la circolazione **toglietevi** le scarpe, soprattutto se strette, e **indossate** vestiti comodi e larghi, una tuta da ginnastica, per esempio.

Attività 7.7

A

1. Vero.
2. Vero.
3. Vero.
4. Falso. La scuola di calcio è comunale, cioè pubblica.
5. Vero.
6. Falso. Elisa fa ginnastica artistica una volta alla settimana.
7. Vero.
8. Falso. Elisa si diverte a giocare a calcio con Gaetano e Sandro.
9. Vero.

B

1. calcio
2. pallacanestro
3. pallavolo
4. golf
5. equitazione
6. nuoto
7. tennis
8. sci
9. scherma
10. aerobica

C

1–(c); 2–(a); 3–(d); 4–(b); 5–(i); 6–(e); 7–(j); 8–(f); 9–(g); 10–(h)

Attività 7.8

Here is a possible answer.

Associazione sportiva non profit 'A TUTTO SPORT'

Corsi diurni e serali di:

pallacanestro – calcio – pallavolo – tennis – nuoto – pallanuoto – aerobica

Corsi per tutte le età

- propedeutici per bambini dai cinque agli otto anni
- per giovanissimi dai nove ai 14 anni
- per ragazzi dai 15 ai 25 anni
- per adulti
- per gli over 60

Prezzi competitivi

Iscrizione base di €100 annuali + costo del corso.

Sono membro dell'associazione sportiva non profit 'A tutto sport' da ormai cinque anni. L'associazione offre corsi a tutti i livelli di vari sport, da quelli di squadra a quelli individuali. Io frequento un corso di tennis a livello intermedio e uno di pallanuoto a livello avanzato. La mia esperienza presso l'associazione è decisamente ottima. Anche mia moglie e i miei due figli si allenano qui. Le strutture sono eccellenti e la preparazione degli istruttori è ottima. Allo stesso tempo, però, l'atmosfera è cordiale e amichevole, non c'è quell'aria di competitività e quell'ossessione con la forma che invece si respira nelle palestre private. *A tutto sport* è infatti un'associazione non profit, finanziata dal comune, dai membri e da sponsor privati. Il principio su cui si fonda è quello di offrire a tutti la possibilità di fare esercizio a basso costo e nelle migliori condizioni.

Attività 7.9

A

Here are some possible answers.

1 Nel mio paese, i Paesi Bassi, ci sono molte persone che fanno sport a tutti i livelli. Inoltre, poichè il mezzo di trasporto più usato nei Paesi Bassi è la bicicletta, anche le persone che ufficialmente non fanno sport, in realtà praticano il ciclismo!

2 Secondo me uno sport accessibile a tutti è il nuoto. Le piscine pubbliche sono diffuse e costano poco. Inoltre, nelle piscine vengono svolte attività motorie anche per persone diversamente abili.

3 Un'iniziativa che si può prendere è quella di aprire le porte di palestre e strutture sportive gratuitamente una volta al mese.

B

The statements which refer to the text are: 1, 3 and 5.

C

(a) Non sottovalutate l'importanza delle scarpe da ginnastica.

(b) Bevete molta acqua e non aspettate di aver sete, bevete sia durante l'attività fisica che dopo.

(c) Scegliete lo sport in base all'età, alla costituzione fisica e ai vostri gusti.

(d) Le strade di campagna (si riempiono) di ciclisti che pedalano.

(e) Prima di cominciare fate un controllo medico.

Attività 7.10

A

1 (lo) scudetto

2 sostenere una squadra

3 una partita fra due squadre della stessa città

4 i nerazzurri

5 azzurro

6 dilettanti

7 i migliori e di nazionalità italiana

B

Here are some possible answers.

1 Lo stadio: **campo sportivo dove si giocano le partite di calcio.**

2 La serie A: **gruppo delle migliori squadre professioniste.**

3 Il campionato: **competizione / gara calcistica fra le squadre italiane.**

4 Il soprannome: **nome non ufficiale.**

5 Una delle squadre più titolate del mondo: **squadra che ha vinto molti mondiali.**

Attività 7.11

A

Here are some possible answers.

1 Pochi giovani fanno sport.

2 I calciatori sono pagati troppo.

3 Alcuni sport come il calcio sono diventati dei business.

B

Here are some possible answers.

1 Secondo me il primo articolo parla dei calciatori che sono pagati troppo. Secondo il titolo, si pensa di stabilire un tetto agli ingaggi, cioè uno stipendio massimo per i giocatori.

2 Secondo me il secondo articolo parla del doping nello sport e in particolare nel ciclismo, uno sport in cui molti atleti sono risultati positivi ai test antidoping.

3 Secondo me il terzo articolo parla dei giovani italiani che fanno meno sport e preferiscono stare seduti davanti alla televisione.

C

1. sedentarietà
2. strapagati
3. positivo
4. costoso
5. violento
6. tenersi in forma

D

Here is the completed table.

Sport	Sportivo
costoso	agile
violento	violento
divertente	veloce
di squadra	forte
elitario	in forma
faticoso	onesto
dinamico	strapagato
	dopato
	flessibile
	dinamico

Attività 7.12

A

Here are some possible answers.

1. A mio parere, nel Regno Unito c'è molta attenzione verso i cittadini diversamente abili. Per esempio, ci sono poche barriere architettoniche e le scuole, le università e i posti di lavoro sono ben attrezzati per garantire alle persone diversamente abili pari opportunità.

2. Non conosco un'associazione in particolare, ma so che ce ne sono molte e che, dato il successo dei nostri atleti paralimpici, producono degli sportivi eccellenti.

3. Secondo me lo sport è uno strumento molto importante per garantire e sensibilizzare la gente sulle pari opportunità. Il lavoro di squadra favorisce, infatti, la collaborazione fra i giocatori.

B

Here is the completed table.

Sport invernali	Sport estivi	Sport d'acqua
sci discesa e fondo	equitazione	nuoto
	nuoto	rafting
	tiro con l'arco	hydrospeed
	escursioni naturalistiche	
	passeggiate in bicicletta	
	gite nei boschi	
	tennis	
	rafting	
	hydrospeed	

C

Here are some possible answers.

1. L'organizzazione si occupa di attività sportive e ricreative per persone con disabilità. Vuole dare a persone diversamente abili l'opportunità di fare sport, di mettersi alla prova in tutta sicurezza e di passare una vacanza divertente e costruttiva.

2. Il fondatore si chiama Andrea Brunello, un italiano che è vissuto negli Stati Uniti. Negli Stati Uniti ha fatto il volontario in un centro che organizza sport per persone diversamente abili e ha voluto creare un centro simile in Italia.

3. Si trova nelle zone di Bellamonte, Predazzo e in tutto il territorio della Val di Fiemme.

4. L'indifferenza e lo scetticismo della gente e anche la paura di affrontare questa impresa.

5. Ci lavorano volontari esperti e ben addestrati; professionisti come maestri di sci e istruttori preparati e formati per questo tipo di insegnamento.

D

1–(d); 2–(a); 3–(g); 4–(i); 5–(h); 6–(f); 7–(e); 8–(c); 9–(b)

E

Here is a possible answer.

> SportABILI: Il nome dell'associazione suggerisce che anche le persone con disabilità sono abili per lo sport, possono fare sport.
>
> 'Se posso fare questo… posso fare tutto!': questo motto significa che le attività sportive proposte da SportABILI aiutano le persone diversamente abili a trovare la sicurezza di sé necessaria per un miglior inserimento nella società.

Attività 7.13

A

Here are some possible ways of completing the table using the information in the text.

LA PALLACANESTRO	
Vantaggi	Svantaggi
Non c'è bisogno di un'attrezzatura sofisticata e costosa, basta una palla e un canestro.	Ci vogliono due pareti o due assi, non si può giocare in un prato.
È uno sport veloce ed emozionante che entusiasma tanto i giocatori quanto il pubblico.	La palla deve essere da pallacanestro, non un semplice pallone da gioco.
Si può giocare sia all'aperto che all'interno.	Se si gioca in squadra a livello competitivo è importante allenarsi insieme regolarmente ed essere sempre in forma.
Dà l'opportunità di fare esercizio fisico divertendosi ed è difficile farsi male.	Bisogna essere alti per raggiungere buoni livelli.
Essendo uno sport di squadra, permette di legare con gli altri giocatori e di imparare a lavorare in gruppo.	

B

Here is a model answer for the second option.

> Lo sci è uno sport che ha numerosi vantaggi, ma anche molti svantaggi. In questo testo voglio analizzare gli aspetti positivi e negativi di questo sport di montagna.
>
> Il grande vantaggio dello sci è che si pratica a contatto con la natura e all'aria fresca e pura di montagna. Inoltre, sciare permette di scoprire paesaggi meravigliosi e ammirare le montagne innevate. Un altro vantaggio dello sci è che ogni sciatore può scegliere la propria velocità: alcuni sciatori preferiscono sciare lentamente, altri invece, più sicuri o più avventurosi, sciano in modo dinamico e veloce. Gli sciatori si possono mettere alla prova, si possono scegliere percorsi più semplici, per principianti o le 'piste nere', le più difficili, per abili sciatori. Inoltre, sciando si possono conoscere persone con cui si chiacchiera a fondo pista o si prende un caffè nei rifugi. Tuttavia, socializzare non è obbligatorio: si può anche stare da soli e ammirare il paesaggio in assoluta pace.
>
> Purtroppo lo sci comporta anche degli svantaggi. Innanzitutto è molto facile farsi male cadendo; ogni anno migliaia di sciatori si rompono gambe, braccia e tornano dalle piste ingessati. L'attrezzatura poi è molto cara, bisogna comprare sci, scarponi, racchette, tute, guanti e... non è finita qui, bisogna anche pagare lo skipass e, se si è principianti, le lezioni con un maestro.
>
> L'altro grande svantaggio dello sci è che si può praticare solo dove e quando c'è neve, quindi nei paesi che hanno montagne innevate e prevalentemente nei mesi invernali.
>
> Lo sci può indubbiamente essere uno sport costoso e pericoloso, ma la bellezza delle montagne e la possibilità di fare sport sulla neve compensa indubbiamente il prezzo alto e il rischio di una frattura.

Unità 8

Attività 8.1

A

Annuncio	(a)	(b)	(c)	(d)	(e)	(f)
Professione	docente	receptionist	segretaria commerciale	programmatore	infermiere professionale	muratore
Luogo di lavoro	Milano	Milano	Roma	Bologna	Firenze	Torino
Titolo di studio	Laurea	Diploma o laurea				
Requisiti	Conoscenza ambiente DOS / WINDOWS / internet, disponibilità part time.	Massimo 35 anni, conoscenza inglese.	Massimo 35 anni, conoscenza tedesco, Office.	20–30 anni, buona esperienza, militare assolto.	30–35 anni, esperienza, disponibile a turni.	esperienza

B

1–(e) and (f); 2–(e); 3–(d); 4–(a); 5–(d); 6–(a) and (c)

C

1–(d); 2–(e); 3–(f); 4–(a); 5–(g); 6–(b); 7–(c)

Attività 8.2

A

1–(b); 2–(a); 3–(a); 4–(b); 5–(a); 6–(c); 7–(b); 8–(c)

B

1–(b); 2–(d); 3–(h); 4–(e); 5–(i); 6–(a); 7–(c); 8–(g); 9–(f)

C

Here are some possible answers.

1 Infermiera: **amichevole**.
2 Segretaria: **organizzata**.
3 Disegnatore: **creativo**.
4 Cameriere: **veloce**.
5 Tecnico: **preciso**.

D

Here is the completed text.

> Negli anni 60, l'Italia ha vissuto un periodo di **boom economico**. Ora però, la situazione è molto diversa, stiamo vivendo un'epoca di forte **recessione** e trovare un lavoro **fisso** è diventato il sogno di un'intera generazione di italiani.

Sempre più giovani lavorano con contratti **a tempo determinato**, che durano pochi mesi, o, nei migliori dei casi, un anno. Il lavoro **nero**, senza un contratto regolare è purtroppo in aumento, con gravi conseguenze sulla sicurezza sui **luoghi di lavoro** e sull'economia. Inoltre, stiamo assistendo all'emigrazione di molti **laureati**, ricercatori e studiosi italiani che vanno a lavorare all'estero, fenomeno che potremmo definire una vera e propria **fuga dei cervelli**.

Attività 8.3

A

Here are some possible answers.

1. Per fare l'insegnante si deve essere: **pazienti, chiari, disponibili**.
2. Per fare il chirurgo si deve essere: **precisi, abili con le mani, calmi**.
3. Per fare lo psicologo si deve essere: **comprensivi, disponibili, intuitivi**.
4. Per fare il muratore si deve essere: **forti, diligenti, puntuali**.
5. Per fare l'agente di polizia si deve essere: **attenti, onesti, coraggiosi**.

B

1–(c), 2–(a), 3–(e), 4–(d), 5–(b)

1–(c), 2–(d), 3–(a), 4–(b)

C

Here are the sentences with the second half unjumbled.

1. Sta soffrendo molto: **non bisognava dirgli la verità**.
2. Se volevi trovare un parcheggio, **non bisognava partire all'ultimo momento**.
3. Per fare questo dolce, **non bisogna aggiungere lo zucchero**.
4. È un incompetente, **non bisognava seguire il suo consiglio**.
5. Te l'avevo detto che **non bisognava fare così**.

D

Here is a model answer.

Il mio lavoro ideale è fare la guida turistica. Secondo me è un bellissimo lavoro che permette di visitare luoghi e paesi diversi, di scoprire la storia e la cultura di altri popoli. Per essere una buona guida turistica bisogna essere appassionati di viaggi, di storia e di culture diverse. Bisogna saper parlare diverse lingue straniere per poter accompagnare i turisti e per comunicare con la gente del luogo. Bisogna essere socievoli, aperti, amare il contatto con le persone. Si deve anche essere molto calmi perché durante i viaggi ci sono sempre degli imprevisti e bisogna mantenere la calma.

Attività 8.4

A

(c)

B

tornare, stare, lavorare, avere, comprare, andare, fermarsi, girare, dovere, venire

C

Here is the completed text with the verbs in the future tense.

Dopo l'Esame di Stato non **andrò** all'università. Ho intenzione di lavorare e di aprire un negozio di fiori. **Resterò** nella mia città e non **mi trasferirò** come hanno fatto i miei fratelli. Però non **vivrò** con i miei genitori. Infatti ho deciso che **andrò** ad abitare da sola. Prima o poi di sicuro **mi sposerò** e **avrò** dei figli, ma adesso preferisco non avere un ragazzo fisso. Ma quanti progetti! Intanto domani **partirò** per la Sardegna e **ritornerò** a casa più o meno fra due settimane.

D

Here are some possible answers.

1. Quando avrò dei soldi, comprerò una casa più grande.
2. Fra un mese andrò in vacanza.
3. Prima o poi farò un viaggio in Cina.
4. Fra sei anni sarò sposato con figli.
5. Quando sarò anziano/a, continuerò a studiare.
6. Fra un anno tornerò in Francia.
7. Quando avrò un po' di tempo, andrò in palestra.

Attività 8.5

A

1. avrà
2. saranno
3. arriverà
4. saranno
5. finirò
6. ci vorranno

B

1. Saranno nell'altra borsa!
2. Chi sarà?
3. Avrà 50 anni.
4. Che cosa ci sarà dentro?
5. Sarà francese.
6. Chi sarà il mittente?

Attività 8.6

A

Here is the completed letter.

> Egregio dottor Morici,
>
> In riferimento **all'annuncio** pubblicato su 'Donna Moderna' del 30/01/2011 mi permetto di presentare **domanda** per l'impiego in questione.
>
> Ho 31 anni e risiedo a Milano. **Ho frequentato** il liceo linguistico Giuseppe Mazzini e mi sono diplomata nel luglio 1997 con la votazione di 54/60.
>
> Da gennaio a settembre 1998 ho lavorato come segretaria, receptionist e **guida turistica** presso l'agenzia L'Albero dei Viaggi, poi mi sono trasferita per otto mesi in Inghilterra dove ho lavorato come segretaria **presso** la scuola di lingue EF di Southampton. Al mio ritorno in Italia ho lavorato per dieci anni all'aeroporto di Linate come assistente di terra presso il dipartimento di relazioni con il pubblico. Oltre all'inglese parlo **correntemente** anche lo spagnolo e attualmente sto frequentando un corso di lingua e cultura araba.
>
> Le invio il mio curriculum e rimango **a Sua disposizione** per ulteriori informazioni che sarò lieta di fornirLe in occasione di un eventuale incontro.
>
> **La ringrazio** per la Sua gentile attenzione e Le porgo i miei più **cordiali saluti**.

B

Here is the language that might be considered particular to a letter of application.

> Gentili Signori,
>
> Sono fortemente interessata a lavorare...
>
> Ritengo quindi di possedere capacità ed esperienza per poterVi offrire una valida collaborazione.
>
> Vi comunico infine la mia più ampia disponibilità...
>
> RingraziandoVi per l'attenzione dedicatami, rimango a disposizione per un colloquio.
>
> Cordiali saluti,

C

1. Vero.
2. Falso. Ha letto l'annuncio di lavoro pubblicato sulla rivista *Donna Moderna*.
3. Falso. Ha lavorato in Inghilterra per otto mesi.
4. Vero.
5. Falso. Ha un diploma in lingue.
6. Vero.
7. Falso. Ha allegato il suo curriculum.

D

	Informale	Formale
Apertura della lettera	Caro Alessandro, come stai?	Egregio dottor Sforza, Gentile signora, Gentili signori,
Parte centrale	Hai l'indirizzo di...? Avrei una domanda da farti: Grazie per l'informazione.	Mi permetto di presentare domanda... Le invio il mio curriculum. Sono fortemente interessata a lavorare... Ritengo quindi di possedere capacità ed esperienza per poter Vi offrire una valida collaborazione. Vi comunico infine la mia più ampia disponibilità...
Chiusura della lettera	A presto!	La ringrazio per l'attenzione. RingraziandoVi per l'attenzione dedicatami, rimango a disposizione per un colloquio. Le porgo i miei più cordiali saluti, Cordiali saluti,

Attività 8.7

Here is a model answer.

Marco Giuliani
Via dei Medici,
50100 Firenze

Dott.ssa Marini
Vedior
Viale Piave, 33
20129 Milano

Firenze, maggio 2010

Oggetto: candidatura per il posto di infermiere professionale

Gentile Dott.ssa Marini,

In risposta all'inserzione su Il Corriere, mi permetto di presentare la mia candidatura per il posto di infermiere professionale presso una clinica privata di Firenze.

L'indirizzo di studi seguito e le esperienze lavorative effettuate mi hanno dato l'opportunità di acquisire conoscenze e competenze essenziali per questo tipo di professione.

Nel maggio 2002 mi sono laureato in scienze infermieristiche presso l'Università di Brescia con 110 e lode. Nel luglio 2002 ho partecipato al concorso per posti di infermiere presso il policlinico universitario di Padova, che ho superato a pieni voti. Ho lavorato presso i reparti di oncologia e pediatria del Policlinico di Padova dall'agosto 2002 al settembre 2006. Mi sono trasferito a Firenze nell'ottobre 2006 per motivi familiari e attualmente lavoro a tempo parziale presso la clinica geriatrica privata 'Benessere 2000', dove mi occupo di pazienti anziani con limitate capacità motorie. Ritengo quindi di possedere competenze ed esperienza per poterLe offrire una valida collaborazione.

Ho 31 anni compiuti e sono disponibile a turni anche notturni. Sono anche disponibile a un'eventuale assunzione a tempo indeterminato.

RingraziandoLa per l'attenzione dedicatami, sono a disposizione per un colloquio informativo.

Cordiali saluti,

Marco Giuliani

Allegato: curriculum vitae

Vocabolario

Laurearsi con 110 e lode means to graduate with the maximum score and distinction.

Il concorso: for state jobs in the public sector, appointments are made on the basis of a national competition known as *'il concorso'*.

Attività 8.8

A

1. Enrico è triste perché non riesce a trovare un lavoro. Ha già fatto tre colloqui e non ha ricevuto ancora nessuna risposta positiva.

2. Se non troverà un lavoro, non avrà soldi. Senza soldi non potrà andare in Argentina da zia Concetta, che ci rimarrà male, e tornerà a casa.

3. Edoardo dovrà dire alla mamma che se Enrico non otterrà un lavoro nelle prossime tre settimane, tornerà a casa.

B

Here is the email with the conditions and consequences underlined.

> Ciao Edoardo,
>
> oggi sono veramente triste. Ho già fatto tre colloqui per posti di cameriere in vari ristoranti di Roma e non ho avuto ancora nessuna risposta positiva…sto iniziando a perdere le speranze. <u>Se non riuscirò ad avere un posto di lavoro presto, salteranno tutti i miei piani estivi</u>… <u>Se non lavorerò per almeno due mesi, non avrò soldi e se non avrò soldi non potrò andare in Argentina.</u> <u>Se non potrò partire, mi rovinerò le vacanze, perderò un'occasione unica e zia Concetta ci rimarrà male</u> – sta già preparandosi al mio arrivo.
>
> Tu come stai, fratello? La scuola? Il tuo giornale? Hai scritto qualche nuovo articolo?
>
> <u>Se non otterrò un lavoro nelle prossime tre settimane, tornerò a casa</u>… dillo a mamma.
>
> A presto,
> Enrico

C

1–(d) aspetteremo

2–(f) cercherò

3–(c) perderai

4–(b) finirò

5–(e) chiamerò

6–(a) potrai

Attività 8.9

A

1–(e); 2–(g); 3–(f); 4–(c); 5–(a); 6–(d); 7–(b)

B

Here are some possible answers.

1. Se imparerò bene l'italiano, **andrò a lavorare in Italia.**

2. Se avrò un po' di tempo, **andrò in palestra un po' più spesso.**

3. Se decido di andare a mangiare fuori, **andrò alla trattoria qui all'angolo.**

4. Se adesso a casa non c'è nessuno, **vado subito a dormire.**

5. Se deciderò di fare un corso, **sarà il corso di yoga: ho bisogno di rilassarmi.**

6. Se avrò abbastanza soldi, **farò il giro dell'intero paese.**

Attività 8.10

A

Here are some possible answers.

1. Nel Regno Unito la disoccupazione è diventata un problema serio soprattutto dopo la crisi economica del 2008–2009. Sono stati infatti tagliati molti posti di lavoro.

2   Secondo me, il principale problema del Regno Unito è il fatto che sono sempre meno i giovani che vogliono fare lavori manuali e artigianali. Questo crea una grande richiesta di manodopera in alcuni settori.

3   Sì, è un tema molto scottante. Per questo le imprese e i datori di lavoro hanno dei regolamenti molto rigidi sulla sicurezza.

4   Secondo me nel mio paese vengono garantite le pari opportunità e nell'assumere un lavoratore non si prendono in considerazione fattori come sesso, età, etnia, religione, orientamento sessuale.

B

1–(b); 2–(d); 3–(c); 4–(a)

C

1° testo: (a), (d)

2° testo: (b), (c)

3° testo: (b), (d)

4° testo: (a), (c)

Attività 8.11

A

Here are some possible answers.

1   Fuga dei cervelli significa che molte persone intelligenti e preparate (ricercatori, scienziati) lasciano il loro paese d'origine per vivere e lavorare all'estero.

2   Nel mio paese, l'Austria, la fuga dei cervelli non è un fenomeno molto diffuso come per esempio nella vicina Italia.

3   Mancanza di fondi per la ricerca.

    Pochi posti di lavoro.

    Nepotismo.

B

Here are some possible answers.

1   Perché in Italia non ci sono sbocchi, gli stipendi non sono adeguati, i fondi per la ricerca sono pochi. Mancano fondi e organizzazione per accogliere nuovi gruppi di ricerca e sviluppare nuovi progetti. Molti concorsi sono pilotati e sono vinti da raccomandati.

2   Delia Boccia non vuole tornare perché si sente quasi tradita dall'Italia. Dice che l'Italia non si merita più la sua forza, la sua passione e il suo lavoro.

3   Le ha offerto un'opportunità dandole un contratto che le permette di pagare affitto, contributi e di crescere un figlio piccolo.

4   Perché una volta provate le condizioni di lavoro che offrono le università straniere, è difficile tornare indietro.

5   Si fa carriera in base al merito e i fondi vengono assegnati da terzi in modo imparziale.

6   Bisognerebbe destinare più fondi alla ricerca, incentivare un rapporto di collaborazione fra ricerca e imprese. Bisognerebbe anche garantire concorsi trasparenti.

Attività 8.12

A

Here is a possible answer.

> Cari amici di Lavoro dei Sogni,
>
> Mi chiamo Irma, ho 46 anni e sono una delle poche donne italiane a fare la camionista, un lavoro tradizionalmente considerato 'maschile'. Lavoro per una compagnia di trasporti di Bergamo. Il mio è un lavoro fisso, guadagno pochissimo

e lavoro moltissime ore facendo a volte straordinari non retribuiti. Viaggio molto, in Italia e all'estero e questo comporta grandi sacrifici. Ho due figlie, una di sette e l'altra di 12 anni e mio marito Mario lavora part time nella mia stessa compagnia di trasporti. Cerchiamo di alternarci, quando io lavoro, lui segue le bambine e viceversa. Tuttavia, io sto fuori casa molto più di lui, a volte anche per giorni, e soffro a non poter vedere le bambine tutti i giorni.

Il mio lavoro dei sogni è molto semplice: mettermi in proprio e aprire una piccola ditta di trasporti. Ho sempre sognato di lavorare in proprio, mi piace la flessibilità e l'autonomia che dà e non mi spaventa dover assumermi molte responsabilità. Io farei la coordinatrice e lavorerei da casa. Mario potrebbe continuare a lavorare part-time insieme ad un paio di dipendenti.

Se vincerò il concorso la qualità della mia vita sarà sicuramente migliore. Passerò più tempo con le mie bambine, giocherò con loro ogni giorno e le vedrò crescere di giorno in giorno. Potrò anche condividere molti momenti della mia giornata con mio marito. Avrò più tempo per godermi la mia casa e per tenerla in ordine. In casa avrò un ufficio solo per me con tutto il necessario: computer, telefono, fax, stampante, scanner. La compagnia assumerà due o tre dipendenti; mi piacerebbe dare spazio alle donne in questo settore. Guadagnerò anche più soldi e in un futuro più lontano avrò più dipendenti ed un ufficio vero e proprio.

Cordiali saluti,

Irma Valeri

camionista *lorry driver*

Unità 9

Attività 9.1

A

1–(e), 2–(c), 3–(a), 4–(b), 5–(d)

B

1 casale

2 vendesi

3 affittasi

4 doppi servizi

5 mansarda panoramica

6 cucinotto

7 monolocale

8 arredato

9 bifamiliare

10 camera matrimoniale

C

(a) Il casale dell'annuncio 1 è il più adatto ad Aldo e Anita perché ha quattro camere ed ha lo spazio per ospitare figli e nipoti.

(b) Il monolocale dell'annuncio 4 è ideale per Marco perché è in affitto, è piccolo ed è in centro. Inoltre è arredato, quindi Marco non dovrà comprare mobili per solo un anno.

(c) L'attico dell'annuncio 2 è perfetto per Sabrina, Massimo e i loro figli. Ha, infatti, due camere e una cameretta, terrazze per i gatti e per i bambini e uno studio in cui Sabrina e Massimo possono lavorare.

D

Here are some possible answers.

1. Sceglierei il numero 2. Voglio infatti affittare e non comprare casa. L'attico sembra della grandezza giusta per tre persone e il prezzo non è troppo alto. Inoltre, mio marito è un pittore e gli piace vivere ai piani alti perché c'è più luce per dipingere.

2. VENDESI APPARTAMENTO in centro storico, 2 camere, 2 bagni, salone, cucina, ripostiglio, terrazza panoramica. Ideale per coloro che amano vivere nel cuore della città.

3. Il cliente ideale a cui vendere il mio appartamento è una coppia giovane con al massimo un bambino. Entrambi i genitori lavorano in città e vogliono vivere in pieno centro storico vicino al posto di lavoro, all'asilo, ai servizi, a ristoranti, negozi, cinema e teatri.

Attività 9.2

A

1–(h), 2–(f), 3–(e), 4–(g), 5–(d), 6–(b), 7–(c), 8–(a)

B

1–(f), 2–(c), 3–(e), 4–(g), 5–(d), 6–(b), 7–(i), 8–(a), 9–(h)

Attività 9.3

A

1. Falso. Sono case vere, della vita di tutti i giorni.
2. Vero.
3. Falso. Variano a seconda dell'età di chi vi abita.
4. Vero.
5. Vero.
6. Vero.

B

Here is the completed table.

Trentenni sposati	Quarantenni–cinquantenni	Sessantenni–settantenni	Ragazzi	Single
Appartamenti non ricchi.	La stanza più importante è il soggiorno che diventa quasi un luogo di rappresentanza.	Importanti pezzi di arredamento.	Stanze simili fra loro.	L'arredamento è libero.
La stanza più importante è la cucina.	È una stanza poco vissuta, sempre in perfetto ordine.		Piene di oggetti spesso inutili.	La stanza più importante è la camera da letto.
	Non sempre di buon gusto.		Poster alle pareti.	
			Fotografie appese dappertutto.	
			Computer e televisore.	

C

Here is a model answer.

> Le tre categorie che ho scelto sono: lo studente universitario, la coppia di pensionati e il giovane professionista.
>
> Lo studente universitario vive in un appartamento con amici della stessa età. Ha una camera singola con scrivania e computer, ma divide bagno, cucina e salotto. C'è molto disordine nelle stanze; la pulizia lascia un po' a desiderare.
>
> La coppia di pensionati abita in una villetta nei sobborghi della città; le stanze sono pulitissime e ogni cosa è al suo posto. I mobili sono vecchi e ci sono molte foto di figli e nipoti.
>
> Il giovane professionista vive in un attico nel centro città. Lo stile è essenziale: pochi gli oggetti decorativi, ma molta tecnologia.

Attività 9.4

A

1. Falso. Partirà per Francoforte domenica mattina.
2. Vero.
3. Vero.
4. Falso. È al primo livello.
5. Falso. C'è un terrazzo.
6. Falso. Dà su un cortile.
7. Vero. (L'hanno arredato con i loro mobili ma la cucina c'era già.)
8. Falso. Nel centro di Amsterdam circolano poche macchine.

B

Mariuccia uses the forms 'bel', 'bella', 'bello' e 'bei'.

> un **bel** salone
>
> La camera è veramente **bella**
>
> Anche il salone è **bello**
>
> comprando dei **bei** mobiletti

It depends on the gender and number of the noun that follows and on whether the noun begins with a vowel or a consonant, and which consonant.

C

Here is the completed dialogue.

> – Ornella e Livio hanno avuto una **bella** fortuna!
>
> – Eh, sì, in effetti hanno veramente un **bell'**appartamento, grande, luminoso, con **begli** spazi.
>
> – Sì, e poi si trova anche in un **bel** quartiere tranquillo, pieno di verde. Ho visto che ci sono anche dei **bei** negozi vicino.
>
> – Sì, sì, li ho visti.
>
> – E poi hanno anche dei **bei** mobili, no?
>
> – Sì, in effetti l'appartamento è arredato molto bene.

D

Here are some possible answers.

> Sul cassettone vedo un bel vaso di Murano azzurro e blu.
>
> Alla mia destra vedo la mia bella gatta che sta dormendo sul divano.

Sul comò vedo dei bei soprammobili d'argento che colleziono da molti anni.

Nella libreria vedo tanti bei libri che mi piace leggere nel tempo libero.

Ho la finestra aperta e sento una bella musica che viene dalla casa dei vicini.

Attività 9.5

Here is a model answer.

Vivo in una casa singola nell'immediata periferia della città. È una casa degli anni '50, su due piani con un piccolo giardino, molto grazioso. Al piano terra ci sono la cucina, la sala da pranzo e un salotto. La sala da pranzo e il salotto danno sul giardino, sono stanze abbastanza spaziose e luminose. La cucina è un po' stretta, non ho molto spazio per cucinare. Al piano superiore ci sono due camere da letto e un bagno piuttosto vecchio. La casa dei miei sogni è un casale in campagna, grande, spazioso e circondato da ettari di terra. La mia casa ideale è antica, ma arredata in stile moderno. Ha almeno quattro camere, ciascuna con un suo bagno. La cucina è enorme, c'è spazio per cucinare e per ricevere ospiti. In cucina c'è una portafinestra dalla quale si può accedere all'orto e cogliere verdura fresca da cucinare.

Attività 9.6

A

1 Nella mia casa è mio marito che si occupa delle pulizie. Io lavoro a tempo pieno, mentre lui lavora a tempo parziale, quindi ha più tempo per i lavori domestici.

2 Per me i lavori domestici sono un piacere perché amo la mia casa e mi piace vederla in ordine e pulita.

3 Nel mio paese di origine la pulizia della casa è importantissima. Una casa in disordine e sporca compromette la reputazione di chi ci abita!

B

The expressions in the text referring to housework are:

lavate i piatti

spolverate i mobili

passate l'aspirapolvere

pulite a fondo il bagno

mettete degli asciugamani puliti

C

1–(d); 2–(h); 3–(g); 4–(k); 5–(f); 6–(i); 7–(j); 8–(l); 9–(c); 10–(m); 11–(e); 12–(n); 13–(a); 14–(b); 15–(o)

D

Here are some model answers.

1 Spolverare: perché è un lavoro noioso e ripetitivo; non permette di esprimere nessun tipo di creatività.

2 Sparecchiare la tavola: perché è faticoso, soprattutto dopo un pasto abbondante.

3 Lavare i vetri delle finestre: perché richiede tempo e spesso bisogna usare una scaletta per salire in alto.

4 Gettare la spazzatura: perché spesso puzza.

5 Lavare i piatti: perché non è un lavoro creativo; se le stoviglie sono molte, richiede anche tempo.

Attività 9.7

A

1–(a), 2–(a), 3–(c), 4–(b), 5–(b)

B

Here is the completed table.

Dopo verbi che indicano opinione	Dopo verbi impersonali come 'è + aggettivo'	Dopo verbi che esprimono ricerca di caratteristiche specifiche
Penso che **sia** importante… Credo che l'area del centro **sia** la più adatta a noi…	È importante che **sia** luminoso… È necessario che **abbia** un terrazzo grande… È fondamentale che **abbia**… Importante che **si trovi**…	Cerco un appartamento che **sia** all'ultimo piano.

C

1. sia, ci siano
2. abbia
3. si lamentino
4. ci sia, amino

D

1. Mi sembra che l'appartamento non abbia un balcone.
2. Credo che la signora Italia si trasferisca per vivere accanto alle sorelle.
3. Mi sembra che Bruna viva ancora in quella casa.
4. Mi sembra che vogliano andare a vivere in campagna.
5. Credo che l'appartamento sia al quinto piano.
6. Penso che la nuova vicina lavori in casa.

Attività 9.8

A

1. arrivino
2. sia
3. abbia
4. portino
5. siano
6. sia
7. ci vogliano
8. sia
9. abbiano

B

Here are some possible answers.

1. Sì, ma non credo che siano molto raffinate
2. Credo che abbia molto da fare in ufficio.
3. Non lo so, penso che sia un po' rischioso.
4. No, ancora no, ma spero che sia ancora libero.
5. A me non sembra che ce la faccia!
6. Penso che venga con la sorella.

C

che sia

che tu abbia

di essere

di fissare

di essere

che sia

che lei sappia fare

D

1. Secondo me la casa di Irma è veramente sporca e disordinata!
2. Per te ce la fa / ce la farà ad arrivare puntuale?

3   Secondo lei/lui tutto è regalato!

4   Secondo lei/lui suo figlio ha più talento degli altri, ma non è così.

5   A mio avviso quest'iniziativa ci porta / ci porterà alla rovina!

Attività 9.9

A

Here are some possible answers.

1   Nel mio paese, il Regno Unito, le persone che hanno una seconda casa sono, secondo me, abbastanza, ma non so le cifre esatte. Comprano soprattutto all'estero.

2   Senza dubbio le zone sulla costa o la campagna.

3   La maggior parte delle persone che compra una seconda casa la compra all'estero, soprattutto in paesi più caldi come la Spagna e la Francia.

4   Io la comprerei in Italia per poter parlare con i vicini e migliorare il mio italiano!

B

1   Il mercato delle seconde case in Italia è (a) **in crisi**.

2   Il mercato delle seconde case all'estero è (b) **in aumento**.

3   Le seconde case vengono acquistate come investimento (b) **per uso personale**.

4   Rispetto ai prezzi in Italia, all'estero i prezzi degli immobili sono (b) **più bassi**.

5   Gli stranieri che comprano seconde case in Italia sono (b) **in diminuzione**.

6   Gli inglesi preferiscono due regioni del (a) **Centro-Sud**.

7   I tedeschi amano le regioni del (a) **Nord**.

C

Here is a possible answer.

Gli italiani scelgono l'estero come seconda casa.

Attività 9.10

A

Here are the comparisons in Tatiana's notes.

Terrazzo molto più grande del terrazzo dell'appartamento in Via Dante.

... appartamento più grande di quello di Via Cavour.

... bagni più moderni dei bagni dell'appartamento in Via Dante.

Appartamento più caro dell'appartamento di Via Dante.

Appartamento meno caro dell'appartamento di Via Cavour,...

Via Dante è più vivace e movimentata di Via Cavour.

B

1   che
2   di
3   che
4   che
5   di

C

Here are some possible answers.

1   L'appartamento dei miei sogni è più spazioso del mio appartamento attuale.
2   La mia cucina attuale è meno moderna della cucina dei miei sogni.
3   La mia camera da letto è più piccola di quella della casa dei miei sogni.
4   Il mio giardino ideale è più ordinato e curato di quello che ho ora.
5   La casa dei miei sogni ha uno studio più luminoso di quello del mio appartamento.

Attività 9.11

A

1–(b), 2–(a), 3–(a), 4–(b)

B

Here are some possible answers.

1   Sì, nel mio paese, il Regno Unito, l'edilizia popolare è molto diffusa.
2   Cittadini meno abbienti, in difficoltà. Per esempio ragazze madri, persone che non hanno un lavoro o non possono lavorare.
3   Nella mia città, Milton Keynes, c'è un buon numero di case popolari. La cosa positiva è che sono distribuite in tutta la città e non in quartieri isolati che rischiano di trasformarsi in ghetti.
4   Nel mio paese, i giovani fanno molta fatica a comprare la prima casa, soprattutto nelle città più care come Londra.
5   Sono diffusi entrambi. Fra i giovani prevale l'affitto, fra la popolazione più matura l'acquisto.

C

Here is a possible answer.

- In Italia c'è un'emergenza abitativa: 20% della popolazione non possiede una casa di proprietà.
- Il costo degli immobili è alto quindi gli italiani fanno fatica a comprare. Devono quindi affittare, ma gli affitti sono in aumento e gli stipendi bassi non bastano.
- I lavoratori che hanno redditi più bassi spendono oltre la metà del loro stipendio nell'affitto. Le città con gli affitti più alti sono Milano e Roma.
- Ci sono molti sfratti soprattutto a Roma.
- Ci sono poche case popolari.
- La Regione Lazio ha stanziato dei finanziamenti per aumentare l'edilizia popolare nei comuni del Lazio per costruire nuovi alloggi e recuperare quelli abbandonati.

D

Personalmente ritengo che l'emergenza abitativa sia un problema molto grave e diffuso in tutta Europa, specialmente dopo la crisi economica del 2008–10. Penso, inoltre, che l'iniziativa della Regione Lazio sia ottima: è importante investire nel settore e garantire a tutti il diritto ad avere un tetto.

Attività 9.12

Here are some possible answers.

1   Il dammuso è una casa tipica dell'isola di Pantelleria.
2   In passato il dammuso veniva spesso usato per gli attrezzi da lavoro. Oggi i dammusi, ristrutturati, sono abitati sia da gente del posto che da turisti.

3   Il dammuso è costruito con pietra lavica del luogo.

4   La cupola serviva a raccogliere l'acqua piovana in cisterne.

5   Il dammuso veniva costruito con mura di grande spessore per garantire l'isolamento termico.

6   In Andalusia, la regione della Spagna in cui vivo, le case sono basse e bianche. Ruotano intorno ad un chiostro centrale che spesso ha una fontana ed è decorato con ceramiche colorate.

7   Molte di queste case sono ancora residenze private, altre sono state convertite in piccoli alberghi, spesso a conduzione familiare.

Attività 9.13

A

Here are some model answers.

1   La città è un animale: può essere fedele, ma anche pericolosa.

2   Opportunità di poter scegliere fra vari tipi di scuole, stimoli per poter svolgere altre attività formative.

3   La possibilità di venire a contatto con realtà e persone diverse e quindi di potersi confrontare per migliorare e crescere come persone.

4   Sono d'accordo con Lorenzo, perché amo la vita di città. La trovo stimolante anche se sono consapevole dei rischi che si possono correre. In città non ci si annoia mai perché si possono trovare molte cose da fare.

B

Here are some possible answers.

Aspetti positivi	Aspetti negativi
Offre opportunità e stimoli	Alto tasso di criminalità (furti, rapine, spaccio di droga, aggressioni)
Più scelta nel settore dell'istruzione (scuole, accademie, istituti)	Inquinamento
Contatto con realtà diverse dalla propria	

C

Here are some possible answers.

Paragrafo 1 ('In questo tema…urbano'): Introduzione del rapporto giovani-città

Paragrafo 2 ('Penso… nasconde'): La città come metafora

Paragrafo 3 ('Ritengo… aperta'): Aspetti positivi della città

Paragrafo 4 ('Sfortunatamente… città'): Aspetti negativi della città

Paragrafo 5 ('Per concludere… errori'): Conclusione

D

1–(e), 2–(a), 3–(d), 4–(c), 5–(b)

E

Here are two model answers: the first one uses similar language to that you are likely to be using, while the second one uses more complex language.

Penso che sia meglio vivere in città perché ci sono molte più cose da fare e non ci si annoia mai. La città offre numerosi divertimenti come cinema, teatri, discoteche, bar, ristoranti. Inoltre ci sono tanti negozi dove si riesce a trovare di tutto.

Io vivo a Manchester, nel nord dell'Inghilterra. Credo che sia un posto bellissimo e un buon esempio di cosa offre una città, ci sono, infatti, molti negozi e centri commerciali come l'Arndale Centre e il Trafford Centre. Il centro è molto carino, ha una ruota panoramica, edifici storici importanti, teatri e mercati; penso che i turisti non si possano mai annoiare! Per chi ama il calcio, ci sono due stadi importanti, quello del Manchester United e quello del Manchester City.

La vita in campagna non offre tutti questi vantaggi. Per andare a fare spese, a vedere uno spettacolo a teatro o una partita di calcio bisogna prendere la macchina mentre in città ci sono mezzi di trasporto pubblico. A Manchester, per esempio, si possono usare tram e autobus.

In città ci sono tante scuole e accademie. Si può scegliere la scuola migliore e bambini e ragazzi possono fare altre attività nel tempo libero, sport, musica, arte. I miei figli suonano il violino e ogni settimana vanno a lezione in una scuola di musica. La campagna non offre queste opportunità!

Secondo me vivere in città è meglio che vivere in campagna per stare a contatto con la gente. In città ci sono persone di paesi e culture diverse, e non ci si sente mai soli. In campagna mi sentirei isolato e triste, mentre in città basta guardare fuori dalla finestra per sentirsi in compagnia.

La città non è, però, il paradiso terrestre! Ci sono molti problemi come l'inquinamento e la criminalità, ci sono anche zone pericolose che è meglio evitare, soprattutto di sera. Io però non ho dubbi, fra campagna e città scelgo la città.

Sono sempre vissuto in città perché qui sono nato e cresciuto, ma il mio sogno è di potermi un giorno trasferire in una casetta in campagna.

L'aria fresca e pura dei campi non è paragonabile ai gas di scarico emessi dal traffico, soprattutto nelle ore di punta. Chi vive nel verde corre minor rischio di contrarre malattie alle vie respiratorie e conduce una vita dal ritmo più disteso e rilassato.

Sono convinto che una casa in campagna sia l'ideale per i bambini: qui possono giocare e correre liberamente all'aperto senza pericoli e crescere a contatto con la natura e gli animali.

Inoltre, per chi ama lavorare la terra, c'è la possibilità di avere un orto per coltivarsi le verdure: un'attività piacevole perché si svolge all'aperto, ma soprattutto un risparmio sulla spesa di ogni giorno. Per non parlare della differenza in termini di qualità e sicurezza alimentare! Non c'è paragone con ciò che si compra al supermercato.

Chi vive lontano dalla città, secondo me, tende a legare più facilmente con i vicini. Mentre in città spesso è difficile fare conoscenze e amicizie e si vive a volte nel più assoluto anonimato, nelle zone rurali, invece, la gente si incontra e si frequenta maggiormente. Lo spirito di comunità è sempre vivo: ci si saluta, ci si aiuta nel bisogno, si frequenta lo stesso locale (spesso l'unico nella zona) e la parrocchia, che diventa un centro importante di aggregazione. Gli anziani si sentono meno soli, i giovani fanno parte di un gruppo di amici con cui trascorrere il tempo libero e i bambini non passano ore davanti al televisore o con i video giochi!

Penso che oggi, purtroppo, la vita si stia facendo sempre più stressante e frenetica: stiamo diventando macchine, incapaci come siamo spesso di fermarci e gestire il nostro tempo in modo rilassato e sereno. Le città non ci aiutano, anzi peggiorano questa situazione. Sono dell'opinione che soltanto una vita a contatto con la natura possa aiutarci a dare alla nostra esistenza una dimensione più umana.

Unità 10

Attività 10.1

A

Here are some possible answers.

1. Secondo me i tre settori che sono cambiati di più nel mio paese sono comunicazione, famiglia e alimentazione. La comunicazione è cambiata radicalmente grazie al progresso tecnologico, l'arrivo della televisione e poi di internet. La famiglia oggi è molto diversa, si hanno meno figli, le donne lavorano, esistono le unioni civili che consentono anche alle coppie omosessuali il riconoscimento del proprio nucleo familiare. Anche l'alimentazione è cambiata, la vita frenetica di oggi e il benessere ci portano a mangiare cibi pronti, spesso grassi e a fare più spuntini nel corso della giornata.

2. Un aspetto positivo del mio paese che non è cambiato, e spero non cambi mai, è l'umorismo. Nel Regno Unito, la gente ha un forte senso dell'umorismo e ama non prendersi mai troppo sul serio!

3. L'Italia del dopoguerra era un paese prevalentemente agricolo, mentre ora i settori più importanti sono industria e servizi.

B

Here are some possible answers.

1. Il professor Bianchi è un famoso sociologo milanese. Viene intervistato perché sta per uscire nelle librerie il suo nuovo libro.

2. Perché ritiene che il paese stia cambiando molto velocemente e pensa sia importante riflettere su passato e presente per capire che cosa è cambiato e che cosa è rimasto immutato.

3. Il passaggio da monarchia a repubblica e la trasformazione da un paese di emigrazione a uno di immigrazione. Cita anche l'emancipazione femminile, la trasformazione della famiglia moderna e la maggior attenzione per l'ambiente.

4. Nel bene: l'Italia ama ancora la buona cucina, lo stare insieme e la creatività italiana si manifesta in svariati settori. Nel male: l'Italia non è ancora riuscita a sconfiggere la mafia.

5. L'Olocausto e le leggi razziali.

6. Sì, lo leggerei, mi piacciono molto i libri e gli articoli che parlano di temi sociali e di attualità.

7. Sì, leggo spesso articoli di giornale che trattano temi legati ai cambiamenti della società moderna, per esempio la trasformazione della società e della morale nel mio paese.

C

1–(e); 2–(d); 3–(a); 4–(g); 5–(b); 6–(c); 7–(f)

Attività 10.2

A

Here are the correct answers with some cultural notes.

1–(b). In 1861 the first national Italian Parliament met in Turin and Vittorio Emanuele II became king. In 1870 Rome finally became part of Italy and its capital.

2–(a). The referendum in which the Italian people were asked to choose between monarchy or republic was held on 2 June 1946.

3–(c). The Savoy (*Savoia*) family was the Italian royal family until the 1946 referendum. The last king, Umberto II, was on the throne for only only a few weeks. After the referendum he went into exile in Portugal. The Constitution which came into force in January 1948 banned any male member of the Savoia family from entering Italy. The ban was lifted in 2003.

4–(a). In 1951, 13% of the Italian population was still illiterate, unlike other European countries: 4% in France, 2% in Great Britain and 1% in Germany.

5–(c). On 3 January 1954 RAI begins its regular TV service.

6–(a). Designed by Corradino D'Ascanio and produced by Enrico Piaggio, it was launched in 1946.

7–(c). Vittorio De Sica was an iconic director of the *neorealismo* movement. His most famous films are *Ladri di biciclette* and *Sciuscià*.

B

1–(g); 2–(e); 3–(b); 4–(a); 5–(c); 6–(d); 7–(f)

Attività 10.3

A

Here is the completed table.

Ricorrenza	Che cosa si celebra	Data
Festa della Donna	Celebrazione delle conquiste sociali fatte dalle donne e riflessione sulle discriminazioni, violenze e abusi di cui molte donne sono ancora vittime.	8 marzo
Festa della Liberazione	Celebrazione della liberazione dall'occupazione tedesca.	25 aprile
Festa del Lavoro	Si ricordano le conquiste sociali dei lavoratori.	1 maggio
Festa della Repubblica	Giorno del referendum che ha segnato il passaggio dalla monarchia alla repubblica nel 1946.	2 giugno

B

Here is a possible answer.

Ricorrenza	Che cosa si celebra	Data
Bonfire Night	Si celebra il fallito attentato del 1605 in cui un gruppo di cospiratori cattolici, guidati da Guy Fawkes, ha tentato di fare esplodere il Parlamento di Londra.	5 novembre
May Day	Si tratta di una festa di origine celtica, si organizzano danze in costume (*Morris dancing*) e l'albero della cuccagna.	1 maggio
Trooping the Colour (the sovereign's official birthday)	Parata militare dell'esercito britannico. Si celebra anche il 'compleanno ufficiale' del sovrano.	Secondo sabato di giugno

C

Here is a possible answer.

Il 27 gennaio in Italia si celebra il Giorno della memoria. In questa data, scelta per ricordare il 27 gennaio 1945, data dell'abbattimento dei cancelli di Auschwitz, si commemora la Shoah, la persecuzione e lo sterminio del popolo ebraico, e si rende omaggio anche a coloro che hanno lottato per evitare questa tragedia. Durante il Giorno della memoria si organizzano conferenze, momenti di riflessione per non dimenticare e per sensibilizzare i giovani sul tema. La Shoah, infatti, non deve diventare una pagina qualsiasi di un libro di storia, bisogna mantenere viva nei giovani la memoria storica per creare dei cittadini migliori.

D

Here are some possible answers.

1 Nel mio paese, gli Stati Uniti, commemoriamo ogni anno una tragedia molto recente, quella degli attacchi terroristici dell'11 settembre del 2001.

2 Sì, viene data molta importanza alla memoria storica, siamo un paese molto legato alla nostra storia e molto patriota.

3 Sì, penso sia un'ottima iniziativa. Ci sono sempre meno testimoni oculari di quegli eventi ed è importante che i giovani sappiano e capiscano i grandi errori del passato per evitare che si ripetano.

Attività 10.4

A

Here are some possible answers.

1 (c)

2 Secondo me, gli Stati Uniti; penso in particolare a Little Italy a New York.

3 Il mio paese, il Senegal, è un paese di forte emigrazione. C'è pochissima immigrazione.

4 Le destinazioni degli emigranti senegalesi sono molte, soprattutto i paesi europei per la vicinanza geografica. Conosco molti connazionali che vivono in Francia e in Italia.

5 Mio suocero è italiano, è emigrato subito dopo la guerra. Inizialmente voleva fermarsi un paio d'anni e guadagnare un po' di soldi. Poi ha conosciuto mia suocera, che è gallese, ed è rimasto qui.

B

Here are some possible answers.

1 L'esodo migratorio degli italiani è iniziato nel 1861.
2 Tutte le regioni italiane sono state interessate dal fenomeno dell'emigrazione. Inizialmente emigravano più persone dalle regioni del Nord, poi il primato è passato al Sud.
3 Portogallo, Spagna e Grecia.
4 L'Argentina con 15 milioni di persone.
5 Il mio paese, la Gran Bretagna, compare nella lista con un numero consistente di immigrati.

C

1 argentino/a
2 australiano/a
3 canadese
4 belga
5 brasiliano/a
6 francese
7 tedesco/a
8 americano/a, statunitense
9 svizzero/a
10 venezuelano/a
11 britannico/a

Attività 10.5

A

1 Falso. La causa è stata un errore umano.
2 Vero.
3 Falso. Il 23 agosto un soccorritore ha annunciato che erano tutti cadaveri.
4 Vero.
5 Vero.

B

1–(f); 2–(d); 3–(e); 4–(b); 5–(a); 6–(c)

Attività 10.6

A

Here are some possible answers.

1 La Calabria.
2 Il viaggio di nonna Rosa è stato orribile, era da sola con tre bambini piccoli, uno dei quali ammalato. Al suo arrivo si è sentita sola e muta perché non parlava la lingua.
3 Perché conoscevano parenti e amici che si erano già trasferiti in Australia. Gino, per esempio, aveva una sorella già lì.
4 Mantengono in vita le loro tradizioni culinarie, si tengono aggiornati sull'attualità italiana attraverso i mezzi di comunicazione e si incontrano con altri italo-australiani della loro zona.
5 Rosa si è sentita una straniera, mentre Gino e Mirella hanno notato un cambiamento nei costumi, in particolare minor rispetto nei confronti di genitori e anziani.
6 Dice che ci sono delle contaminazioni linguistiche fra italiano e inglese, per esempio gli italo-australiani dicono 'yarda' invece di giardino o 'driviare' al posto di guidare.
7 Rosie non sentiva di appartenere a nessun paese. In Australia credeva di essere italiana, ma durante un viaggio in Italia si è sentita una straniera e la gente li chiamava 'americani'. Crescendo però ha imparato ad amare le sue radici italiane.
8 I ragazzi Nicastri vogliono trasmettere le tradizioni dei loro genitori e nonni alle future generazioni. Danielle dice che sarà più aperta ad altre culture, ma dichiara di voler mantenere il senso della famiglia come centro della socializzazione. Matthew vuole

trasmettere solo alcuni usi e costumi, visto che altri gli sembrano datati, per esempio, quello di sposare una persona di origine italiana.

B

1. italianità
2. italiani nel mondo
3. si tengono aggiornati
4. contaminazioni linguistiche
5. senso di appartenenza
6. trasmissione di tradizioni

Attività 10.7

A

1. Romania
2. Albania
3. Marocco
4. Cina
5. Ucraina
6. Filippine
7. Tunisia
8. Polonia
9. India
10. Moldavia / Moldova
11. Senegal

B

Here is a possible answer.

> Il grafico 'Per zona' descrive il numero di cittadini stranieri che vivono in Italia; vengono individuate, in particolare, quattro zone: il Nord-Ovest, il Nord-Est, il Centro e il Sud. Nel Nord-Ovest vive il 35% dei cittadini stranieri, nel Nord-Est il 26,8%, al Centro il 25,2% e nel Sud la percentuale più bassa, il 13%. Credo che questa distribuzione sia dovuta al fatto che al Nord ci sono più posti di lavoro, soprattutto nel settore industriale. Le statistiche in 'Per nazionalità', invece, descrivono il numero di cittadini stranieri in Italia in base alla nazionalità. Le comunità più numerose sono quella romena e albanese, seguita da quella marocchina e cinese. Interessante è la forte presenza filippina in Italia, un dato che non conoscevo. Mi sorprende invece che non sia nominato nessun paese dell'Africa centrale e subsahariana, visto che nei miei viaggi in Italia ho riscontrato una forte presenza di cittadini africani.

C

1. Vero.
2. Vero.
3. Falso. Dopo alcuni anni hanno ottenuto un permesso di soggiorno.
4. Vero.
5. Vero.

D

Durante viene usato prima di un nome, *mentre* viene usato prima di un verbo.

E

1. mentre
2. durante
3. durante
4. durante
5. mentre

Attività 10.8

A

Here are some possible answers.

1. Penso che corsi di lingua e cultura favoriscano l'inserimento degli immigrati, ma soprattutto penso che sia importante organizzare eventi che coinvolgano sia la gente locale che gli immigrati.
2. Nel Regno Unito la maggior parte degli immigrati è ben integrata. Bisogna ricordare che l'immigrazione nel mio paese non è un fenomeno recente come in Italia, siamo già alla seconda o terza generazione.
3. Nel Regno Unito l'immigrazione clandestina è un problema, anche se meno sentito che in Italia. L'Italia ha una posizione geografica che rende più facile l'immigrazione clandestina attraverso il mare, dall'Africa e dalle coste dei Balcani.

B

Here are some possible answers.

1. A Roccella Ionica sono sbarcati circa 500 immigrati clandestini stremati dal viaggio.
2. Continuano ad aumentare i matrimoni fra italiani e stranieri.
3. A Rosarno ci sono scontri violenti fra immigrati e popolazione locale.
4. Negli asili comunali di Torino, sempre più multietnici, le maestre dovranno imparare più lingue.

Attività 10.9

A

(b)

B

1. stava per fumare
2. stavano ballando
3. stava per cenare
4. stava leggendo
5. stava suonando
6. stavano uscendo / stavano per uscire

Attività 10.10

A

1–(h); 2–(a); 3–(b); 4–(c); 5–(e); 6–(d); 7–(f); 8–(g)

B

All 'sì'. Organised criminal organisations carry out illegal activities but also penetrate the legal economy and private businesses to launder illegally earned money.

C

Here are some possible answers.

1. Il neonato Stato italiano chiedeva aiuto ai mafiosi per gestire l'ordine pubblico.
2. I latifondisti si rivolgevano alle cosche mafiose per proteggere le loro terre dai briganti.
3. La mafia è la ragione per cui ci sono pochi investimenti al Sud e questo causa disoccupazione. Paradossalmente la mafia dà molti posti di lavoro.
4. Nasce nel XVI secolo, durante la dominazione spagnola.

5   Io credo che il cinema americano abbia rappresentato la mafia troppo spesso con caratteri positivi. Il personaggio di Tony Soprano è una figura che piace a molti telespettatori. Film come Gomorra, invece, ci presentano la vera mafia, quella che da secoli è una grande piaga per l'Italia.

Attività 10.11

A

Si usa *essere* o *avere*, in base al verbo che segue *dovere* o *volere*, se è un verbo che al passato prossimo richiede rispettivamente *essere* o *avere*.

B

1   ho dovuto portarla
2   sono dovuto andare
3   ho dovuto guidare
4   ha dovuto pagare
5   sono potuto/a andare

Attività 10.12

A

1   Vero.
2   Falso. Ci vivono anche cittadini italiani.
3   Vero.
4   Vero.
5   Vero.
6   Falso. Le associazioni di volontariato fanno molto, ma i finanziamenti sono pochi.
7   Vero.
8   Vero.
9   Vero.
10 Vero.
11 Falso. L'Italia dipende dall'importazione di gas dall'estero.
12 Falso. L'Italia può sfruttare l'energia solare e eolica.

B

1   Campo nomade: luogo, spesso nelle periferie delle città, dove le comunità rom vivono in roulotte.
2   Emarginazione: mancanza di integrazione, isolamento.
3   Pari opportunità: possibilità per tutti di avere gli stessi diritti e le stesse opportunità.
4   Contraffazione: falsificare il marchio di prodotti.
5   Made in Italy: prodotti 100% italiani, fabbricati con materiali di ottima qualità.
6   Energie rinnovabili: sono energie pulite che non si esauriscono.
7   Energia eolica: è l'energia che sfrutta il vento.

Attività 10.13

Here is a possible answer.

> Credo che la sfida più importante che il mio paese dovrà affrontare nei prossimi dieci anni sia quella dell'integrazione e del dialogo fra culture e religioni diverse. Assistiamo troppo spesso a episodi di razzismo e di intolleranza, il più delle volte causati dall'ignoranza. Perciò ritengo sia importante organizzare iniziative che promuovano l'incontro fra culture, come seminari, conferenze, ma anche feste popolari e di quartiere, spettacoli e concerti. Un'altra sfida importante che il mio paese dovrà affrontare è quella dell'abuso di alcol e sostanze stupefacenti da parte delle generazioni più giovani. Troppi ragazzi vedono l'ubriacarsi come un qualcosa di normale e perfettamente accettabile e mettono in pericolo la propria vita abusando di sostanze dannose per la salute. Non so quale sia la soluzione migliore per risolvere questo problema, ci sono già

molte campagne di sensibilizzazione nelle scuole, ma non sembrano servire a molto. Il proibizionismo, dall'altro lato, non è un rimedio auspicabile. Forse un maggior controllo da parte dei genitori può aiutare. Infine vorrei citare la sfida costituita dall'ambiente. Nel Regno Unito il riciclaggio dei rifiuti non è obbligatorio e penso che questo sia una vera vergogna e segno di arretratezza in materia ambientale.

Attività 10.14

A

Frasi	Fatti	Ipotesi / Supposizioni
Saranno state le 23.45.		✓
sono uscito di casa alle 23.30.	✓	
ho visto una donna che rovistava dentro al cassonetto	✓	
Sarà una senzatetto		✓
ho notato che la donna era ben vestita	✓	
ma mi sembrava abbastanza giovane		✓
Sarà una signora del quartiere		✓
ho sentito il pianto di un neonato	✓	
mi sono reso conto che la donna aveva appena abbandonato un bambino	✓	
le condizioni del bimbo sono ottime	✓	
forse una ragazza giovane o una prostituta		✓

B

Here are some possible answers.

1 Stavo guardando la televisione quando ho sentito un rumore.

2 Di solito non mi alzo così presto.

3 Inizialmente pensavo di passare per casa tua, ma poi ho cambiato idea.

4 Prima mi ha detto che sarebbe passato a salutarmi, poi mi ha chiamato dicendo che aveva cambiato idea.

5 Appena ho finito di studiare ti chiamo.

6 Tuttora non capisco perché si è comportato così!

Attività 10.15

Here is a possible answer.

> Stavo facendo una passeggiata quando ho visto una macchina fermarsi davanti a una banca. Sono scesi due uomini a volto coperto, sono entrati in banca correndo: stavo assistendo a una rapina.
>
> Il lunedì è il mio giorno libero ed è il giorno che dedico a me stessa. Così, ieri mattina, come tutti i lunedì, sono uscita di casa per fare una passeggiata in centro. Camminavo spensierata per le vie affollate e di tanto in tanto mi fermavo a guardare le vetrine. Verso le 11 ho preso una cioccolata calda e un bignè in una rinomata pasticceria e poi mi sono avviata verso la mia banca per prelevare dei soldi. Saranno state più o meno le 11.40, sono uscita dalla pasticceria alle 11.35 e la banca si trova a cinque minuti a piedi. Stavo per arrivare quando ho visto una macchina rosso fuoco, di grossa cilindrata fermarsi proprio davanti alla banca. In un primo momento, mi è sembrato molto strano, visto che il centro è una zona pedonale, ma poi ho pensato: sarà la macchina di qualche negoziante

o fornitore. Improvvisamente, però, sono scesi dalla macchina due uomini a volto coperto e sono corsi dentro alla banca. Mi sono avvicinata alla porta di vetro per vedere quello che stava succedendo. I due uomini erano armati di pistola. Uno di loro aveva preso in ostaggio due dipendenti e li minacciava con la pistola. L'altro, invece, puntava l'arma verso i clienti che gridavano presi dal panico. I due indossavano passamontagna, quindi non saprei riconoscerli. Erano alti, portavano jeans scuri, giubbotti neri e guanti neri. Secondo me erano giovani, dato il fisico atletico. Ho immediatamente distolto lo sguardo dalla scena per cercare il cellulare e chiamare la polizia. Nel frattempo i due sono corsi fuori con delle borse di plastica piene di denaro e sono saliti in macchina.

All'arrivo della polizia, clienti e personale erano sotto shock. Anch'io sono ancora molto agitata. Spero che le indagini procedano velocemente e che i rapinatori vengano arrestati al più presto.

Unit 11

Attività 11.1

A

Here is the completed text.

> Mi chiamo Fabio Saviano e sono nato a Salerno un anno fa. Abito a Fisciano dove vivo con **la mia** famiglia. In queste pagine voglio parlare **dei miei** genitori, **della mia** sorellina Susy, **dei miei nonni** e di tutti **i miei** parenti.
>
> **La mia** mamma si chiama Carmela. Fa la casalinga, resta a casa perché deve accudire me, che a dire il vero non do molto fastidio tranne quando devo mangiare o essere cambiato, e **la mia** sorellina, che, al contrario di me, è una vera peste.
>
> **Il mio** papà si chiama Enrico, non lo vedo molto a casa perché è sempre in giro per lavoro e comunque quelle poche volte che lo vedo è sempre stanco.
>
> In fine c'è **la mia** sorellina, Susy. È nata a Salerno cinque anni fa. Di lei cosa posso dire? È una vera e propria peste, non mi lascia mai in pace specie quando cerco di dormire. Papà e mamma le dicono una cosa e lei fa sempre il contrario, non sta ferma un solo secondo.
>
> **I miei** nonni materni si chiamano Cosimo e Trofimena. Cosa posso dire di loro? Sono le persone più meravigliose del mondo, del resto come tutti i nonni con **i propri** nipoti. Vengono tutti i giorni a trovarci e li osservo sempre. Li guardo e vedo **i loro** occhi pieni di tanto amore. Hanno tanta pazienza con noi bimbi. La nonna Trofimena ha insegnato delle canzoncine a **mia** sorella Susy e sono belle, alcune sono in dialetto e mi fanno ridere perché Susy non le sa pronunciare.
>
> **I miei** zii Enzo e Vittoria abitano a Fisciano anche loro con **i miei** cugini Filippo e Sabrina e **il loro** cane Laika. La domenica andiamo a pranzo **dai miei** nonni e ci sono anche loro e giochiamo tutti insieme.

B

Here is a possible answer.

> La famiglia italiana moderna è composta da genitori e uno o due figli, raramente da più di due figli. Il legame familiare è ancora oggi molto forte. Tutta la famiglia si riunisce ogni giorno, almeno a cena, allo stesso tavolo. I nonni, specialmente se sono vedovi, vivono spesso in casa con uno dei figli e partecipano attivamente

alla vita familiare. I giovani, inoltre, vivono spesso fino ai trent'anni con i propri genitori e lasciano la casa paterna solo quando si sposano. Infatti il fenomeno dei trentenni single e senza figli che rimangono a vivere con i propri genitori è più esteso in Italia che negli altri paesi europei.

(109 words)

C

Here is a possible answer.

Mi chiamo Francesca ed ho 43 anni. Sono sposata con Roberto (che ha 42 anni) e abbiamo quattro figli. Il più grande, Gabriele, ha 14 anni, la seconda, Camilla, ha nove anni e poi ho due gemelli di cinque anni, un maschio e una femmina. Si chiamano Giulio ed Erica. Viviamo a Salerno, in una delle più belle regioni italiane, la Campania.

Ho una sorella più grande, Mariangela, che ha 45 anni ed è sposata con Hasan, che è egiziano ed ha un anno più di lei. Abitano a Milano e non hanno figli. Sono tutti e due medici.

I miei genitori si chiamano Giovanni e Marisa. Sono abbastanza giovani (hanno rispettivamente 70 e 68 anni) e sono autonomi. Sono in pensione. Vivono a Salerno e quando abbiamo bisogno di aiuto ci danno una mano. Sono i nonni più attivi di Salerno!

I genitori di mio marito (nonno Giuseppe e nonna Lucia) invece vivono a Napoli. Sono anziani (hanno tutti e due più di 70 anni) e non stanno tanto bene. Per fortuna hanno una badante romena molto brava, così non dobbiamo correre sempre a Napoli a trovarli.

(188 words)

D

Here are some possible answers.

Tipo di matrimonio: cattolico, celebrato in chiesa, civile, religioso.

Tipo di coppia: coppia sposata, coppia convivente, coppia di fatto, unione di fatto, unione omosessuale.

Stato civile: celibe, coniugato, divorziato, separato, single, nubile, sposato, vedovo.

Membri della famiglia: coniugi, cugino / cugina, figlio / figlia, fratello, sorella, genero, nuora, madre, padre, marito, moglie, nonno / nonna, suocero / suocera, genitori.

E

Here are five possible answers, with the reflexive verbs in the *passato prossimo* highlighted in bold.

1 Mia sorella si chiama Giovanna e **si è sposata** dieci anni fa.

2 Mio padre e mia madre hanno vissuto per molti anni in Inghilterra ma due anni fa **si sono trasferiti** in Scozia.

3 Mio fratello e sua moglie **si sono separati** un mese fa.

4 Io e mio marito **ci siamo conosciuti** quando facevamo l'università.

5 Mia figlia **si è laureata** in medicina la settimana scorsa.

F

Here is a possible answer.

Secondo un'indagine Istat del 2008, i matrimoni in Italia sono in diminuzione, mentre aumentano le separazioni e i divorzi. L'età media dei coniugi quando si separano è di 44 anni per lui e 41 anni per lei. Inoltre aumentano i matrimoni civili, forse perché c'è un incremento dei matrimoni misti e dei secondi matrimoni. Sempre più coppie scelgono di non sposarsi in chiesa. Infatti nel 2008, il 36,7% dei matrimoni è stato celebrato con rito civile. Non esistono invece dati precisi per le coppie di fatto: in Italia non sono riconosciute le unioni di fatto e quelle omosessuali.

(98 words)

Attività 11.2

A

Here is the completed text.

Mi ricordo che all'asilo non **volevo** staccarmi da mia madre e **piangevo**. Tutti i bambini **avevano** un grembiule blu.

Mi ricordo che **avevo** tanta paura... La maestra **assomigliava** alla strega delle favole... **Stavo** in braccio a mia madre e **urlavo** come una disperata. Tutti mi **guardavano** e più mi guardavano più **gridavo**.

Mi ricordo anche il mio primo giorno di scuola elementare. Il sole **filtrava** dal vetro della finestra, e i miei genitori mi **salutavano** dal cortile.

La mia aula **era** tappezzata da cartelli con le lettere dell'alfabeto. **C'era** anche un cartellone con le nostre foto. Io e gli altri miei compagni di classe **stavamo** zitti, mentre la maestra ci **parlava**.

Mi ricordo che ogni mattina noi bambini **bevevamo** il latte caldo. Poi **facevamo** varie attività fino all'ora di pranzo e poi le mamme **venivano** a prenderci e **andavamo** tutti a casa.

Ero felice di conoscere nuovi amici, **era** proprio una bella giornata, un ricordo bellissimo, emozionante.

B

1 Mirella ha fatto i compiti in mezz'ora... è **velocissima**!

2 Sabrina ha vinto un concorso... è **bravissima**.

3 Che disastro! Gli esami sono andati **malissimo**.

4 Hai visto il fidanzato di Carmela? È **bruttissimo**.

5 Hai fatto i compiti di inglese? Sono **difficilissimi**.

6 Ieri notte sono andata a letto alle due. Sono **stanchissima**.

7 Hai assaggiato il vitello tonnato che ha fatto Daniela? È **buonissimo**!

8 È stata un'**ottima** idea quella di andare a mangiare una pizza!

9 La sicurezza è della **massima** importanza.

10 La qualità è ottima ma il costo è **minimo**.

11 Mia madre mi ha comprato una maglia di cashmere. È **morbidissima**.

12 Sono andato al ristorante giapponese in centro. I prezzi sono **altissimi**.

Minimo, *massimo* tend to be used to express abstract concepts rather than tangibile objects. The superlative of *buono* can be either *buonissimo*, as in Q7, or *ottimo*, as in Q8.

For more information on this type of superlative, refer back to Unit 2, or check your grammar book.

C

Here are some possible answers.

1 Quando andavo a scuola ogni bambino aveva il proprio banco e il proprio astuccio.

2 Quando mi svegliavo la domenica mattina, andavo nella camera dei miei genitori con un libro, mi infilavo nel loro letto e leggevo.

3 Mio fratello era più grande di me e i suoi amici mi prendevano sempre in giro.

4 Il pomeriggio, dopo scuola, giocavamo nel parco vicino a casa; ognuno aveva la propria bicicletta o i propri pattini.

5 Avevo un cane che si chiamava Toppi e che era molto geloso della sua cuccia: non la potevamo toccare, e lui si arrabbiava sempre quando la pulivamo.

Vocabolario

i pattini   *skates*

i pattini a rotelle   *roller skates*

i pattini da ghiaccio   *ice skates*

la cuccia   *place where a dog or cat sleeps (kennel / basket, etc.)*

Proprio is used to refer to impersonal subjects (such as *tutti, ogni, ognuno, ciascuno, si impersonale*), rather than a particular person or people.

D

Here are some possible answers.

1 Ci vado con Marco.
2 Sì, ci siamo stati varie volte.
3 Sì, ci andiamo dopo pranzo.
4 Sì, ci penso spesso.
5 No, non ci riesco.
6 Non preoccuparti, ci penso io.

Ci is used with verbs such as *andare, rimanere* and *stare*. However, it is also used with verbs such as *pensare* and *riuscire*, to refer back to the 'object' of the verb.

E

Here is the completed text of the interview.

Intervista con Natalia Ginzburg

DACIA MARAINI   Ripensi con piacere alla tua infanzia?

NATALIA GINZBURG   Ci penso poco. Ma quando ci penso, lo faccio con piacere.

DACIA MARAINI   **Hai avuto** un'infanzia felice?

NATALIA GINZBURG   In un certo senso sì. La cosa che più mi **tormentava** era la sensazione di essere poco amata in famiglia. Mi ricordo che **inventavo** le malattie per attirare l'attenzione su di me. Volevo stare male e invece **stavo** sempre bene.

DACIA MARAINI   In che rapporti **eri** con i tuoi?

NATALIA GINZBURG   **Avevo** un padre severo che **faceva** delle tremende sfuriate. Poi **c'erano** le liti fra me e i miei fratelli. Le liti fra mio padre e mia madre. […]

DACIA MARAINI   Com'**eri** da bambina? Che carattere **avevi**?

NATALIA GINZBURG   **Ero** abbastanza allegra, ma non molto vivace, non molto loquace.

DACIA MARAINI   **Eri** una bambina chiusa?

NATALIA GINZBURG   Sì. […]

DACIA MARAINI   **Hai vissuto** sempre a Torino durante l'infanzia?

NATALIA GINZBURG   No. **Sono nata** a Palermo. Ma di Palermo non ricordo niente. **Sono andata** via che avevo tre anni. I miei ricordi risalgono ai sette anni. […]

DACIA MARAINI   Ti **piaceva** andare a scuola?

NATALIA GINZBURG   No. Proprio l'anno che **sono andata** a scuola **sono cominciate** le mie malinconie. **Sentivo** che le altre ragazze **erano** amiche fra loro. Mi **sentivo** esclusa.

DACIA MARAINI   Ti **piaceva** studiare?

NATALIA GINZBURG   No. **Studiavo** male. L'aritmetica per esempio non la **capivo** per niente. **Ero** brava in italiano. **Facevo** dei temi lunghi e molto accurati.

DACIA MARAINI   Cos'è che ti **faceva** soffrire di più nella scuola?

NATALIA GINZBURG   La noia. Mi ricordo una noia mortale. [...]

DACIA MARAINI   Quando non **studiavi**, cosa **facevi**? Dello sport?

NATALIA GINZBURG   No, **odiavo** lo sport. Mio padre mi **costringeva** a fare le scalate in montagna. Io ci **andavo**, ma a denti stretti. **Ho finito** con l'odiare ogni tipo di sport.

DACIA MARAINI   E allora cosa **facevi**?

NATALIA GINZBURG   **Scrivevo**. Fino a diciassette anni **ho scritto** poesie, poi racconti.

DACIA MARAINI   Non andavi mai al cinema, a ballare?

NATALIA GINZBURG   Sì, **andavo** alle festicciole da ballo in casa di amici. **Ballavo** male, ma **mi divertivo**. In fondo **preferivo** stare a casa a leggere, però.

DACIA MARAINI   Cosa **leggevi**?

NATALIA GINZBURG   Romanzi.

DACIA MARAINI   Quali sono i primi romanzi che **hai letto**?

NATALIA GINZBURG   I romanzi russi: Dostoevskij, Tolstoj, Gogol.

DACIA MARAINI   Cosa **pensavi** di fare da grande?

NATALIA GINZBURG   La scrittrice. Oppure il medico. Volevo fare tutte e due le cose. [...]

(Maraini, D. (1973) *E tu chi eri? 26 interviste sull'infanzia*, Milano, Bompiani)

F

Here is a possible answer.

> Natalia Ginzburg è nata a Palermo ma poi ha vissuto a Torino. Suo padre era molto severo e si arrabbiava spesso e lei litigava sempre con i suoi fratelli. Era una bambina allegra ma non vivace, anzi, era chiusa e poco loquace. Odiava la scuola perché la trovava noiosa. Non aveva molti amici e si sentiva esclusa.
> (57 parole)

Attività 11.3

A

Here is the completed dialogue.

YOU: Come va, Laura?

LAURA: Oggi la giornata non **è cominciata** nel migliore dei modi, ma **è finita** alla grande!

YOU: Invece la mia giornata **è cominciata** bene ma **è finita** decisamente male! Raccontami che cosa ti è successo.

LAURA: Beh, stamattina non ho sentito la sveglia e mi sono alzata tardi. Poi, quando **ho cominciato** a preparare la colazione, mi sono accorta che non avevo più caffè in casa. Allora sono andata al bar sotto casa e ho ordinato un cappuccino e un cornetto, ma non **ho finito** di mangiare il cornetto perché ho visto che stava arrivando l'autobus. Sono uscita di corsa dal bar e **ho cominciato** a correre verso la fermata, e mentre correvo ho fatto cadere la borsa. La borsa si è rovesciata e le chiavi di casa **sono finite** sotto una macchina parcheggiata. Naturalmente ho perso l'autobus.

YOU: E allora che cos'hai fatto?

LAURA: Prima ho ricuperato le chiavi, e poi ho dovuto chiamare un taxi. Mentre aspettavo il taxi, oltretutto, **ha cominciato** a piovere... Alla fine ce l'ho fatta ad arrivare in ufficio giusta giusta per la riunione con i clienti.

YOU: **È cominciata** male anche la riunione?

LAURA: No, no, al lavoro tutto bene, a parte i soliti scontri con il capo: **ha cominciato** un nuovo progetto e vuole che lavoriamo questo fine settimana. Quando **ho finito** di lavorare, più o meno alle 6, ero veramente stanca.

YOU: Ma hai detto che la giornata **è finita** bene.

LAURA: Eccome! Stavo andando in palestra quando ho ricevuto una chiamata al cellulare.

B

Here is the completed text, with the verbs *cominciare* and *finire* highlighted in bold.

Era Clara, mia sorella. Francamente la telefonata mi ha sorpreso perché di solito la chiamo sempre io. Questa volta non **ho finito** neanche di chiederle come stava. **Ha cominciato** a gridare: 'andiamo ai Caraibi, Sara, andiamo ai Caraibi!'. Mi ha raccontato di aver partecipato ad un concorso a premi e... ha vinto!! Il premio? Un viaggio per due ai Caraibi, otto notti, albergo cinque stelle, tutto compreso! E non **è finito**! La sorellina mi ha chiesto di accompagnarla... Partiamo a gennaio, ma i preparativi **sono** già **cominciati**: **ho** già **cominciato** a fare i bagagli!! Spero di riuscire a dormire, sono troppo felice.

Cominciare, *finire* and several other verbs (such as *cambiare*, *aumentare* and *diminuire*) can take *avere* or *essere* in the *passato prossimo*, depending on the context.

G For further information, refer back to Unit 3 or to your grammar book.

C

Here are some possible answers.

1. Vorrei andare in vacanza in un posto caldo dove c'è sempre il sole!
2. Vorrei quattro biglietti per l'autobus.
3. Dovresti smettere di fumare!
4. Potresti fare una pasta al forno.
5. Verrei a sciare con voi, ma non posso!

D

Here is the completed table.

Statura e corporatura	panciuta, larga di fianchi, magra di spalle e di gambe, alta, ben proporzionata, con gambe sottili, alta, magra, un po' grasso
Occhi	verdi, azzurri, castani, piccoli, sempre attenti, porta gli occhiali
Capelli	tutti neri, ricci, crespi e gonfi, puntati in cima alla testa, bianchi, lunghi, castani, corti, biondi, grigi

Abbigliamento	jeans, un impermeabile finta tigre, un fazzoletto fatto a turbante, elegante
Aspetto in generale	carino, bello, brutto, attraente, sportivo
Età	giovane, anziano
Carattere	vivace, preciso, pettegola, curiosa, simpatici, allegri, generosi, disponibili, intelligente, socievole, estroversa, dinamica, interessante, colta, timida, noiosa, insopportabile

E

1 Una donna tra i 50 e i 60 anni, di statura e corporatura media, con i capelli castani.

2 Un uomo tra i 20 e i 30 anni, alto, magro, con i capelli biondi.

3 Una ragazzina di 10-12 anni, di corporatura media, con i capelli biondi e gli occhi azzurri.

4 Dei bebé di uno-due anni, sia bianchi che neri, sia con i capelli chiari che con i capelli scuri, ma per favore tutti grassottelli!

Vocabolario

grassottello,-a *chubby, plump*

F

Here is a possible answer.

> Il mio amico Charlie è piuttosto alto, snello, aggraziato. Ha un fisico atletico e ben proporzionato, le braccia e le gambe lunghe e sottili. Ha le mani affusolate e i piedi ossuti. Ha gli occhi azzurri, i capelli biondi, quasi castani, lisci, tagliati corti, con la riga da una parte. Veste casual, senza cravatta. Indossa spesso i jeans. Però gli piacciono le scarpe eleganti, e porta bene gli abiti formali. È nato in Inghilterra, è di Durham, ma ha vissuto in Italia e adesso si è trasferito in Galles. È intelligente, generoso e socievole, ma può essere molto irritabile e permaloso. È molto preciso in tutto quello che fa, talvolta forse troppo.
>
> (112 words)

(The words *aggraziato*, *affusolato* and *permaloso* have not occurred in the course materials so far, in case you're thinking you should have known them already!)

Attività 11.4

A

1 Il galateo indica il modo migliore **in cui** comportarsi.

2 La pausa è un momento della giornata **in cui** ci si riposa.

3 Il telefonino è un oggetto **di cui** non possiamo fare più a meno.

4 Il San Carlo è un teatro lirico **in cui** si esibiscono molti cantanti famosi.

5 Arrivare tardi a teatro è un comportamento **che** si deve evitare.

6 Fare rumore con la carta delle caramelle al cinema è una maleducazione **che** considero inaccettabile.

B

1 **L'ho invitato** a cena da noi sabato sera.

2 Dove **li hai messi**?

3 **L'hai portata**?

4 **L'ho visto** tre volte.

5 **L'hai** già **chiamata**?

6 **Le ho comprate** in una galleria d'arte.

C

Here are some possible answers.

1. Ciao, Paolo! Sabato sera io e Francesco andiamo con Daniele in discoteca per festeggiare il suo compleanno. Che cosa ne dici di venire anche tu? Ci divertiamo un po' e magari gli offriamo lo champagne! Fammi sapere.

2. Ciao, Marcella. Ti va di venire al ristorante mercoledì sera? C'è anche Antonella. Chiacchieriamo un po', ci raccontiamo come vanno le cose, magari dopo facciamo due passi in centro. Dimmi qualcosa.

3. Ciao, Enrico. Ti piacerebbe venire con me a un concerto del festival di musica jazz? Ce n'è uno che mi sembra interessante domenica pomeriggio al Teatro Odeon. È tanto che non ci vediamo e mi piacerebbe tantissimo andarci con te. Dimmi che cosa ne pensi.

4. Ciao Stefania! Sai la novità? Franco e Elena si sono fidanzati, e vorrebbero fare una settimana di vacanza ai Caraibi con noi per festeggiare. Che ne dici di prendere una settimana di ferie a gennaio? Aspettano una nostra risposta.

D

Here are some possible answers.

1. Non ce la faccio oggi, sto facendo delle commissioni dall'altra parte della città.

2. Grazie ma non mi sento bene. Sto andando adesso dal medico, credo di avere una brutta influenza.

3. Domani non posso, mi dispiace, sto partendo per un viaggio di lavoro, torno la settimana prossima.

4. Scusa!!!! Non ce la faccio a venire al ristorante. La macchina non parte, sono dal meccanico, sta cercando di capire qual è il problema.

E

Here are some possible answers.

> Cerchiamo di non fare troppo rumore: evitiamo di chiamarci a voce alta da una scrivania all'altra, non ascoltiamo musica e non canticchiamo mentre lavoriamo.
>
> Se dobbiamo fare una chiamata con il telefonino, allontaniamoci dall'ufficio. Teniamo la suoneria del telefonino su un volume basso, perché una suoneria troppo alta può disturbare i nostri colleghi.
>
> Non facciamo pranzo in ufficio, in modo da evitare cattivi odori.
>
> Teniamo la nostra scrivania pulita e ordinata, in particolare se la usiamo con un collega. In particolare, facciamo attenzione a non lasciare tazze e bicchieri sporchi in giro.
>
> Non navighiamo su pagine Internet con un contenuto volgare od offensivo per chi ci sta vicino.
>
> Facciamo attenzione a non lasciare oggetti di valore in giro per l'ufficio o sulla nostra scrivania.
>
> (130 words)

Vocabolario

lasciare qualcosa in giro   *to leave something lying around*

Attività 11.5

A

Here is the extract from *Due di due* told using past tenses, with the *passato prossimo* and imperfect tenses highlighted in bold.

> Il giorno dopo **siamo andati** in un'agenzia a comprare due biglietti Venezia-Pireo, passaggio di solo ponte, e uno per la mia moto. **Abbiamo fatto** brevi preparativi, **abbiamo messo** da parte le poche cose che **volevamo** portare. **Avevo** ancora la piccola tenda canadese della mia vacanza con Roberta due estati prima, ma Guido **ha detto** che non **serviva**, che **bastavano** i sacchi a pelo. **Era** la prima volta in vita mia che **facevo** un viaggio fuori dall'Italia, pensarci mi **riempiva** di agitazione. [...]
>
> **Siamo arrivati** nel porto di Atene sotto il sole a picco di mezzogiorno [...]. **Eravamo** eccitati all'idea di essere fuori dall'Italia e in un posto che non **conoscevamo** affatto, senza ancora nessun programma definito.
>
> Quando finalmente **siamo riusciti** a scendere **abbiamo portato** la moto a mano, cauti di fronte all'assalto di suoni e immagini. C'**era** una quantità incredibile di giovani stranieri, a piccoli gruppi e a coppie e singoli, con zaini e sacchi a pelo sulle spalle, cappelli e fazzoletti in testa, sandali ai piedi. C'**erano** ragazze scandinave dalla pelle molto chiara e americani con custodie di chitarre, ragazze francesi magre e interessanti, branchi di tedeschi dai capelli lunghi. [...]
>
> **Siamo andati** in una delle molte piccole agenzie di viaggio per scoprire che alternative **avevamo**. Io **sono rimasto** fuori con la moto. Guido **si è fatto** largo tra la piccola folla di stranieri che **assediava** il bancone. Dalla porta lo **vedevo** guardare le ragazze intorno, le carte geografiche alle pareti; **è tornato** indietro un paio di volte a chiedermi consiglio con gli occhi che gli **brillavano**. Mi **ha detto**: 'Potremmo andare alle Cicladi, o alle Sporadi, o a Creta, o a Idra'.

(Andrea de Carlo (1989) *Due di Due*, Mondadori)

B

Here is the completed text.

> Quando la sterlina è bassa, Londra può essere conveniente. Chi vuole organizzare un weekend nella capitale britannica senza spendere una fortuna può approfittare dei voli low cost e degli alberghi a basso prezzo.
>
> Se invece volete passare Capodanno a Parigi, basta guardare in Internet e trovate subito delle offerte.
>
> I voli low cost hanno veramente cambiato le abitudini di molti italiani per quanto riguarda i viaggi. Da Milano a Londra **ci vuole** solo un'ora e mezzo in aereo. Da Venezia a Londra **ci vogliono** appena due ore. Da Roma a Parigi mentre il treno **ci mette** 12 ore, e bisogna pagare anche la cuccetta, l'aereo **ci mette** solo due ore.
>
> Anche i trasporti a terra sono più comodi e convenienti. Ad esempio, mentre prima il pullman dalla stazione centrale di Milano **ci metteva** quasi un'ora per arrivare a Malpensa, ora ci sono mezzi più rapidi e comodi. Poi quando si arriva a Londra, con la metropolitana **ci vogliono** solo 40 minuti da Heathrow al centro di Londra.
>
> Oggi il weekend è anche più facile da organizzare: si fa tutto in Internet; **ci vuole** meno tempo a prenotare un volo che a comprare il pane!

C

1–(e) L'estate scorsa volevamo andare al festival dell'Opera di Barga, ma quando abbiamo telefonato alla biglietteria tutti i biglietti erano esauriti.

2–(f) L'estate scorsa siamo voluti andare al festival dell'Opera di Barga, così abbiamo contattato la biglietteria a gennaio e abbiamo comprato i biglietti per *Il Matrimonio Segreto*.

3–(d) Dopo lo spettacolo ho potuto chiacchierare con i cantanti, perché una di loro è la mia amica.

4–(a) La mia amica ha detto che potevo andare al ristorante con loro, ma ho deciso di tornare in albergo perché ero stanca.

5–(b) Il giorno dopo dovevamo svegliarci alle 8 per andare all'aeroporto ma non abbiamo sentito la sveglia.

6–(c) Abbiamo dovuto aspettare la navetta dell'albergo per un'ora perché c'era molto traffico.

D

1	migliori	5	più grande
2	più buono	6	più piccoli
3	più cattiva	7	maggiore
4	peggiori	8	minore

E

Here is a possible answer.

Le vacanze estive preferite dagli italiani sono le vacanze al mare preferibilmente in Italia. Il grosso vantaggio è che sono vacanze facili da organizzare: non bisogna avere il passaporto o la valuta straniera e non bisogna fare un lungo viaggio in aereo. Quando si va al mare d'estate, si può essere sicuri che il tempo sarà bello, ma purtroppo le località balneari in Italia sono sovraffollate in estate, in particolare in agosto, e i prezzi degli alloggi sono altissimi. Questo è certamente uno svantaggio.

In inverno molti italiani vanno in montagna. Il vantaggio principale è l'aria di montagna che è molto sana. D'estate invece si può passeggiare, prendere il sole, andare in bici, non fa mai troppo caldo e non c'è troppa folla. Purtroppo, qualche volta d'estate in montagna piove e fa brutto tempo. Questo può essere uno svantaggio.

Molti italiani preferiscono passare le vacanze estive in famiglia, nella seconda casa (al mare, in montagna o in campagna). Lo svantaggio è che bisogna fare la spesa, cucinare, lavare e stirare esattamente come si deve fare per tutto il resto dell'anno. Certo c'è anche un grande vantaggio: sono vacanze poco care.

(190 words)

Attività 11.6

A

Here are some possible answers.

1 Il burro è ricco di grassi. Se fossi in te, **cucinerei con l'olio di oliva e non con il burro**.

2 I dolci sono molto calorici. Se fossi in te, **cercherei di evitarli**.

3 Hai bisogno di fare una dieta purificatrice. Se fossi in te, **non berrei caffè o alcolici per un po' di giorni**.

4 Il pane ingrassa molto. Se fossi in te, **sostituirei il pane con i grissini**.

5 Devi rinforzare la flora intestinale. Se fossi in te, **mangerei molto più yogurt**.

6 Una dieta sana è ricca di vitamine. Se fossi in te, **consumerei molta frutta e verdura**.

B

Here are some possible answers.

1 Non mangiare sempre fuori casa e impara a cucinare dei piatti semplici, leggeri e nutrienti.

2 Cerca di mangiare anche cibi ricchi di proteine, come il formaggio e le uova, e non esagerare con i dolci!

3 Prova a mangiare il pesce ogni tanto, e non dimenticare che le verdure sono importantissime!

4 Non lavorare così tanto in casa, prendi un giorno di vacanza ogni tanto e vai a mangiare al ristorante!

C

1 Trova**lo**!
2 Apparecchia**la**!
3 Spegni**la**!
4 Guarda**la**!
5 Fa**lla**!
6 Leggi**le**!
7 Scegli**li**!
8 Cerca**li** e compra**li**!
9 Sostieni**le**!

D

1 Se Marco vuole fare l'impasto della pizza, **gli servono** la farina, l'acqua e il sale.

2 Se Antonella e Marta vogliono fare gli spaghetti al pomodoro, **gli serve** una pentola piena di acqua bollente.

3 Se volete fare il risotto, **vi servono** il brodo e i funghi porcini.

4 Se vogliamo fare le uova strapazzate, **ci servono** latte e burro.

5 Se Giulia vuole fare il sugo di pomodoro, **le serve** il passapomodoro.

6 Se i vostri amici vogliono fare il caffè italiano, **gli serve** una caffettiera moka.

Servire uses a similar structure to *piacere*: the person who needs something is expressed by *mi, ti, gli,* etc. (indirect object pronouns). *Servire* can be used in both singular (*serve*) and plural (*servono*) forms.

G Refer back to Unit 6 or to your grammar book for more information.

E

Here are some possible answers.

Formaggi regionali	parmigiano, pecorino sardo, bitto valtellinese, burrata pugliese
Salumi regionali (salame, prosciutto ecc.)	Prosciutto di Parma, salame piccante
Antipasti	gamberetti in salsa cocktail, crostini burro e salmone, bagna caôda
Primi piatti	orecchiette pugliesi, trofie genovesi, pasta all'amatriciana, pasta alla carbonara
Secondi piatti	salsicce, carne arrosto, orata al sale, fritto misto di pesce
Dolci	sfogliatelle napoletane, panettone, pandoro

Attività 11.7

A

1 Indossate la cuffia e le ciabatte!
2 Cambiatevi nelle cabine!
3 Usate gli armadietti!
4 Usate i cestini per i rifiuti!

5 Non usate il vostro asciugacapelli!
6 Non usate le pinne!
7 Non portate animali in piscina!
8 Non mangiate negli spogliatoi!
9 Non correte e non fate tuffi pericolosi!

B

Here is a possible answer, with instances of the formal imperative highlighted in bold.

> Al signor Fulvio:
>
> Ho letto la Sua lettera. Anch'io ho un problema di allergie. Sono allergico non solo alle fragole ma anche alle pesche, quindi posso darle qualche consiglio. Prima di tutto, **elimini** certi cibi dalla sua dieta. Non **mangi** le fragole, visto che è allergico, ma **stia** attento anche ad altri tipi di frutta. **Mantenga** una dieta equilibrata. **Faccia** fare altre analisi dal suo allergologo. Se Lei è allergico anche a cani e gatti, non li **tocchi**! Per quanto riguarda il polline, **tenga** chiuse le finestre di casa ma anche i finestrini della macchina.

C

1 Se viaggiate in treno, alzatevi ogni tanto a passeggiare, oppure muovete i piedi: **alzateli** alternativamente per almeno 20 volte.
2 Se viaggiate in aereo, ricordatevi che le scarpe strette rallentano la circolazione: **toglietele**.
3 Quando decidete quali vestiti indossare durante il viaggio, seguite questa regola d'oro: **sceglieteli** comodi e larghi.
4 Durante i viaggi in aereo sono disponibili cibi di ogni tipo: **mangiateli** solo se sono leggeri.
5 L'acqua fa meglio di qualsiasi altra bevanda: **bevetela** sempre e **preferitela** al caffè e alle bevande alcoliche.
6 Mentre siete seduti, fate anche degli esercizi per il collo: **flettetelo** lentamente di lato, a destra e a sinistra. Muovete la testa: **giratela** a destra e a sinistra. E non dimenticate le braccia: **alzatele** e **distendetele** verso l'alto.

D

Here is the completed table.

Medici e specialisti	Medicine	Cure	Cure termali	Medicina alternativa
dermatologo pediatra otorinolaringoiatra allergologo oculista dentista ortopedico medico di base medico di famiglia	aspirina un'aspirina una pastiglia un farmaco	riposarsi mettersi a letto mettere una crema	fango acqua termale balneoterapia idrokinesiterapia fangoterapia terapia inalatoria	erboristeria gocce di valeriana rimedi naturali omeopatia massaggi fitoterapia agopuntura

E

Here is a possible answer.

> Faccio ciclismo da molti anni, e vorrei spiegare sia gli aspetti positivi che quelli negativi di questo bellissimo sport.
>
> Innanzitutto il ciclismo non è caro: la bicicletta sportiva può costare poco o può costare tanto, ma non è necessario cambiarla spesso. Bisogna comunque mantenere bene la bici e ogni tanto farla riparare.
>
> Un altro vantaggio: il ciclismo non allena solo il fisico, ma anche la mente. Tramite il ciclismo si possono scoprire paesaggi meravigliosi e stare a contatto con la natura, all'aria aperta. Si possono fare anche lunghe distanze senza spendere soldi per la benzina.
>
> Per finire, il ciclismo è uno sport che va bene sia agli uomini che alle donne. È possibile praticarlo da soli. Ma in molte città ci sono gruppi di persone che si incontrano regolarmente e fanno ciclismo insieme.
>
> Naturalmente ci sono anche degli svantaggi: se si vuole fare ciclismo in campagna, ci vuole molto tempo prima di arrivare al punto di partenza. Si può anche andare in macchina portandosi dietro la bicicletta.
>
> Certo, è uno sport che non può essere praticato da chiunque: bisogna essere agili ed avere i riflessi molto veloci, altrimenti ci si può fare male. Un altro svantaggio può essere il tempo. Se piove, ci si bagna subito.
>
> Tutto sommato, secondo me il ciclismo è uno sport affascinante, che nonostante i suoi svantaggi può migliorare la salute sia fisica che mentale sia dei bambini che degli adulti. (232 parole)

Attività 11.8

A

Annuncio (b)

Bisogna abitare a Milano o dintorni; bisogna avere esperienza di lavoro di segreteria; bisogna avere il diploma di maturità o la laurea; bisogna avere massimo 35 anni; bisogna conoscere la lingua inglese.

Annuncio (c)

Bisogna abitare a Roma o dintorni; non bisogna avere più di 35 anni; bisogna conoscere la lingua tedesca; bisogna saper usare il computer, in particolare Microsoft Office; non bisogna avere la laurea.

Annuncio (d)

Bisogna abitare a Bologna o dintorni; bisogna avere tra i 20 e i 30 anni; bisogna avere una buona esperienza nel settore; bisogna avere assolto il servizio militare; non bisogna avere la laurea in informatica.

Annuncio (e)

Bisogna abitare a Firenze o dintorni; non bisogna avere più di 35 anni; bisogna avere esperienza nel settore; bisogna essere disponibili a fare i turni (diurni e notturni); bisogna avere il diploma di infermiere professionale.

B

Here is the completed text.

> A novembre **andrò** all'università. Fra quattro anni, **mi laureerò** e **cercherò** un lavoro. Se non trovo un lavoro adeguato, **mi trasferirò** a Londra dove vive mio fratello. **Verrà** anche la mia ragazza che parla bene l'inglese. Se tutto **andrà** bene, fra un anno, due, **ci sposeremo**. I nostri genitori **saranno** contenti, è da tanto che ci chiedono quando **decideremo** di sposarci. Dopo qualche anno, quando **avremo** un po' di risparmi, **compreremo** la casa a Londra, magari

in periferia perché in centro ci sono solo appartamenti e noi vogliamo la casa con giardino tipicamente inglese!

C

Here are the sentences in the correct order and with the verbs in the future.

1–(d) Se Enrico non **lavorerà** per almeno due mesi, non **avrà** soldi.

2–(c) Se Enrico non **avrà** soldi, non **potrà** andare in Argentina.

3–(b) Se Enrico non **potrà** partire, si **rovinerà** le vacanze, **perderà** un'occasione unica e zia Concetta ci **rimarrà** male.

4–(a) Se Enrico non **otterrà** un lavoro nelle prossime tre settimane, **tornerà** a casa.

D

1 Mah, avrà 50 anni.

2 Non so esattamente... saranno più o meno le otto.

3 Mah, arriverà verso l'ora di pranzo.

4 Non lo so... saranno in terrazza.

5 Non sono sicura, ma finirò tardi, dopo le sei.

6 Ci vorrà circa un'oretta.

E

Here is the completed letter.

Egregio dottor Morici,

In riferimento all'annuncio pubblicato su "Donna Moderna" del 30/01/2011 desidero presentare domanda per il posto di receptionist.

Ho **25** anni e **risiedo a** Settimo Milanese. **Mi sono diplomata** presso il Liceo Scientifico 'Alessandro Manzoni' nel luglio 2004 con la votazione di 56/60, e **mi sono laureata** in Lingue e Letterature Straniere nel 2009 presso l'Università di Milano, con una tesi in Lingua e Letteratura anglo-americana.

Mentre facevo l'università, nell'estate del 2005, 2006 e 2007 **ho lavorato** in Inghilterra **come** receptionist **presso** la Bell School of Languages di Norwich. È stata un'esperienza molto interessante, che mi ha permesso di **perfezionare** la mia conoscenza dell'inglese ed arricchirlo del vocabolario specializzato necessario per **svolgere** questo tipo di lavoro.

Al momento **lavoro come segretaria** nell'ufficio per le relazioni con il pubblico della Nuova Accademia di Belle Arti (NABA) di Milano. È un lavoro che mi piace molto e che **mi permette di usare** le lingue straniere ogni giorno (oltre all'inglese parlo **correntemente** anche lo spagnolo e discretamente bene il francese), ma purtroppo il mio contratto **a termine** sta per scadere.

Le invio il **mio curriculum** e rimango **a Sua disposizione** per ulteriori informazioni che sarò lieta di fornirLe **in occasione di** un eventuale incontro.

La ringrazio per la Sua **gentile attenzione** e Le **porgo** i miei più cordiali saluti.

Attività 11.9

A

Here is a possible answer, with *mentre* and *invece* highlighted in bold.

L'appartamento al quinto piano ha due bagni, **mentre** l'appartamento al primo piano ne ha solo uno.

L'appartamento al quinto piano ha tre camere da letto; l'appartamento al primo piano **invece** ne ha solo due.

L'appartamento al quinto piano ha due terrazze **mentre** l'appartamento al primo piano ne ha solo una.

L'appartamento al primo piano ha un soggiorno con zona pranzo e angolo cucina; l'appartamento al quinto piano **invece** ha un soggiorno e cucina separata.

B

Here is a possible answer.

Mi sembra che l'appartamento al primo piano non sia abbastanza grande, perché ci sono solo due camere da letto. Penso che ci sia un solo bagno. Preferirei un appartamento con due bagni e spero che l'agenzia immobiliare abbia qualche proposta interessante. È possibile che l'appartamento vada bene – ci sono tre camere da letto e due bagni – ma penso che sia troppo caro per noi.

C

1 **Milena e Sandro**: cerchiamo una casa che sia in una zona tranquilla e che abbia tutt'intorno molto verde. Vogliamo una zona che abbia tanti negozi e scuole nelle vicinanze, perché vorremmo fare la spesa e portare i bambini a scuola a piedi.

2 **Aisha Ibrahim**: cerco una casa che abbia una cucina grande, perché mi piace moltissimo cucinare, e voglio che la sala da pranzo sia spaziosa, per poter invitare molti amici a cena.

3 **Ernesto Sulis**: cerco una casa che abbia un salotto grande dove posso suonare il pianoforte, e vorrei anche dei vicini di casa che amino la musica e che non si irritino quando suono!

4 **Signora Valeri**: ho tre gatti che adoro quindi cerco una casa che abbia un balcone, o possibilmente una terrazza con tante piante e dei vicini di casa che rispettino gli animali.

D

1 Il nuovo appartamento si sviluppa più in altezza che **in larghezza**.

2 Nel nuovo appartamento ci sono più bagni che **nella vecchia casa**.

3 I mobiletti della vecchia casa erano più antichi **dei mobiletti / di quelli del nuovo appartamento**.

4 Dalle finestre del nuovo appartamento si ha una vista più bella che **dalle finestre della vecchia casa**.

5 La vecchia casa era più tranquilla **del nuovo appartamento**.

6 Le pareti del nuovo appartamento sono più sottili **delle pareti / di quelle nella vecchia casa**.

E

Here is a possible answer, with instances of *bello* and use of the subjunctive for expressing an opinion highlighted in bold.

Via Cavour

L'appartamento in Via Cavour è molto spazioso ed è piuttosto caro, perché è in ottime condizioni e non ha bisogno di lavori. Si trova all'ultimo piano (il sesto) di un **bell'**edificio moderno, per cui ha un grande terrazzo, con una **bella** vista. Ci sono tre camere da letto: due sono molto luminose, la terza è un po' più buia perché ha una finestra piccola. Però è grande ed ha un **bell'**armadio a muro lungo tutta una parete. L'appartamento ha tre bagni, uno con la vasca, uno con la doccia e uno con solo il gabinetto e il lavandino. Tutti e tre i bagni hanno la finestra, e sono in ottime condizioni e moderni. La cucina **mi sembra che sia** meno grande di quella che abbiamo adesso, ma ha un **bel** balcone.

La zona è una **bella** zona residenziale, tranquilla e sicura, ma ci sono pochi negozi e la strada è un po' spenta. Per avere più movimento e trovare i negozi bisogna camminare un po', circa dieci minuti.

Via Dante

L'appartamento in Via Dante è spazioso, più spazioso dell'appartamento in Via Cavour, infatti ha quattro camere da letto. **Credo che** quattro camere **siano** troppe, ma forse una può essere usata come studio. È all'ultimo (il terzo) piano di una **bella** palazzina d'epoca (credo anni '30) ed ha un terrazzo: è un po' piccolo, ma è un **bel** terrazzino pieno di sole. Le camere da letto e due grandi bagni (tutti e due con vasca e doccia) sono nella zona notte, chiaramente separata dalla zona giorno da una **bella** porta a vetri. Il terzo bagno (il bagno di servizio) è nella zona giorno. L'appartamento è meno caro di quello in Via Cavour, perché tutti i bagni e l'impianto elettrico sono da rifare. La zona è perfetta: è ben collegata con autobus e tram, ci sono molti negozi ma poco traffico la sera e la notte. Certo, rifare tutti i bagni è un **bel** lavoro, ma possiamo rifarli uno alla volta, poco a poco.

(336 words)

Attività 11.10

A

1 Vero.

2 Falso. Non tutti gli italiani si sono adattati alle trasformazioni nel paese.

3 Vero.

4 Falso. L'Italia era un paese di emigranti. Ora è diventato un paese di immigrati.

5 Vero.

6 Falso. L'Italia sta facendo progressi per quanto riguarda le energie rinnovabili.

7 Falso. Purtroppo la lotta alla criminalità organizzata continua ancora.

8 Vero.

B

Here is the text with the words related to immigration highlighted in bold.

Il primo anno in cui il numero degli **immigranti** ha superato il numero degli **emigranti**, è il 1973, quindi possiamo dire che **l'immigrazione** in Italia è un fenomeno molto recente. Durante i primi anni '70 **gli ingressi dall'estero** erano principalmente di cittadini italiani, che dopo anni **rientravano al loro paese**. Solo alla fine degli anni '70 inizia il vero e proprio **flusso migratorio** di stranieri.

I miei genitori sono venuti dall'Albania nel 1991 e come molti connazionali sono arrivati **clandestinamente** sui gommoni e solo dopo alcuni anni sono riusciti ad ottenere **un permesso di soggiorno**. Mentre erano **irregolari** avevano molta paura, lavoravano in nero e vivevano in pessime condizioni. Per loro, è molto difficile parlare di quel periodo della loro vita e molto spesso evitano l'argomento per non rivivere la sofferenza passata.

Durante gli anni '90, **le comunità etniche** più rappresentate erano quelle del Nordafrica (Marocco in testa). Oggi, invece, la comunità più grande è quella tunisina seguita da quella romena. Ciò è dovuto all'ingresso della Romania nell'Unione Europea, che ha facilitato **gli spostamenti**. La mia comunità, quella albanese, è la terza come presenza in Italia.

C

1 L'equazione fra **immigrazione** e criminalità è priva di fondamento.

2 Gli immigrati romeni hanno ottenuto lo status legale in Italia a seguito dell'ingresso della Romania **nell'Unione Europea** il primo gennaio 2007.

3 I lavoratori stagionali venivano per la raccolta dei pomodori e alla fine della stagione **rientravano al loro paese**.

4 Si assiste ad un consistente **flusso migratorio** dai paesi più poveri verso quelli più ricchi.

5 Tra il 1988 e il 2008 almeno 12.012 tra uomini, donne e bambini hanno perso la vita tentando di raggiungere l'Europa **clandestinamente**.

6 Gli stranieri che intendono soggiornare in Italia per più di tre mesi, devono richiedere **il permesso di soggiorno**.

7 Sembra che gli immigrati **irregolari** abbiano una maggiore propensione a delinquere.

8 Ci sono alcuni giornali interamente dedicati alle **comunità etniche** in Italia.

9 **Gli spostamenti** di popolazione possono essere forzati o volontari.

D

Here are some possible answers.

1 Sì, sono d'accordo. Credo che la mancanza di integrazione tra culture e religioni diverse sia stata una delle cause principali del terrorismo e della paura che si ha di culture diverse dalla nostra.

2 Non credo che si possano risolvere i problemi dell'integrazione fra culture diverse organizzando seminari. Mi sembra che i seminari interessino solo ai professori e ai sociologi ma non servono a chi vive la realtà di un mondo in cui convivono culture e religioni molto diverse.

3 Sono d'accordo che le feste popolari possano promuovere l'incontro tra culture diverse. Possono servire a far conoscere la cultura del paese ospitante agli immigrati e viceversa possono servire a far conoscere una cultura diversa dalla nostra. Nel nostro paese si organizzano feste popolari che celebrano non solo le tradizioni cristiane ma anche quelle di altre religioni, ad esempio il Diwali, la festa delle luci, un'importante festa indù.

E

Here is a possible answer.

Il problema dell'abuso di alcol è molto diffuso nel nostro paese. Tra tutte le soluzioni proposte, quella che mi sembra più efficace è di migliorare le campagne di sensibilizzazione nelle scuole ma anche alla televisione. Secondo un'inchiesta dell'*Independent on Sunday* condotta a livello nazionale in Gran Bretagna si è visto un aumento dell'incidenza delle malattie del fegato, e crescono anche i ricoveri di minorenni per problemi di salute collegati all'alcol... e per episodi di aggressione.

L'aumento più consistente si registra tra le ragazze minori di 16 anni. E il problema si sta aggravando: i ricoveri ospedalieri degli *under 18* hanno toccato il livello massimo mai raggiunto nelle statistiche e il consumo medio settimanale da parte degli adolescenti è raddoppiato rispetto al 1990. Un recente rapporto delle Nazioni Unite evidenzia come i ragazzi britannici siano più esposti ad abuso di alcol, alle droghe e al sesso non protetto rispetto ai coetanei degli altri paesi ricchi del mondo.

Il professor Mark Bellis, consulente del governo inglese sulle problematiche legate all'alcol dice che bisogna cambiare radicalmente mentalità a livello nazionale nei confronti dell'alcol. Il governo britannico sta affrontando il problema attraverso vari provvedimenti, limitando la vendita ai minori di 18 anni nei bar e nei negozi, nonché educando a non abusare della sostanza. Ma l'industria delle bevande promuove il consumo di alcolici presentandoli come 'sexy' al pubblico giovane tramite i cosiddetti 'alcopop', bevande alcoliche fortemente dolcificate proposte in un packaging allettante e a prezzi molto bassi.

Per quanto riguarda le altre soluzioni, aumentare il prezzo delle bevande alcoliche non serve a niente, tanto i grandi supermercati le vendono a prezzi stracciati, per cui i giovani comprano birre, alcopop e liquori che poi bevono a casa prima di uscire. Ovviamente è importante continuare a vietare la vendita delle bevande alcoliche ai minorenni e si potrebbe pensare di estendere il divieto ai minori di 25 anni, come negli USA, ma ciò non impedisce a chi vuole comprare bevande alcoliche di farle comprare da un amico o da un'amica.

Per quanto riguarda il ruolo della famiglia, molti genitori non riescono a controllare i figli. Si potrebbe pensare di fare la multa ai genitori i cui figli si ubriacano e in seguito vengono arrestati ma penalizzarli economicamente non e' un modo di educarli. Anche i genitori dovrebbero essere consapevoli dei danni provocati dall'alcol, ma non lo sono, per cui una campagna di sensibilizzazione potrebbe servire anche ad educare loro.

(402 words)

Acknowledgements

Grateful acknowledgement is made to the following sources:

Text

Page 19: Copyright © Pointel Communication SpA; *page 42*: Ministry of Foreign Affairs (2009) '*Cultura e società*: The Italian economy', Ministero degli Affari Esteri; *page 50*: adapted from Valle d'Aosta (2002) a5 - Esempi di lettera di presentazione, Valle d'Aosta, Copyright © Regione Autonoma Valle d'Aosta; *page 58*: Calabrò, R. (2008) 'Voci e storie dei ricercatori in fuga: 'Non ho più fiducia nella mia Italia'', *La Repubblica*, 21 November 2008. Reproduced with permission; *page 69*: *Espresso 2*; *page 83*: Serrano, R. (2009) 'Il sorpasso delle seconde case più acquisti all'estero che in Italia', *La Repubblica*, 23 August 2009; *page 86*: *Attico* (2010) 'La Regione Lazio affronta in modo concreto l'emergenza case' www.futurocasaonline.it, www.news.attico.it; *page 104*: Associazione Internet degli Emigrati Italiani, 'Il più grande esodo migratorio della storia moderna', www.emigrati.it Copyright © Associazione Internet degli Emigrati Italiani; *page 106–107*: BBC (2005) 'Bedford's Italian question', from BBC Legacies at http:// bbc.co.uk/legacies. Copyright © BBC MMV.

Illustrations

Cover image (street in Florence): Copyright © Benjamin Giddings/iStockphoto.com; *Page 7*: Copyright © Daniel Dal Zennaro/Corbis; *page 10*: Copyright © Elisabetta Tondello; *page 11*: Copyright © Elisabetta Tondello; *page 14*: Copyright © Sicco; *page 15*: © Ivan Ivanov/iStockphoto.com; *page 18*: Copyright © Daniele Pistore; *page 20*: Copyright © Davide Roe; *page 22*: Copyright © Lucia Debertol; *page 25*: Tangient LLC - Creative Commons Attribution Share-Alike 3.0 License; *page 29*: Copyright © Davide Tambuchi; *page 35*: Copyright © Alberto Tentoni/Dreamstime; *page 38 (right)*: © Catherine Yeulet/iStockphoto.com; *page 39 (left)*: © Alexander Raths/iStockphoto.com; *page 39*: *(middle and bottom right)*: Courtesy of Silvia Martinotti; *page 40*: Copyright © Leslie Banks/iStockphoto.com; *page 42*: Courtesy of Silvia Martinotti; *page 43*: Copyright © Elisabetta Tondello; *page 44*: Copyright © Alfonso d'Agostino/iStockphoto.com; *page 45*: Copyright © Alessandro Taffetani; *page 46 (left)*: Copyright © Anna Proudfoot; *(right)* Copyright © Mark Chen/iStockphoto.com; *page 47*: Copyright © Laurence Gough/iStockphoto.com; *page 52*: Copyright © wdstock/iStockphoto.com; *page 53*: Copyright © Alessandra Elle; *page 59*: Copyright © Lucia Debertol; *page 63*: Copyright © Christian J Stewart/iStockphoto.com; *page 65 (a)*: Copyright © Alexander Keller; *page 66 (b)*: Copyright © Alexander Keller; *page 66 (c)*: Copyright © Dauvit Alexander; *page 66 (d)*: Copyright © Lucia Debertol; *page 66 (e)*: Copyright © Tom Allen/iStockphoto.com; *page 67*: Copyright © Walter Fumagalli/Dreamstime; *page 73 (left)*: Copyright © Anna Proudfoot; *(right)*: Copyright © Marco Trevisan; *page 76*: Copyright © Anna Proudfoot; *page 79 (left)*: Copyright © Anna Proudfoot; *(right)*: Copyright © Giorgio Fochesato/iStockphoto.com; *page 82*: *(top)*: Copyright © Lula, Image licensed under Creative Commons Attribution-NoDerivs 2.0; *(left)*: Copyright © eliandric/iStockphoto.com; *page 85*: Copyright © Anna Proudfoot; *page 87 (top)*: Copyright © Giuliano Socci; *page 88 (top left)*: Copyright © Mauro Brock; *(right)*: Copyright © Malcolm Proudfoot; *page 89 (top left)*: Copyright © Sandro; *page 89 (bottom left)*: Copyright © Marco Tardiola; *page 89 (bottom right)*: Copyright © Maciej Michno; *page 91*: Copyright © Peeter Viisimaa/iStockphoto.com; *page 93*: © The Open University/Steve Lawrence, Roger Price and Lee Sutterby; *page 95*: Copyright © Hedda Gjerpen/iStockphoto.com; *page 97*: Copyright

© Marco Quarantotti. Creative Commons Licence Attribution 2.0 Generic; *page 99:* Copyright © Joaquin Croxatto/iStockphoto.com; *page 101*: Copyright © Tomasso Tani. Creative Commons Licence Attribution generic 2.0; *page 102 (top)*: Copyright © Elisabetta Tondello; *(bottom)* © Kelly Borsheim/iStockphoto.com; *page 103*: National Archives of Australia: A12111, 2/1951/32A/1; *page 104*: Courtesy of Nick Curulli; *page 105*: Courtesy of Elodie Vialleton; *page 106 (top)*: Courtesy of John Caputo; *(bottom)*: Courtesy of Umberto Russo; *page 108*: Copyright © Hulton Deutsch Collection/Corbis; *page 109* Copyright © Elisabetta Tondello; *page 111*: Copyright © Emilius da Atlantide Creative Commons Licence Attribution Generic 2.0; *page 113*: Copyright © Vito Manzari, Creative Commons Licence Attribution Generic 2.0; *page 117 (top right)*: taken from www.flickr.com original source unknown; *page 117 (middle)*: Copyright © Walter Molinaro; *page 120 (top)*: Copyright © Erminia Viccaro; *(bottom left)*: Copyright © Daniela; *page 120 (bottom right)*: Copyright © Giuseppe Ungaro, Ferrara, Italy; *page 124*: Copyright © The Art Archive/Alamy; *page 129*: Courtesy of Alberto Contarini; *page 131 (Attività 11.1D)*: Copyright © Malahie Stackpole, Creative Commons Licence Attribution-ShareAlike 2.0 Generic; *page 133 (top):* Copyright © Marka/Alamy; *(bottom)*: Copyright © Lucia Debertol; *page 134*: Copyright © Lucia Debertol; *page 137*: Copyright © Hans F Meier/iStock; *page 140*: Copyright © Ulina Tauer/Dreamstime; *page 142 (top right)*: Copyright © Kevin O'Neill, Creative Commons Licence Attribution-NoDerivs 2.0 Generic; *page 142 (bottom left)*: Copyright © Giulio Andreini/Marka/Alamy; *page 143*: Copyright © Robwilson39/Dreamstime; *page 145*: Taken from www.wikimedia.org; *page 146*: Copyright © Stephan Schulte-Nahring; *page 148*: Copyright © Daniel Dal Zennaro/Corbis; *page 150*: Copyright © Lucia Debertol; *page 151*: Copyright © Alberto Tentoni/Dreamstime; *page 156 (top)*: Copyright © Christian J Stewart/iStockphoto.com; *(bottom)*: Copyright © Co.Gest.Im; *page 157*: Copyright © Co.Gest.Im; *page 158 (left)*: Copyright © Lucia Debertol; *(right)*: Copyright © Stephan Schult-Nahring; *page 160*: Copyright © Hedda Gjerpen/iStock.

Every effort has been made to contact copyright holders. If any have been inadvertently overlooked the publishers will be pleased to make the necessary arrangements at the first opportunity.